口絵1 タメル入口（1996年）。トリデビ・マルグからタメルに向かう道。コカ・コーラとネパールで最初に設立された民間航空会社ネコン・エアの看板が見える。

口絵2 タメル入口（2004年）。トリデビ・マルグからタメルに向かう道。国際クーリエサービス DHL、キャノン、カールスバーグ等の看板が見える。

口絵3　タメル・チョーク（広場）（2007 年）。南アジアの地図を中心にしたカールスバーグの看板がひときわ目立つ。

口絵4　タメル入口、トリデビ・マルグ沿道（2006 年）。高価な商品を扱う店もある。

iii

口絵5 ホテル・カリフォルニア（2004年）。バンダ（スト）が続いた時期は周囲の店にシャッターが下ろされていた。

口絵6 Nepal Traveller Volume 12-No.12 June 1999 の表紙。サランギを構えるガンダルバの背景にラリグラスが合成されている。

Creating a Tourism Space in Nepal
The Geographical Imagination of Kathmandu

MORIMOTO Izumi

ISBN978-4-7722-6112-8
Copyright © 2012 by MORIMOTO Izumi
Kokon Shoin Publishers Ltd., Tokyo, 2012

はじめに

　今日、ツーリズム現象は、人の住んでいなかったような離島や山岳、砂漠にまで拡大している。快楽を求めるツーリストは、主として世界システム（ウォーラーステイン 1994 [1985]、2006）の中核から周辺へと、拡散するように足跡を残していく。この過程で、開発から取り残されたかのように見られてきた地域では、その「未開」性が「手つかずの自然」としてツーリズム資源となり、商品化されてきた。そして、ツーリストのまなざし（アーリ 1995）は更なる「未開」を貪欲に求め、周辺は次々と非対称的な回路網に組み込まれ、直接的間接的に世界経済に統合されることになった。

　「資本のいっそうフレキシブルな動きは、（中略：筆者）モダンの生活における新たなもの、はかないもの、束の間のもの、うつろいやすいもの、そして偶発的なものを重視する」（ハーヴェイ 1999：226）。あらゆる場所について、ツーリズム空間が創出される必然性はない。ツーリストのまなざしを契機にして、地球上の各地に、それらしいスペクタクルな景観を備えたツーリズム空間が創り出されていくのだ。その結果、景観的にも機能的にも似かよった複製的な空間、ツーリストにとっては選択可能なツーリズム空間が、地球上に数多創り出されてきた。これらは、グローバル化という壮大な物語の中で、地球上の「どこにでもある場所」／「どこでもない場所」となっていく（リッツァ 2005）。

　私達の身の回りにあふれる旅行パンフレットを手に取れば、「南海の楽園リゾート　〇〇」、「お手軽楽園リゾート　〇〇」、「近くて快適　楽園〇〇」といったキャッチコピーが目に入る。これらのキャッチコピーから、私達は、白い砂浜と青い海、空、それに近代的な、あるいはエキゾティックな建物で構成される楽園リゾートの景観とともに、〇〇に当てはまる場所の候補として、地名をいくつか思い浮かべるだろう。資本が国境を越えてますますフレキシブルに

移動するにつれ、楽園リゾートの候補となる地名の選択肢が増え、その範囲は領域的にも拡大し、自分の目の前にある世界が広がっていくことを感じる。それと同時に、時間と空間がますます圧縮されるにつれて（ハーヴェイ 1999）、世界各地に金額的にも「お手軽」に行けることが現実として感じられるようになり、地球が小さくなった感覚をも抱く。この相矛盾する二つの感覚は、世界中の人々に等しく共有されるものではなく、世界システムの中核、近年では周辺の中でも拠点的に発展するようになった地域の人々に限定される。そして、そう感じる人々の数は増加の一途を辿る。

　このように不均等発展するツーリズム現象において、ツーリズム空間は、人や資本、情報、モノが国境を越えて移動する結節点として機能し、それが位置する国家や地域の社会文化的状況に影響を及ぼす。例えば、スリランカのビーチに創り出されるカリビアン・リゾートのようなトランスローカルな空間が創出される一方で、特定の国家の文化を正統化するような、ナショナリズムを推し進める空間もまた創出され、これら両者の距離はますます拡大していく（Appadurai 1996:48）。ツーリストは、展示された文化を説明通りに鑑賞し、スリランカという用語で想定される領域から遠く離れた場所の地名が並べられることに疑問を抱いたり、展示された文化に政治性やその担い手の意図を追求したりしないであろう。しかし、そこにいる人々は、外部からのまなざしで場所や文化が客体化される過程に、「戦術的な日常的実践」（ド・セルトー 1999 [1987]）を通して適応し、同時に外部からの人や情報、モノの流入によって、政治的には自らもその客体化された場所や文化を部分的に流用しながら、アイデンティティを再構築していく。

　人々の日常的実践は、意識するとしないとにかかわらず国家の枠組みに規制される。外部世界との結節点であるツーリズム空間において、人々が文化やアイデンティティを再構築していくことは、他方で人々の埋め込まれた社会文化的状況、ひいては国家の枠組みを揺るがし、それらに文化やアイデンティティの変更を上書きしていくことにもなる。故国や故地を離れた政治難民が、他の場所で自らの文化を表象する時、その行為は極めて政治的なものになる。他方、快楽を他所に求めるツーリストにとって、鑑賞の対象が政治難民であっても、

「未開」の少数民族であっても、まなざしをなげかける対象の選択肢の一つでしかない。ツーリズム空間でツーリストが何気なく文化を消費する行為は、政治難民に限らず、文化の担い手にとっては、経済機会であるだけでなく、文化的、ひいては政治的に利用する機会にもなり得るのだ。

　ネパールは、2008年に連邦民主共和国を宣言するまで、世界で唯一ヒンドゥー王国を標榜していた。しかしながら、ネパールから遠く離れて住む人々のまなざしは、世界最高峰を擁すヒマラヤに集中し、ネパールにチベット仏教的なイメージを重ねてきた。カトマンドゥの人々にとっては遠い別世界のヒマラヤの景観が、ネパールのイメージとして取り込まれ、まなざしを向けられた人々は、多かれ少なかれそれにあわせるように「ネパールの人々」を演じてきた。本書では、このようなツーリズム現象を手掛かりとして、立ち現われてくるネパールについての地域像を描き出すことを試みる。研究対象地域は、ネパールの首都、カトマンドゥにおけるツーリズム空間タメルである。コカ・コーラやマルボロ、カールスバーグといった外国商品の広告看板が目立つ所に掲げられ（口絵1、2、3）、ホテルやレストラン、カフェ、旅行代理店、インターネット・サービス、スーパー、トレッキング用品店や土産物屋等が約1キロメートル四方にわたって集積している。路上を行きかう人々の外観や話す言語は多様で、看板には英語の他にいくつかの外国語が散見され、ここがどこなのか、にわかに判別することが困難になる。今日のタメルは、香港やバンコクにあるバックパッカーが集まる安宿街――地球上の「どこでもない場所」――を彷彿とさせるような様相を呈している。このような景観でも、注意深く観察すれば、通りの随所に神々が祀られているのが目に入るだろうし、早朝近隣の人々が神に祈りを捧げて鳴らす鐘の音が耳に入り、お香のにおいが漂ってくる。ツーリズム空間の間隙で垣間見られる地元の人々の日々の営みから、そこがネパールであることが感じられる。

　ツーリストは、はるか遠くに出かけた先々でツーリズム空間に身を置き、ツーリストのまなざしが投影された景観を鑑賞する。この行為は、ブーアスティン（1964）が指摘するように、ツーリストは既に抱いていたイメージを確認しているにすぎない。こうしてツーリストの目に映る景観は、何を物語っている

のであろうか。このような「どこでもない場所」の景観、あるいはツーリズム空間の表層をめくれば、どのような地域が顕れてくるのだろうか。ツーリズム空間の創出過程を明らかにすることを通じて、ある地域がいかに世界経済に取り込まれ、変容させられてきたのか、より動態的に、そして終わることのない変化の過程として描き出すことが可能なのではないか。本書は、これらの問いに応えようとする地誌的研究であることをも目指す。

　本書は、お茶の水女子大学に提出した博士論文『国際ツーリズムをめぐるネパール地域像』（2001年3月学位取得）がもとになっている。博士論文を書き上げて10年が過ぎ、刊行を思い立って改めて読み直したところ、そこに描かれている状況は、脱色してセピア色になりかかっていることを認めざるを得なかった（口絵1、口絵2）。掲げられた看板で宣伝される外国商品がコカ・コーラから多様化し、古びた中古の車が新車にかわり、自転車のかわりにバイクが増え、いつもどこかでクラクションが鳴り響いているようになった。1990年代のタメルの情景は遠い昔のもののように感じられるが、今から10年経てば、今の情景もまた同じようにかすんでいくのかもしれない。

　1990年代から2000年代にかけて、ネパールは激動の時代を迎えた。民主化が1990年に達成されて以降、民族運動やマイノリティのアイデンティティ構築の動きが活発化した。1996年に開始されたマオイストによる反体制を掲げる武装闘争は、全国に深刻な影響を及ぼした。2001年には世界を震撼させた王宮虐殺事件が起こった。その後、武装闘争はますます激化し、多くの人々が犠牲になり、政治はもとより、経済も停滞した。10年間に及ぶ武装闘争が2006年に終結し、2008年に約260年間続いたヒンドゥー王朝の幕が閉じられ、ネパールは連邦民主共和国を宣言し、世俗国家となった。この間、武装闘争の激化により、ネパールを訪れるツーリストは半減し、高級ホテルがいくつも閉業、ツーリズム産業は構造的不況に陥った。政情不安が続く中、バンダbandha（ストライキ）が繰り返され、タメルの沿道に並ぶ店はシャッターを下ろし、人影もまばらになった。ネパール政府は雇用機会を外国に求めるようになり、タメルにおいても、出稼ぎを手配するサービスや送金サービスが増え、

自ら出稼ぎに行く人も目立つようになった。

　博士論文が依拠した資料は、ツーリズム空間がますます拡大していく勢いに乗った1990年代後半に調査した結果であった。筆者は、2000年代に入って少なからぬホテルやレストラン等が閉業に追い込まれることを予想していなかったし、また、タメルが地元の新中間層を対象にした娯楽の場として機能を拡充させていくことも想像していなかった。上述のような10年間の激動を経験した後、それ以前の1990年代の状況は歴史的事実として意味があるかもしれないが、この変化を不問に付してしまっていいのだろうか。しかし、全面的に調査をやり直せるわけでもない。そうこう逡巡しているうちに時間は過ぎ、博士論文で論じた1990年代後半に行った調査結果に依拠しつつ、2000年代以降に行った調査結果を、部分的ではあるが反映させて、その後の変化の方向性を示すことにした。この変更に伴い、個別具体的な事例を取り上げた第5章から第8章の議論を更新することになった。また、博士論文では、文化の商品化を議論する章で、地方都市ポカラで土産物を売るチベット人難民女性の活動の事例を取り上げたが、カトマンドゥのツーリズム空間、タメルに議論を集中させるために割愛した。結局、全面的に書き改めることになったが、議論全体に通底する問題意識の所在は変わっていない。

凡　例

- 本文中におけるネパール語表記は、地名や日本語で一般的によく使われていると判断したものは発音に近いカタカナのみ、そうでないものについては、主として初出のカタカナ表記の後ろにネパール語の表記文字であるデーヴァナーガリー文字に対応するローマ字を付した。デーヴァナーガリー文字からのローマ字転写は、引用の場合は引用文の表記法、地名や人名は一般に使用されている表記法に従っているが、ネパール語から筆者が転写する場合は、基本的に石井（2003［1986］）、及び三枝（1997）を参考にした。両者に違いがある場合、慣用的に使われている表記、あるいは筆者が実際の発音（下線部）に近いと判断した方を採用した。

例）देवनागरी　：　devanāgarī（石井）／　dew(b)anāgarī（三枝）
　　→「デー<u>ヴァ</u>ナーガリー」を慣用的表記として採用

　　गन्धर्व　：　gandharva（石井）／　gandharwa\<ba\>（三枝）
　　→「ガンダル<u>バ</u>」を実際の発音に近い表記として採用

- 本書中で〇〇ルピーとした場合は、他に何も限定がなければネパール・ルピーを意味する。
- 引用文献の表記について、筆者の参照した文献の刊行年を記し、それが再版であれば括弧［　］内に初版の刊行年を記した。
- 筆者は近年、tourism を原語の発音に近づけて「トゥーリズム」と表記してきたが、インターネットで出版物が検索される時代であることを考慮し、検索結果に現れる頻度を重視して、本書ではより汎用的な表記である「ツーリズム」を採用した。同様に、tourist も「トゥーリスト」ではなく、「ツーリスト」とした。

目 次

はじめに　v
凡　例　x
写真・図表一覧　xv

第 1 章　序 ―――――――――――――――――― 1
1. 研究の目的　1
2. 研究の方法　4
3. 本書の構成　6

第 2 章　ツーリズムをめぐる空間の創出 ―――――― 9
1. 広がるツーリズム空間　9
2. ツーリズムと発展　12
3. 世界システムとツーリズムの展開　17
   3．1　世界システムとツーリズムの展開　17
   3．2　中核－周辺連関におけるツーリズム空間の創出　18
4. ツーリズムをめぐる空間スケール　21

第 3 章　ネパールの地域像とヒンドゥー的カースト社会 ―― 25
1. 閉曲線で囲われない地域　25
2. ネパールの地域像　27
   2．1　ネパールの地域像　27
   2．2　ネパールからのネパール地域像への反応　31
3. ネパールのヒンドゥー的カースト社会　36

3．1　ネパールのナショナリズム　37
 3．2　社会範疇：ジャート　40

第4章　ネパールをめぐるツーリズムの展開－シャングリラと開発－── 49
 1．ツーリズム空間－楽園シャングリラ－　49
 2．シャングリラとネパール　50
 　2．1　シャングリラの創出　50
 　2．2　上書きされるシャングリラ　53
 　2．3　否定されるシャングリラ　55
 3．ネパールにおけるツーリズム開発　58
 　3．1　ネパールにおけるツーリズム　58
 　3．2　ツーリズムをめぐる開発　67
 4．自己表象するシャングリラ　77

第5章　タメルの系譜－ブートからツーリストへ－────────── 87
 1．タメルの表層　87
 2．カトマンドゥにおける都市化　90
 3．タメルの系譜　96
 　3．1　ネワールと仏教寺院　96
 　3．2　ラナと邸宅　100
 4．拡大するタメル　103
 　4．1　拡大するタメル　103
 　4．2　ブートからツーリストへ　105

第6章　ツーリズム空間タメルの創出－「企業家」の誕生と成長－── 111
 1．ツーリズムと「企業家」　111
 2．ネパールにおけるホテル産業　115
 　2．1　ホテル産業の発展　115
 　2．2　カトマンドゥにおけるホテルの地理的分布　121

3．ツーリズム空間タメルの創出　126
　　3．1　ツーリズム以前　126
　　3．2　ホテル産業の展開　129
　　　3．2．1　概観　129
　　　3．2．2　包摂期：1960-1970年代　136
　　　3．2．3　発展前期：1980年代　144
　　　3．2．4　発展後期：1990年代　152
　4．「企業家」の誕生と成長　172
　　4．1　ホテル経営　172
　　4．2　「企業家」の誕生と成長　179

第7章　文化の商品化－ツーリストに出会ったガンダルバー　193
　1．ツーリズムと文化の商品化　193
　　1．1　タメルの路上活動　193
　　1．2　文化の商品化　198
　2．ガンダルバをめぐる社会的状況　201
　　2．1　ガンダルバをめぐる社会的状況　201
　　2．2　アチュートと教育　203
　3．ガンダルバの生業　206
　　3．1　生業と文化　206
　　3．2　村を歩く　212
　4．サランギをめぐる変化　220
　　4．1　サランギの客体化－ツーリストに出会う－　220
　　4．2　サランギ「ビジネス」－タメルを歩く－　225
　5．ガンダルバにとってのタメル　231

第8章　アイデンティティの再構築－楽師カーストから伝統音楽家へ－　243
　1．楽師カーストでいること　243
　2．ガンダルバを名乗る　246

2.1　ガンダルバを名乗る　246
　　　2.2　ナショナリズムとガンダルバ　253
　3.　アイデンティティの変容－村とタメルの間－　258
　4.　国境を越える　261
　　　4.1　出稼ぎの背景　261
　　　4.2　アイルランドでの生活　264
　5.　望郷－ネパール人でいること－　271

第9章　結　論 ─────────────── 279

あとがき　289
引用文献　293
索　引　307

写真・図表一覧

【写真】

口絵1	タメル入口（1996年）。	i
口絵2	タメル入口（2004年）。	i
口絵3	タメル・チョーク（広場）（2007年）。	ii
口絵4	タメル入口、トリデビ・マルグ沿道（2006年）。	ii
口絵5	ホテル・カリフォルニア（2004年）。	iii
口絵6	Nepal Traveller Volume 12-No.12 June 1999 の表紙。	iii
口絵7	タメルのレストランで定期的に行うガンダルバのライブ・コンサート（1996年）。	iv
口絵8	ラムジュンの村の風景（1996年）。	iv
4-1	アンナプルナ保護地区、グルン博物館（2000年）。	74
4-2	アンナプルナ保護地区、グルン博物館に展示される人形（2000年）。	74
4-3	アンナプルナ保護地区（2000年）。Visit Nepal Year 1998 のロゴ。	80
4-4	カトマンドゥにおける Visit Nepal Year 1998 のロゴ（1998年）。	81
5-1	タメルの路上（2007年）。収集車を待つゴミ。	88
5-2	タメルの渋滞（2008年）。朝晩の通勤時間帯に最も混雑する。	88
5-3	タメルの路上（2008年）。看板と電線が視界を遮る。	89
5-4	シンハ・ダルバール（1999年）。	92
5-5	ラナの邸宅を改装して、1964年に開業したホテル・シャンカル（2009年）。	92
5-6	ケシャル・マハル（2011年）。	94
5-7	ケシャル・マハル・ライブラリーの内部（2011年）。	95
5-8	ケシャル・マハル・ライブラリーの内部（2011年）。	95
5-9	クリシュナ・バハードゥル・バワン（1996年）。	96
5-10	バグワン・バハル（1996年）。	97
5-11	バグワン・バハル（1996年）。中の寺院には魔除に鍋等が付けられていた。	97
5-12	バグワン・バハルの休憩所（1996年）。度重なる工事で少しずつ崩れ、倒壊した。	105

6-1　ラナから買い取られて1964年に開業したホテル・シャンカル（2009年）。　118
6-2　タメルのレストラン街（1998年）。　123
6-3　24時間開いているATM（2008年）。　124
6-4　ジョチェンのホテル（2011年）。　124
6-5　スンダラの代理店街（2011年）。　125
6-6　スンダラのホテル街（2011年）。　125
6-7　タメルを上から眺めると、ところどころに高木が伸びているのが分かる（1996年）。　128
6-8　ケシャル・マハルの庭の様子（1996年）。　129
6-9　給水車（1996年）。　136
6-10　カトマンドゥ・ゲストハウスのゲート（1996年）。　137
6-11　カトマンドゥ・ゲストハウスの建物（2004年）。　137
6-12　タメル、ナルシン・ゲート内にあるラナの邸宅（1996年）。　150
6-13　インターネットやスカイプ等のサービスが目立つ（2011年）。　152
6-14　ホテル・カリフォルニアの屋上と看板（2004年）。　167
6-15　ネパリ・バンダ（2004年）。　171
6-16　夜になると賑わいを見せるタメルのダンス・レストラン（2008年）。　178

7-1　タメル（1996年）。ガンダルバ。サンチャイ・コース・ビルの中庭で休憩中。　194
7-2　タメル（2009年）。路上のガンダルバ。　194
7-3　ラムジュン（1996年）。ガンダルバの村。　197
7-4　ラムジュン（2005年）。ガンダルバの村。　197
7-5　ラムジュン（1999年）。飼育される黒豚。　207
7-6　タナフのアルバージ奏者（1996年）。　211
7-7　レストランの一郭でサランギ演奏をする（2005年）。　212
7-8　ダサイン（2005年）。ラムジュンの村。歌を神に捧げる。　218
7-9　ダサイン（2005年）。神に鶏を供儀し、サランギにプジャをする。　218
7-10　GCAOのオフィスでトランプに興じるガンダルバ（2009年）。　226
7-11　ラムジュン（1996年）。村の周囲の森からサランギ用の原木を切り出す。　228
7-12　ラムジュン（1996年）。サランギの形に原木をノミで削って形づくる。　228
7-13　ラムジュン（1996年）。サランギの本体。　229
7-14　楽器用サランギ（2009年）。自分専用のサランギ。ヘビ皮を使っている。　229
7-15　土産物用サランギ（1996年）。寺院の屋根の形をした装飾的なサランギ。　230
7-16　土産物用サランギ（1996年）。持ち運びしやすい小型サランギ。　230
7-17　GCAOのオフィス（1999年）。壁に掛けられた古老達の写真。　234

写真・図表一覧　xvii

8-1　CD「Gandharba Ko Mutu : The heart of Gandharba（ガンダルバの心）」（1999年）。 ———————————————————————————— 248
8-2　エスニック・カルチャー・ショー（1996年）。 ————————————— 254
8-3　出発の日の朝、GCAOのオフィス（1999年）。 ————————————— 262
8-4　トリブバン国際空港（1999年）。ヒララル氏とラムジ氏がアイルランドに発つ日。 —————————————————————————————— 262
8-5　ヒララル氏とラムジ氏（2005年）。アイルランド西部クレア州の道沿いのパブで働く。 ———————————————————————————— 265
8-6　サランギを弾くヒララル氏（2005年）。 —————————————————— 265
8-7　フランスでの演奏旅行の記事。ヒララル氏とラムジ氏（2004年）。 ———— 270
8-8　クレア州（2005年）。ヒララル氏とラムジ氏が自身の故郷を重ねる草原。 — 272
8-9　ラムジュン（1996年）。緑に囲まれたヒララル氏の家。 ————————— 274

【図表一覧】
図2-1　ツーリズム空間の発展仮説 ————————————————————— 14

図4-1　ツーリスト数の推移 ————————————————————————— 59
図4-2　外国人ツーリストの内訳（1960年代から1970年代） ———————— 61
図4-3a　訪問目的の推移 ——————————————————————————— 62
図4-3b　訪問目的におけるインド人の特徴 ——————————————————— 64
図4-4　月別ツーリスト数動向 ———————————————————————— 64
図4-5　ネパール出入国者数推移 ——————————————————————— 65
図4-6　国立公園／保護地区の位置及び設立年 ———————————————— 71
表4-1　ツーリズムに関する開発計画 ————————————————————— 68
表4-2　ネパールにおける国立公園／保護地区等の制定年 —————————— 70

図5-1　19世紀半ばにおける都市域とラナ大邸宅の分布 ——————————— 91
図5-2　1970年代のカトマンドゥにおける人口の分布 ————————————— 93
図5-3　研究対象地域タメル ————————————————————————— 98

図6-1　ホテル数推移 ———————————————————————————— 119
図6-2　カトマンドゥにおけるホテルの分布 —————————————————— 122
図6-3　ツーリズム空間タメル ———————————————————————— 127
表6-1　産業省におけるホテル登録数推移 —————————————————— 117
表6-2　等級別ホテル数推移 ————————————————————————— 120
表6-3　タメルにおけるホテルの集積 ————————————————————— 131

表 6-4a	ネパール、カトマンドゥにおけるカースト／エスニック人口構成	133
表 6-4b	タメルにおけるホテル所有者のジャート別出身地	133
表 6-5	タメルにおけるホテル経営者のジャートと出身地	135
表 6-6	タメルにおけるホテル所有者のジャート別ホテル規模	174
表 6-7	タメルにおけるホテル経営	175
表 6-8	タメルにおけるホテルの部屋数及びスタッフ数	177
図 7-1	ガンダルバの人口分布	195
表 7-1	Gandharba Cultural and Art Organization 会員の概要	223

第 1 章　序

1．研究の目的

　グローバルに展開するツーリズム現象は、地理的不均等発展する過程で様々なものを商品化してきた。ツーリストの目指す場所は、多くの場合、文化的に遠く離れた別の場所で想起されたイメージが重ねられたことで、それらしい景観を呈するようになる。国境の遥か向こうからのまなざしによって、場所や文化が商品化され、文化的にも政治経済的にも外部世界と関係づけられ、創出されるツーリズム空間は、人やモノ、情報の結節点として機能する。そのような空間で、人々は歴史的文脈に依りながら、またそれぞれの社会文化的背景に依りながら、活動を展開している。ツーリズムに適応する過程で自らの文化を変容させ、時には政治的にそれを客体化し、部分的に流用しながら、アイデンティティを再構築していく。本書は、カトマンドゥにおいてツーリズムをめぐって生じているこのような過程を、ネパールの地域像として描こうとするものである。

　ここで描き出そうとする地域とは、所与として存在するものではなく、世界経済の発展過程で構築されると同時に、ローカルな地域の人々の実践の積み重ねによって創り出されるものである。従来型の伝統的地誌学では、閉曲線で囲われた所与のものとして存在する範囲を、地域としてきた。森川が地誌学の研究動向において示しているように、伝統的地誌学では自然環境との関係において人間生活が重要視されてきたから、地域を所与の存在として考えることが可能であったという。それに対する新しい地誌学は、世界システム等域外との社会関係を重要視する「資本主義的不均等空間発展」の研究とみなされる（森川1992、1996、1998他）。

地域は、不均等な発展を本質的に内在する世界経済の発展過程で構築され、階層化されていく。ただし、世界経済の発展が一方的に地域を構築するのではなく、その過程において、人々がその状況に適応し、活動することが不可欠である。なぜならば、本書の記述全体が示すように、地域を差異化しようとするグローバルな経済的文化的な力に対し、ローカルな空間スケールで人々が経済的動機に動かされ、あるいは政治的に反応し、または社会文化的に規制されながら対応してきた実践の積み重ねが、地域を再構築していくことになるからである。

本書では、ローカルな空間スケールで生じている過程を重視し、人々の実践を通して地域を認識し、説明することを試みる。この試みは、野澤（1988：43）がこれからの地誌学に対して求めた、「人々の日常生活から空間と社会の関係を考察し、『生きられた空間』としての地域をとらえようとする試み」に通じるものである。

ところで、日本において地誌は低迷し続けてきた。その理由を、ネパールを例に取り上げて検討した岩田（2000：33）は、「単に、（読者を：引用者補足）おもしろがらせ、有益と感じさせる地誌書が書かれなくなったからでは」ないかと指摘している[1]。その結果、「1940年代以降、地誌学は、地誌学よりももっとおもしろいと多くの人が認める area study の諸分野、文化人類学や社会学などに取って代わられてしまった」（岩田 2000：34）。地誌が低迷した原因は、従来型の古い地誌に求められよう。

「地誌の終焉」という衝撃的なタイトルで内藤（1994：37）が地誌を批判すると、日本の地理学界において地誌をめぐって議論が活発に行われた。内藤は地誌の問題として次のような特徴を挙げている。すなわち、旅行ガイドや町村誌のような羅列網羅的な古典的地誌であったり、モデルに適合させるための陳腐なものになった伝統に回帰しようとした地誌であったり、グローバルなスケールでの地域を描くことに限界があるフィールドノートの棒読みのような文芸としての地誌である。前二者は地理学者が地域を記述することに対して中立性を追求するあまりに、全方向的な読者層を想定し、無目的で無思想な記述に終始し、陳腐化した結果に他ならない。内藤（1994）によると、文芸作品として

の地誌にも、明るい未来はない。では、地誌は終焉を迎えるしかないのだろうか。

　おもしろくない地誌に対して、例えば熊谷が提起するような一般社会や次世代を担う若者達に、「共感をともなう地域理解」を浸透させるような地誌（熊谷 1996：44）を目指す方向があり得る。しかしながら、筆者のような先進国に国籍を有する研究者が第三世界を研究するという営為に本質的に含まれる権力関係を意識すれば、「共感をともなう地域理解」を目指して地誌を作成する研究者の営為そのものに、必ずしも実態が伴わないことに、違和感を禁じ得ない。仮に、自ら国籍を変えて同じ境遇に身を置き、同じように活動したとしても、研究対象を「他者」として客体化する時点で両者の間に境界線が引かれる。境界線のこちら側を描くのではなく、あちら側を、多くの場合こちら側の言語で記述することになる。このことは、先進国の研究者が第三世界を調査して、その結果を再構成して公表するという営為を通じて現地の人々の声を簒奪してきたという批判（太田 1998）に通じるものである。この批判に対し、人々が文化や伝統を語り、実践するという現象そのものが研究の対象とされてきた。そして、調査者としての研究者の以上のような位置性を認め、「他者」としての地域との間に双方向的な理解と対話の回路を紡いでいくことへの可能性を模索する提起がなされた[2]（熊谷 1999：6）。

　地誌や、地域を調査し記述する研究者の営為や位置性をめぐって、地誌の低迷を背景に様々な議論が展開されてきた。「地域のあり得べき統一性や総体としての地域を記述するという幻想から解放されてもよいのではないか」という内藤（1994：34）の提起が示すように、そもそも「地域のあり得べき統一性や総体としての地域」は幻想に過ぎない。おもしろくない地誌や幻想を描く試みは、終焉を迎えるしかないだろうが、しかし地域を描くこと自体に意義がないわけではない。それでは、幻想ではない地域、すなわち実際には外部世界との関係の中で創出され、動態的で閉曲線で囲うことのできない地域を、そして重層的で多義的な地域を、いかに認識し、描くことが可能なのだろうか。本書では、ツーリズムの展開を座標軸とした開放された座標空間を設定し、地域を認識するスケールとしてグローバル、ナショナル、ローカルな空間スケールを仮構し、個別具体的な事例をそこに位置付け、分析する。ネパールの首都、カト

マンドゥのツーリズム空間タメルにおいて、そこに関わるローカルな空間スケールにおける人々の活動や日常的な実践を、その背景としてグローバルなツーリズムの展開、換言すると世界システムの中核－周辺連関、および「国民国家」ネパールのナショナルな社会文化的状況に照らして記述分析していく。

　ツーリズムは、多くの第三世界と同様、ネパールにおいても国の経済開発の有効な手段として位置付けられてきた。ネパールでツーリズムが展開する契機となったツーリズム資源は、第一にヒマラヤであり、そしてそのヒマラヤが織り成す豊富な自然環境、同様に多様な文化であった。しかしながら、ツーリズムのみならず、人口変動や開発圧力によって環境破壊が問題化し、そのことが桎梏となり、ツーリズム開発、ひいてはネパールの経済開発は楽観的予測の許されない状況にある。他方、第4章で論じるようにツーリズムは外部のまなざしを受けて場所や文化を商品化することで、ネパールの社会文化的状況にも変更を加えてきた。これらの点を踏まえ、ツーリズムの展開を座標軸にしてネパールの社会を切り取り提示することで、ネパールの喫緊の課題である経済開発や「近代化」の状況、ネパールが「どこでもない場所」へと変容していく——一般にグローバル化と称される——過程における、社会文化的変容とそれに伴う人々のアイデンティティの変容が、部分的にではあるが、解明されると考えている。本書は、これらの作業を通じて、動態的で閉曲線で囲うことのできない地域、そして重層的で多義的な地域が、外部世界との関係性の中で創出されていく過程を、ネパールについて描くことを試みる地誌的研究であることを目指す。

2．研究の方法

　本書では、特定の理論では例外として捨象されがちな人々の日常的な実践や語りを取り上げ、ネパール社会を複眼的に、かつ動態的に描き出すことを試みる。記述分析にあたって、近年社会科学で展開されている諸議論に照らして事例を検討し、調査結果を再構成した。記述に一見すると矛盾していたり、情報が錯綜しているように見える部分があるかもしれないが、それは実際の観察・

聴き取り調査で得られた資料に誠実であろうとした結果である。

　本書の元になった博士論文で用いた資料は、1994年以降、ネパールにおいて断続的に行ってきた現地調査の成果である。1995年から1997年にかけては、ネパール王国立（当時）トリブバン大学地理学部に在籍して集中的に調査を行った。その後も2000年までほぼ毎年数カ月間、現地調査を行った。なお、今回加筆に用いた資料は、2001年以降にほぼ毎年行った現地調査の結果である。

　主な調査地は、「はじめに」で述べたようにカトマンドゥにある1キロメートル四方に満たないツーリズム空間、タメルである。カトマンドゥ以外で、本書の資料となった現地調査は、カトマンドゥに出稼ぎで来ている楽師カースト、ガンダルバの出身村であるラムジュン郡にある村（1996年、1999年、2005年）、タメルで活動していたガンダルバ2名が、その後、国境を越えて出稼ぎに行ったアイルランド島西端の村（2005年）において行った。

　調査の方法は、観察と聴き取り調査が中心である。研究対象地域タメルにおいて、視覚的に認識可能な建造物や人々の活動を観察した。本来ならば、調査はインフォーマントの母語で行うことが理想であるが、筆者の言語能力の不足から、相手が他に母語を持つ場合でも主にネパール語で調査を行った。タメルにあるホテルの悉皆調査と、ガンダルバ文化芸術協会 Gandharba Curtural and Art Organization（GCAO）の会員を対象にした調査では、予め準備した質問票をもとに、一人ずつ対面式で聴き取り調査を行った。特定の話題について議論したり、歌や物語、ライフストーリーを聞かせてもらう時はテープレコーダーに録音させてもらい、後でテープ起こしを行った。通常は、インフォーマント達とタメルの内外で多くの時間を共有させてもらい、イベントへの参加はもとより、日常的な生活や会話を通して、そこから多くの情報を得た。

　本書では次の統計資料や地図資料も使用した。観光民間航空省 Ministry of Tourism and Civil Aviation（1999年1月以降、観光省 Department of Tourism はネパール観光局 Nepal Tourism Board に改組され、半官半民の組織となる）、国家計画委員会 National Planning Commission、住宅供給・国土開発省 Ministry of Housing and Physical Planning 等の官庁や、カトマンドゥ市役所 Kathmandu Nagarpālikā āphis、タメル・ツーリズム開発委員会 Thamel Tourism Development

Committee、ネパール・ホテル協会 Hotel Association Nepal、ツーリズム関連誌を発行しているネパール・イメージ Nepal Image 等ツーリズム関連の民間組織から入手、あるいは筆写した資料である。まず資料の在処を探し当てて入手するのに時間がかかり、さらに得られた資料の保存状態や完成度は必ずしも良好ではないため、これらの資料は大まかな傾向を把握するために利用した。但し、統計資料類は近年電子化が進み、物によっては入手も以前ほど困難ではなくなってきており、質も格段に良くなった。

3．本書の構成

　本書の前半（次章から第4章）は、それ自体が各テーマについての分析であると同時に、インテンシヴな現地調査に基づく個別具体的な事例（第5～8章）を記述分析するための、地域を認識する切り口としてのツーリズムという座標軸の設定と、ネパールの社会文化的背景の提示という意味を持つ。後半の個別具体的な事例（第5～8章）は、それぞれ独立したテーマを中心に議論が展開される。

　次章では、ツーリズムの展開を世界システム論（ウォーラーステイン 1994[1985]、2006）の中核－周辺連関において検討し、この現象がグローバル、ナショナル、ローカルの3つの空間スケールを装う一つの現象（テイラー 1995[1991]）であることを確認する。第3章では、従来描かれてきたネパールの地域像と、それに対するネパール社会の反応を示し、この背景となるカースト的に階層化された社会の多民族的状況をめぐる議論を検討した。第4章では、西欧世界で構築されたチベットについてのシャングリラ（楽園）イメージが、「チベット暴動」やヒマラヤ登山の隆盛を契機にネパールに重ねられたが、ネパールの「近代化」によってそのイメージは外部で否定され、困難に直面するようになった経緯を、ネパールのツーリズムの略史に照らしながら検討した。また、ツーリズム政策や開発計画がいかに構想されてきたのかを概観し、楽園的なシャングリラ・イメージが否定されるようになった後、ネパールが積極的にシャングリラを自己表象するようになった状況を論じた。

第5～8章では、カトマンドゥにおいてツーリズムをめぐって生じている現象を現地調査から明らかにし、ネパールの社会文化的状況に関連させて分析した。今でこそ「どこでもない場所」の景観を呈するタメルは、もともとカトマンドゥの市街地と郊外の境界域に位置していた。表層にあるツーリズム空間の景観をめくり、タメルの系譜を辿ることで、19世紀から20世紀にかけて、そこがどのような地域であったのかを明らかにした。カトマンドゥに「都市国家」を築いてきたチベット・ビルマ語系民族のネワールと、19世紀以降カトマンドゥに移住し、20世紀半ばまでネパールの政権を掌握していた宰相一族であるラナが、居住空間を形成しており、それがいかにしてツーリズム空間となる基盤となったのかを論じた（第5章）。

　第6章では、タメルのホテルを対象とした悉皆調査をもとに、様々な文化的背景を持つ人々がそれぞれの背景を生かしつつツーリズムの発展、同時に資本主義の発展過程に参入して、「企業家」として誕生、成長してきたことを明らかにした。加えて、民主化以降のネパールの政情不安はホテル産業を低迷させたが、その困難期を「企業家」達がタメルでいかに乗り越え、あるいはタメルを去ったのか、ホテル産業を通して、ネパールにおける「企業家」の活動、産業化が抱える課題を考察した。

　ツーリズム空間の主たる建造環境を構成するホテル産業に対して、タメルの路上で繰り広げられる活動は極めて不安定で、その実態を把握することは困難である。しかしながら、タメルの路上で人生が大きく変わったと実感する人々がいる。第7章と第8章では、タメルの路上で、四弦の弓奏楽器サランギ sārangī を土産物としてツーリストに売る楽師カースト・ガンダルバの活動に注目する。タメルに来る以前は、村々を歩いてサランギを弾き語り、その報酬で生計を立てていたガンダルバが、カトマンドゥのタメルでツーリストに出会い、サランギを土産物として売るようになった。彼らの仕事道具が、タメルの路上でネパールの土産物として商品化されることになり、出稼ぎ先が村からツーリズム空間へと変わっていった。この変化を通して、彼らの文化がいかに客体化されてきたのかを論じる（第7章）。やがて、ガンダルバがタメルの路上で活動しているうちに、たまたま懇意になったツーリストから外国に行く機会

を得て、次々と国境を越え、ツーリストの来た道を遡行するように出稼ぎに行くようになった。そのようなガンダルバの中で、アイルランドに渡って移民労働者として働き、市民権を獲得した2人の事例にもとづき、かつての楽師カーストとしてのアイデンティティや、ネパールから遠く離れるほどに、そして忙しくて音楽に触れる時間が激減しても、ネパールの伝統音楽家としてのアイデンティティを強めていくという過程、及び世界システムにおけるネパールの位置性を認識し、「ネパール人」としてアイデンティティを再構築していく過程を論じた（第8章）。

　終章では、全体の記述を通じて、ツーリズム空間の創出が、グローバルに展開するツーリズムに対するローカルな人々の対応という単純な二項対立的な構図に還元され得ないこと、両者の媒介変数として、人々の実践を規定するナショナルなイデオロギーが連動していることを確認する。しかしながら同時に、このような状況を利用し、機会を生かして人生を変えていく人々がいることをも確認する。これらの個別具体的な事例から、ネパールについて立ち現われてくる地域像を提示していきたい。

[注]
1) ここで岩田が事例として提案する「ネパール全国地誌」は、「地域の全体像への言及」を求める地域総覧的な地誌であり、前提として「地域の全体像」があり、それを埋めていくような地誌となっている。
2) 熊谷は、その後、フィールドでの都市貧困緩和のための活動に従事した経験から、地域研究と開発実践の間に協働の可能性があることを指摘し、このような開発実践に関わることは、調査研究に新たな発見や視点をもたらす上に、「調査するもの」と「調査されるもの」という不平等な権力関係を変えていく出発点ともなると述べている（熊谷 2003）。しかし、開発実践から研究上の利益も得ている研究者は、結局は「調査するもの」と「調査されるもの」という不平等な権力関係を開発現象においても再編しているように見えてくる。

第 2 章　ツーリズムをめぐる空間の創出

　本章では、第 5 章以降で取り上げるツーリズム空間をめぐって生じている現象のグローバルな背景を提示するために、ウォーラーステインの世界システム論[1]（ウォーラーステイン 1994［1985］、2006）を援用し、ツーリストが発生する中核と受入れ側の周辺との間に構築される中核－周辺連関から、ツーリズムの展開状況を概観する。そして、ローカルなツーリズム空間における行為主体 agent としての人々の活動を、グローバル、ナショナルな空間スケールに関連付けて記述分析するために、その空間スケールとして「国民国家を軸とする世界経済の垂直的な地理的構造」（テイラー 1995［1991］: 48-56）を検討する。

1. 広がるツーリズム空間

　ツーリズムとは、ツーリストやその活動の範囲が時空間的に多様であるため限定しづらく、また他の活動とも重なるため、定義が困難な概念であるが、通常、人々がレジャーやビジネス等の目的のために、続けて 1 年を越えずに、日常から離れて旅行し、そこに滞在する行為と定義されてきた（Crang 2009 : 763-764）。しかし、このツーリストを主体とした定義では、ツーリストの訪問を受けて、あるいはそれを期待して生じる現象が副次的な問題に位置付けられる印象を否めない。ツーリズムはゲストであるツーリストの存在が不可欠であるが、同時に受け入れ側のホストの存在がなければ成り立たない。ツーリズム空間の創出過程から受け入れ側の地域を描こうとする本書では、ツーリズムを、ツーリストの活動自体よりも、むしろその活動を受けて、あるいはその活動を予測して相互作用的に起こる現象として捉えることにする。

　2010 年にツーリスト数は約 9 億 4 千万人に達し、今日ツーリズム産業は世

界で最も成長している経済部門の一つになった[2]。世界中に開発主義が広がった 1960 年代以降、ツーリズムは急速に拡大するようになった。ツーリズム産業は、工業開発ほどの大資本や先端技術、専門知識がなくても、未開発故の特徴である豊かな自然や「民族文化」をツーリズム資源として活用できるため、開発が喫緊の課題になっていた第三世界において、開発手段としてツーリズムへの期待が大きくなっていった。こうして第三世界の多くの国々で経済発展の戦略としてツーリズムが積極的に導入され、欧米資本がこれらの国々にツーリズム投資を始めるようになった。とりわけ西インド諸島等、温暖な気候や砂浜に恵まれた島嶼部では、外部資本によってゴルフコースやプールを備えた大規模ホテル開発が行われ、世界にリゾート地として知られるようになった。その結果、第三世界の中にはツーリズムが基幹産業として位置付けられ、特に島嶼部では GNP に占めるツーリズム収入の割合が高い国・地域が少なくない（WTO 1998）。世界観光機関（World Tourism Organization：WTO）が、2003 年には国際連合の専門機関（UNWTO）になったことからも、国際社会におけるツーリズム産業への期待は、ますます高まっていることが窺える。

　このようなツーリズムのグローバルな発展を支えてきた重要な要因を、2 点指摘しておきたい。まず、20 世紀半ば以降の航空産業の発達がある。1952 年にジェット旅客機が初就航したが、人々の移動手段としてジェット機が広く利用されるようになったのは 1960 年代のことであった。移動時間の大幅な短縮と大量輸送により、大勢のツーリストの長距離移動が容易になっていった。当初、欧米中心に生み出されたツーリストは、隣接諸国・地域のみならず、第三世界へも向かった。航空路線網の発達・拡大は、ツーリスト数を増加させただけでなく、移動が困難であった島嶼部や山間部、内陸部に向かうツーリストの流れを生み出し、世界各地にツーリズム空間を創り出す機会をもたらした。

　もう一つの要因は、航空産業とホテル産業等の業務連携を可能にした情報産業の発達である。これら二つの産業は、技術開発の点でアメリカの軍需産業と密接に関係していた（トゥルン 1993）。また、第三世界におけるツーリズムの展開は、当時のアメリカの地域戦略とも無関係ではなかった。例えば、現在のタイの有名なリゾート地には、ベトナム戦争中にアメリカ兵の為のレスト＆

レクリエーション施設として開発された地域が含まれている（Harrison 1992a、Richter 1992、トゥルン 1993）。このように20世紀半ば以降に発展したツーリズムの背景には、アメリカをはじめとした先進工業国における関連産業の発達があり、同時にこれらの国々の経済発展がツーリストを生み出すことになった。

　ツーリストの増加に伴い、地球上に創出されるツーリズム空間の数も増え続けている。ツーリズム空間の典型的な例の一つとして、世界中からツーリストを集めるユネスコが認定する世界遺産が挙げられよう。1978年に世界遺産としてガラパゴス諸島をはじめ13件が登録されたのを皮切りに、その数は増加し続け、2011年現在、936ヵ所が登録されている[3]。博物館で私達が順路通りに説明を付された展示品を見て回るように、ユネスコによる世界標準に規格化され、人類が共有するべき顕著な「普遍的価値」が認められた世界遺産を、私達は実際に地球上を移動して見て回ることがある程度可能になったのだ。情報が高速かつ大量に発信され消費される中で、人類が共有するべき「普遍的価値」は人々に絶大な信頼感を与える。その価値ゆえに、世界遺産に登録されるとその周囲が世界遺産を中心に再編され、具体的には従来そこに住んでいた人々が排除され、「普遍的価値」を共有する人類、それも遥か遠くに住む鑑賞者と、そこから経済機会を得ようとする人々のための新たなツーリズム空間として整備されることがある。

　世界遺産登録を契機としたツーリズム空間の開発が示すように、ツーリズム空間やツーリズム資源はア・プリオリに存在するものではない。このツーリズム空間創出のきっかけとして、社会学者のアーリは、ツーリストのまなざしtourist gazeの重要性を指摘した。アーリは、イギリスにおけるツーリズムの発展事例に基づき、ツーリストのまなざしは、行為主体であるツーリスト自身が埋めこまれている社会と連動し、時代や社会と共に変わるものであり、まなざしの主体とまなざしの対象となる客体との間に権力関係を築くきっかけになると指摘する（アーリ 1995）。

　このようなまなざしに含まれるロマンティシズムについては、1960年代に既に地理学者のChristallerが画家の行動になぞらえて指摘している。画家が「絵を描くために、人が行ったことのないような場所を探し、そこがいわゆるアー

ティスト・コロニーとなる。そこが発展すると、また別の『周辺』periphery を探すためにそのコロニーを去る」（Christaller 1963：103）ように、人々は「開発から取り残された未開の地」に、まなざしをむけるようになった。「秘境」や「楽園」、人跡未踏の地を求めるロマンティシズムに刺激されたまなざしが、先進工業国から第三世界に向けられる時、そこにはオリエンタリズムが上書きされていく。

　ネパールが1951年に公式に「開国」すると、西洋のアルピニズムの波が押し寄せ、ヒマラヤの未踏峰の登頂を目指して、世界各国から登山家達が集まってきた。そして今日、ネパールの大自然をフィールドにしたヒマラヤ・トレッキングに加えて、南部低地でのサファリ・ツアーといったアドヴェンチャー・ツーリズムに焦点を当てて、ネパールのツーリズムの特徴を分析したZurick（1992）は、ネパールのツーリズム空間は世界システムの周辺の、更なる周辺に創出されているという。ツーリストの大半を送り出す欧米にはネパールに直行する航空路線が殆どなく、多くのツーリストがバンコク等のアジアのハブ空港をゲートウェイとして利用し、そこからネパールの国際玄関カトマンドゥに空路で入り、更に目的地まで飛行機や自動車、徒歩で移動する。車道も電線も通っていない遠隔地にあるヒマラヤの大自然がツーリズム資源となっており、ツーリストはそこまで歩いていくため、地勢的に開発が困難な山地であっても、ツーリズム開発への期待は高い。遠隔地の発展のためにもツーリズムは重要視されている。この「隔絶性」は西洋のロマンティシズムを刺激し、それを受けて、ネパール政府は未開放地域を次々と開放することになった。しかし、国土内にある未開放地域は有限であり、開放され続ければやがて消尽する。

2. ツーリズムと発展

　1960年代、アメリカのケネディ大統領は、政治的緊張と政情不安を抑える非軍事的道具として、同時に世界平和の推進手段としてツーリズム産業の発展を奨励した（トゥルン 1993：221）。しかしながら、近年リゾート地でツーリストを狙った爆弾テロ事件が続発していることから、グローバルなツーリズム

の展開過程には、爆弾テロの標的になるような世界経済の不均等発展と軌を一にする側面があることも否めない。

　社会科学においてツーリズム研究が盛んになるのは、1970年以降であった（Graburn & Jafari 1991）。開発主義の高まりを背景に、開発を視野に入れたツーリズム研究が盛んに行われるようになった。ツーリズム開発による「近代化」をめぐって議論が多くなされてきたが、発展に関連する視点として次の2点を挙げておく。まず、ツーリズム開発によって工業資本を獲得し、それを投資することで伝統的農業経済から工業経済への移行を図り、その結果、「近代化」と経済発展がもたらされるという見方である（マシーソン & ウォール 1990）。いま一つは、第三世界がグローバルなツーリズム空間に包摂される過程で工業経済へ移行すると同時に、ツーリズムによって社会が「近代化」、「西洋化」されるという Harrison（1992b）に代表される見方である。

　ツーリズムの導入を、「近代化」を目的にした工業資本蓄積のための手段と位置付けるのか、あるいはツーリストの来訪に備えて近代的なインフラストラクチュアの整備・拡充を行い、新たな雇用機会創出によって地域住民の経済活動を活性化し、社会を「近代化」する手段と考えるのか。いずれにしても、グローバルなツーリズム空間に統合されれば、資本によって場所や文化の差異化が進められ、地域文化の再認識、再構築は避けられない。この過程は、文化の担い手とされる人々のアイデンティティも変容させていく。

　1977年に出版された Smith 編著によるホスト & ゲスト論 Hosts and Guests : Anthropology of Tourism を嚆矢として、これまで「真正」な文化を研究対象とし、そこからツーリストの存在を注意深く排除してきた文化人類学の分野で、ホストの文化や伝統、アイデンティティの変容についてツーリズムの影響が議論されるようになった。このホスト & ゲスト論では、西洋からのツーリストに出会った非西洋であるホスト社会の文化変容が主な関心事であった（Nash & Smith 1991 等）。ホスト社会で生じる現象を、西洋／非西洋、近代／伝統といった二項対立的な構図において理解し、ツーリズムの影響について批判的な検討が加えられてきた。

　ツーリストのまなざしが向けられると、ホストの人々が保持してきたとされ

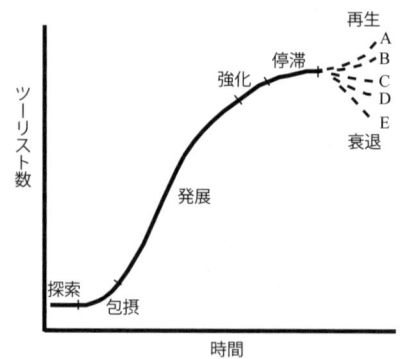

図 2-1 ツーリズム空間の発展仮説
Butler（1980）より作成

る「伝統」が消滅し、そのかわりに「新しい文化」が生成される[4]。しかしながら、その「新しい文化」をめぐって「ホンモノ」か「ニセモノ」か議論がなされるようになった。このような文化の「真正性」をめぐる議論において、声を簒奪されてきた民族の自己表象、自己主張に耳を傾けることが重要であるのは（太田 1998）言を俟たない。

　地理学では、ツーリズム産業の展開について事例研究が積み重ねられ、これらの事例がモデルとして統合されてきた（Mitchell & Murphy 1991）。その中で最も参照されてきたモデルの一つは、Butler（1980）のツーリズム空間の発展仮説[5]であろう。縦軸にツーリスト数、横軸に時間をとって段階区分し、それぞれの段階に特有の現象が示されている（図 2-1）。このモデルは、先述した Christaller（1963）による絵を描くために「周辺」を探し求め、アーティスト・コロニーを築く画家の喩えに示唆を受けて、ヨーロッパにおけるツーリズム空間の展開事例から考案されたものである。本書と関連づけて Butler の発展仮説を概略しておこう。

　図 2-1 に描かれた右上がりの S 字カーブは、ツーリズム空間の発展過程を示している。時間が経てばツーリスト数が増加し、ツーリズム空間が発展していくという右肩上がりの単線的発展論であるが、ツーリズム空間の五つの発展段階を経た後、いくつかの発展の可能性が示されている点で、近代化論と少し異

なる。いかに発展段階を経験するのか。第1の探索段階は、アーティスト・コロニーのように発見され、自然や文化、歴史に惹かれてツーリストが訪れ、ツーリズム空間としての可能性が模索される段階である。この段階では、訪問者に特別なファシリティは供給されない。第2の包摂段階では、ツーリストが定期的に訪れるようになり、地元の企業家が試行錯誤しながらツーリズム産業を興し、サービスを提供する段階である。ある程度のツーリスト人口が期待され、政府や代理店に交通輸送や他のファシリティの供給、及びその質の向上が求められる。第3の発展段階になると、地方行政や国家による開発政策が導入され、外部資本により、大規模で新しい設備が造られていく。同時に、ツーリスト送り出し地域のツーリスト市場を確保するようになる。第4の強化段階では、ツーリスト数の増加率は減少するが、ツーリスト数は依然増加し、住民人口を超える。地域経済にとってツーリズム産業が重要な部門となり、ツーリズム空間が再編され、地元の資本の自律性が減退していくことが特徴として挙げられている。また、ツーリストと地元の人々との間に摩擦が生じる可能性が出てくる。第5の停滞段階ではツーリスト数が最多になり、環境や社会経済上の問題が発生する。既に確立されたツーリズム・イメージは流行遅れになり、ツーリズム空間としての生き残りをかけて当初のツーリズム資源の魅力を代替する大規模な施設を整備し、マス・ツーリストを受入れる方向を模索する段階に至る。最終段階では、ツーリズム空間に内在する様々な環境的社会的キャパシティとの関連で再発展するか、衰退するかが決まる。ツーリズム産業が衰退に向かう時、同時並行的に大資本が撤退していくと、再び地元の人々がツーリズム産業に参入するようになる。以上がButlerによるツーリズム空間の発展仮説の概要である。

　この仮説では、二次元のS字カーブの発展した段階に北地中海やイギリス、アメリカ合衆国の北東海岸沿いやフロリダにあるリゾートが、初期段階にハワイや、カリブや太平洋諸島、北アフリカのリゾートが位置付けられている。ここでは、ツーリズム空間はツーリズムに特化された地域として想定されている。ツーリズム空間はその単線的な発展段階を経て、停滞段階の先でいくつかの可能性が示されてはいるが、個々に発展していくものと理解されている。しかし

ながら、ツーリズム空間は、巨大な国際資本によっても、その存在する国家や地域社会から完全に切り離されることはない。

　地球上のあらゆる場所がツーリストのまなざしに晒される可能性がある今日、グローバルなツーリズム空間において、他所との差異化を図ることが各ツーリズム空間に課されている。ローカルな空間スケールとなる場所は、グローバルなツーリズム空間を背景に、他の諸空間との競争、及びツーリスト送り出し国・地域との関係において、常に変容させられていく。この観点からすると、Butlerの仮説であるS字カーブの梯子を、個々のツーリズム空間が単独で進んでいく過程は考えられない。つまり、フロリダにあるリゾートと北アフリカにあるリゾートが、同じ過程を辿ることは、ほぼあり得ない。

　ツーリズムの批判地理学を目指したBritton (1991) は、従来の地理学におけるツーリズム研究を理論的基盤に欠けると批判し、地理学の理論化のために、資本主義体制下におけるツーリズムの展開を資本蓄積の側面から分析する視点を提唱した。また、ハーヴェイは、資本主義の発達過程で生産効率の向上を図るために運輸通信技術が革新され、普及することでますます時間－空間が圧縮される今日、私達は次のようなパラドクスに直面しているという。すなわち、「空間的障壁が重要でなくなるにつれ、空間内における場所のヴァリエーションにたいして資本はより敏感になるとともに、資本を引きつけるように場所の差異をつくりだそうという誘因が高まる。この結果、資本の流動という高度に統合化されたグローバル空間のエコノミーにおいて、断片化、不安定性、つかの間で不均等な発展が生み出される」(ハーヴェイ 1999：380-381)。このような過程でフレキシブルに移動する資本は、非公式の帝国主義を通じて世界を再領土化していく。この過程は、ツーリズム空間の典型的な例の一つであるステレオタイプ化された楽園リゾートを世界中に創り出し、「どこにでもある場所」を増やしていくものである。

3. 世界システムとツーリズムの展開

3.1 世界システムとツーリズムの展開
　旧植民地では、旧宗主国からの資本によって航空路線が整備され、ホテルやリゾートが開発され、ツーリストのための建造環境が整備された（Britton 1991）。こうしてできたツーリズム空間では、サービスを受ける世界システムの中核の人々と、安価なサービスを提供する周辺の人々の権力関係が構造化されることになった。周辺において、ツーリズムが展開していく過程で外国資本が土地を買い、電線や車道のない山奥や離島でもジェネレーターを備えて電力を供給し、地元の社会から隔絶したような、暗闇の夜の中でもそこだけ煌々と明かりが灯る、文字通り不連続なツーリズム空間 tourist enclave を創り上げていく。
　このような不連続な空間は、どのように世界各地に出現することになったのだろうか。1960年代以降、国際協力を掲げる政府開発援助によって、周辺諸国でインフラ整備が進められ、運輸通信技術が世界中に普及するようになった。これによって、周辺諸国を直接的間接的に世界経済に統合し、対外的な投資や貿易等を通じて資本を中核諸国に回収する回路ができていく。他方、開発を志向する第三世界では経済的必要性に迫られて開発援助を受け入れ、積極的にツーリズムを経済開発手段として導入していった。
　1960年代、ケネディ大統領が示した、ツーリズムの展開は第三世界の経済開発にとって有効であるばかりでなく、国際理解をも促進するという薔薇色の楽観は、その開発の負の影響が顕在化するにつれ、ツーリズムに本質的に内在する新植民地主義に対する批判に取ってかわられていく。具体的には、表向き第三世界の経済開発に有効な産業として行われてきたツーリズム産業の導入は、インフラストラクチュア整備の援助などを通した第三世界の世界システムへの包摂であり、援助国のツーリズム産業の拡大・強化であったことが指摘された（トゥルン 1993：223）。中核から周辺へツーリストが流れ、ツーリズムによる多くの利潤が同じ経路を逆流するという回路ができあがったのだ。

しかし、見方を変えると、Britton によれば、旧宗主国との関係がある地域であれば、植民地主義時代の非対称的な社会関係を再編することにはなるものの、ツーリズム開発にとって「唯一最重要な要因である中核のツーリズム資本」の導入が可能となり、資本と共にツーリストも訪れて成功すると考えられる。他方、植民地化されてこなかった地域では大資本の誘致が困難であり、ツーリズム産業を成功させる可能性は低くなる（Britton 1982）。この観点からすれば、公式に植民地化されたことのないネパールでは、巨大資本や多数のツーリストを誘致する歴史的政治的関係がないために、旧宗主国との関係がある他地域に比べると、相対的にツーリズム開発が困難ということになる。しかし、この状況は同時に経済的従属関係を伴う「唯一最重要な要因である中核のツーリズム資本」に支配されない状況にあるとも解釈できる。但し、ネパールにとって、インドとの関係は経済的従属関係に他ならない。

3．2　中核－周辺連関におけるツーリズム空間の創出

　ツーリズム空間の創出にとって重要なきっかけは、ツーリストのまなざしである。このロマンティシズムを含むまなざしが、世界中いたるところを、大衆が訪れないようなところでさえも、ツーリズムに取り込んでしまう（アーリ 1995：170）。このようなロマンティシズムが求める「未開」性は有限である。したがって、ツーリズムにおいて、ロマンティシズムを刺激する魅力は諸刃の剣となる。人跡未踏の地にツーリストが訪れるようになったら、その場所の魅力であった希少性は反比例的に低減し、やがて皆に親しまれる場所になってしまう。Butler の仮説の停滞段階と同様に、再生をかけて方向転換しなければ衰退する。そこでツーリズム空間として更に付加価値を高めるために博物館や美術館等の施設が造り出され、「どこにでもある場所」になっていく。ツーリストのために建造環境が整えられていくと、第三世界ではインフラストラクチュアに関して不連続性の高いツーリズム空間、ツーリスト・エンクレーヴになることが多い。

　ツーリズムを疑似イヴェント pseudo-events と捉え、ツーリストは騙されながらも本物ではない造り物を楽しむのだと指摘したブーアスティンは、ツーリ

スト・エンクレーヴの意義を次のように指摘する。強大な国際資本によって創出されたツーリスト・エンクレーヴ、例えばカリブやイスタンブールのヒルトンで、人々はアメリカを経験しながら、窓の外を眺めることが可能になった（ブーアスティン 1964：110）。周辺に創り出された中核の空間に保護されながら、周辺を経験した気になれるのである。ツーリストは、彼／彼女の視線が窓を通りぬけることを除いては、外部から遮断されるように保護されている。中核の資本によるこのような空間を利用して、中核の人々は世界中いたるところに出掛け、楽しむことが可能になったのである。

　第三世界に実際に身を置いて、既に頭にあるイメージを確認するこの行為について、ブーアスティンの「われわれは窓から外を見る代わりに鏡の中を見ている。そこに見えるものはわれわれ自身の姿である」（ブーアスティン 1964：128）という指摘は、時代が変わった今日でも正鵠を得ていよう。ツーリストが周辺にむけるまなざしには多分にロマンティシズムが含まれ、このようにして創り出された空間はツーリスト自身の欲望を映し出す鏡となる。とりわけ地域認識をめぐってロマンティシズムを刺激するオリエンタリズムを含んだまなざしを持つツーリストが、周辺に自身を投影するための空間を創り出す時、ツーリズムはオリエンタリズムを実践するための手段となってしまう。なぜなら、私達は地域を認識する時、イメージを通してしか認識できないからである（アーリ 1995：111）。

　ハーヴェイが、「旅行は実際に自分がそこには行かない想像上のものであれ、視野を広げるものと考えられているが、単に偏見をますます固めるだけになってしまうことがよくある」（ハーヴェイ 1999：451）と指摘するように、ツーリストは実際に目から入る情報を、往々にして既に脳裏に刻まれたイメージに合うように重ねてしまう。パンフレットの写真のようにきれいに山が見えないと、まずはそばにいるガイドに、それから旅行代理店に苦情を言い、場合によっては料金の返還を求める行為がその証左となろう。最近のパンフレットに、写真の片隅に小さな文字で「これはイメージです」と断り書きが添えられるのも、イメージとツーリストが実際に目にする現実が必ずしも一致しないことを示している。

ツーリスト・エンクレーヴが創出される時のように、同一の強大な資本が投入される場合、技術や制度も同時に持ち込まれ、景観的にはよく似たツーリズム空間が各地に複製され、同じような嗜好——ゴルフコースやプールを備えたリゾート空間への憧れ——をもったツーリストを集めることになるだろう。しかしながら、施設や景観が類似していても、そのナショナルな、あるいはローカルな文脈における意味や、そこで展開される経済活動の在り方は、ツーリズム空間を創出する行為主体の社会文化的背景が異なれば、違ってくるはずである。

　ツーリズム空間では、その属する国・地域の政治経済条件によって世界システムへの包摂のされ方は異なり、既にあった不均衡な社会関係が再構築される。先述したように、旧植民地に、旧宗主国の資本によってホテルやリゾートが建てられ、国際航空路線が拓かれ、旅行代理店業が展開することによって、ツーリストとそれに伴う資本や情報、モノの流れが生み出される。この流れによって世界システムにおける諸関係は可視化され、維持強化されていく。世界システムのとりわけ中核で生じる現実が、その回路を通じて地球上にあるツーリズム空間に影響を及ぼすようになる。しかしその逆、つまり周辺でツーリズム空間が一つ創出されても、あるいは一つ何らかの理由によって消滅しても、中核にとっては選択肢が増減したに過ぎず、大きな影響はない。ツーリズムに依存度の高い国・地域ほど、ツーリズムを契機に発展した中核－周辺連関に従属的にならざるを得ず、ツーリズムの影響を直接受ける。この不均衡な状況を生み出す中核－周辺連関はまた、オリエンタリズムや新植民地主義をその空間に構造化し、そしてまた新しくそこに出来る関係——ホストとゲストのような関係——をその構造に上書きしていくのである。

　第三世界におけるツーリズム空間の創出は、植民地化の経験の有無にかかわらず、中核－周辺連関において明らかにしていかねばならない。なぜならば、差異化される文化はグローバルなスケールで構築されるため、自ら語るよりも語られることが圧倒的に多く、イメージは一方的に周辺に重ねられてきたからである。グローバルな言説に加え、ツーリストのローカルな空間スケールにおける実践と、受け入れ側のホストとの相互作用を通して、差異は固定されてい

く。この点から、ツーリズム空間において、差異化された場所を消費するツーリストと、そこでサービスを生産する地元の人々の間にある関係を明らかにすることは、不均等発展するツーリズムの実態を解明することになると考えられる。

4. ツーリズムをめぐる空間スケール

　本節では、ツーリズムをめぐってローカルな空間スケールで生じている現象や人々の活動を複眼的に捉えるために設定する三つの空間スケール――ローカル、ナショナル、グローバル――を、本書でいかに援用するのかを検討する。

　政治地理学者のテイラーは、ウォーラーステインの世界システムの対立を制御する三層構造（中核－半周辺－周辺）と対比させて、世界経済を、国民国家を軸とする垂直的な三層の地理的構造（ローカル－ナショナル－グローバル）を設定した（テイラー 1995 ［1991］: 48-56）。我々の生活を構造化する重大な事象（現実）が生じるグローバルな空間スケールに対し、人々が日常生活を経験するのがローカルな空間スケールである。ナショナルな空間スケールは、この両者の媒介項として機能する。

　消費の対象となる場所の差異をめぐって社会関係が構築される過程で、グローバルな言説空間でイメージが構築され、ローカルな空間に固有性が付与され、差異が固定化されていく。この空間を差異化していく過程は、グローバルな世界経済においてツーリズムが不均等発展する過程でもある。矛盾するようであるが、グローバルな空間統合を進めるツーリズムの展開過程で空間障壁が低減されればされるほど、差異を契機に自然や文化、場所が商品化され、ローカルな空間固有性が創出されてきた。強大な国際資本によって、強硬に地元の人を排除するような政治的経済的権力が介在しなければ、Butler の仮説で示したように、ツーリズム空間が創出されるには、地元の企業家の活動が重要となる。このような活動に関係する人々の意思決定や行為には、意識するとしないとにかかわらず、社会文化的規範、換言するとその社会のイデオロギーが関係する。つまり、人々は自身の社会的文脈に埋め込まれ、様々な制限を受けた状

態で活動を展開することになる。この状況が、往々にしてナショナルな空間スケールとしてツーリズム現象に関わってくる。

　ローカルな空間スケールでツーリズム空間が創出される過程で、人々は社会文化的な制限を受けながら、いかに活動しているのか。そしてその活動が、ネパール社会との間にいかなる相互作用を起こしているのだろうか。この問いに応えるかたちで、第5章以降では個別具体的な事例の記述分析を行う。この際、人々の行為を規制するネパールのヒンドゥー的カースト社会における社会文化的規範や、社会を分節化する社会範疇ジャート[6] jāt に着目する。

　ツーリストのまなざしは、グローバルな空間スケールで構築されたオリエンタリズム的な言説によって方向づけられ、地域の企業家や人々はそれを受けて何らかの対応をする。例えば、ヒマラヤの銀世界をイメージしてネパールを訪れるツーリストに対して、ホテルの従業員や航空機の乗務員——多くの場合若い女性——が、ヒマラヤ地域に住むチベット系の少数民族の衣装を着て胸の前で合掌し、ネパールの挨拶の言葉「ナマステ」と呼び掛けるような状況、近年アメリカをはじめ先進国でエクササイズとしてのヨガの流行を受けて、ツーリストを対象にチベット仏教寺院でもヨガ・クラスが開催されるような状況が、ツーリストのまなざしを意識した行為として分かりやすい例であろう。

　ツーリズムの展開は経済的要因だけではなく、文化的な要素によっても条件付けられるために、ローカルな空間スケールで出会う両者の間の社会的相互作用の質が重要な意味を持ってくる（アーリ 1995：73）。文化的な要素として重要なのは、空間的固有性を求めるツーリストがある地域を訪れる動機となる差異であり、この差異を生み出す言説はグローバルな空間スケールで構築される。この差異に対するツーリストのまなざしと、それに対するローカルな空間スケールで行われる人々の実践によって差異が固定化されていく。つまり、グローバルな言説につき動かされて他所を訪れた人と、その場所で活動する人との相互作用によって差異が固定化されていくのである。

　この二つのスケールを媒介するのが、ナショナルな空間スケールでのイデオロギーであり、第4章で検討するように、直接的にはツーリズムをめぐる諸政策を施行することとも関係してくる。また、第3章で取り上げるネパールのヒ

ンドゥー的カースト社会が、ネパールの人々の意思決定や行動を、意識的にでも無意識的にでも、方向づけるイデオロギーとして作用する。このようなイデオロギーに規定されながらも、ツーリストのまなざしに応じてまなざしの対象となった人々は行動する。その例として、ネパールの楽師カースト・ガンダルバ gandharba を第7章及び第8章で取上げる。ネパールの村にラジオが普及するにつれて、メッセージを歌にのせてきたガンダルバのエンターテイナー、あるいはニュースの伝達者としての役割は失われ、やがて村での弾き語りをやめて、あるいは最初から生き方として選択せずに、都市に出稼ぎに来るようになった。そこで彼らはツーリストに出会い、彼らのジャートに特有の道具である四弦弓奏楽器サランギ sāraṅgī を、ネパールの土産物として売るようになった。中核から来たツーリストの目に、彼らが自分の体に合わせて作るシンプルな楽器は、弦にバドミントン・ラケットに張るプラスチックのガットや釣り糸が使われていようとも、前近代的な伝統文化に映る。グローバルなツーリズム空間で何か伝統的なるものを求める欲望に駆られたツーリストのまなざしに応えて、ガンダルバはネパールの他のジャートの人が通常触れないサランギを商品化するようになったのである。詳しくは後述するが、ガンダルバによるサランギの商品化は、彼らのサランギとサランギを軸にした生き方についての認識を変容させ、彼らが生きる社会文化的状況にも、それに伴い彼らのアイデンティティにも変化を生じさせることになった。このように、ローカルな空間スケールで繰り広げられる人々のツーリズムを契機にした活動は、ツーリストと相互作用的に構造化され、またツーリスト自らも行為主体として構造化に対応している。この点をグローバル、ナショナルな空間スケールにおいて提示できれば、本書の目的は達成される。

[注]
1) 近代の資本主義的な世界経済を地球上に存在する唯一の世界システム world system としたウォーラーステインの世界システム論（1994 [1985]）は、ウォーラーステイン自身が資本主義的でない世界＝経済の論理的可能性を認めることによって、世界システム world-systems と改められた（2006）。本書では、オルタナティ

ヴな可能性のある世界システム world-systems 分析を意識したが、十分に分析できたとはいえないので、今後の課題としたい。

2) 世界観光機関ホームページ：http://unwto.org/en/content/why-tourism（2011 年 8 月 11 日最終閲覧）。
3) ユネスコ・ホームページ：http://whc.unesco.org/en/list/（2011 年 8 月 11 日最終閲覧）。
4) 例えば文化人類学者の山下晋司は、このような「伝統文化」が消滅されつつある一方で、新たに文化が創出されることを重視し、この現象を「文化の生成」としてポジティヴに評価している（山下 1996a、b、1999、山下・山本 1997）。
5) ネパールの事例で Butler の発展仮説を用いた例として、エヴェレスト地域を事例に持続可能なツーリズムを検討した Rogers & Aitchison（1998）が挙げられる。
6) 人々をカーストや民族、宗教、居住地などの観点から類型化した区分。

第3章　ネパールの地域像とヒンドゥー的カースト社会

1. 閉曲線で囲われない地域

　本章では、まずネパールの地域像がいかなるものであるのか把握するために、すでに外国人によって構築されてきたネパール地域像を取り上げて検討する。そして、このネパール地域像の背景となる社会的状況について概観する。これらの作業は、個別具体的な諸事例を相互に連関させ、ネパールについての像を結ばせるための準備となる。

　本書で取り上げる諸事例は、ネパールにおいてツーリズムが展開する過程で生じる現象を、いくつかの視点から切り取り、具体的に提示したものである。つまり、個々に独立した事例のように見えるかもしれないが、ツーリズム空間タメルで生じている一つの現象のまた別の側面であり、相互に連関し合うものである。これらの諸事例を相互に連関させるための背景として、人々の行動を意図するとしないとにかかわらず規制するナショナルな空間スケール——ここではネパールのヒンドゥー的カースト社会——を検討する。

　第三世界の地域像を構成する情報は、主として第三世界以外で情報が発信され、非対称的な関係の中で流通している。ある地域について情報が重ねられていくことによって、ある一定の地域像が浮かび上がってくる。このような地域像には、サイードが、オリエンタリズムとして厳しく批判した、西洋が東洋を異質なものとして本質化してきた権力構造が反映されていると考えられる（サイード 1993）。つまり、これまで構築されてきた第三世界の地域像は、その過程で恣意的に引かれた閉曲線で囲われた地理的地域として創り出され、西洋にとっての他者として空間化され、あらゆる種類の空想や連想やつくり話で充満され、語られるようになった。そして、地域研究における地域の設定そのもの

が恣意的で、その閉曲線で囲まれた地域についての地域研究は本質的にオリエンタリズムを含み、さらに虚構のオリエントがまた現実にオリエント化される、つまり他者が他者化される（サイード 1993：120-173）。サイードのこのオリエンタリズム批判に対し、その前提にある西洋／東洋や自己／他者、文明／野蛮という単純な二元論を批判する議論も含めて、多様な議論が展開されてきた。

　いかなる認識であっても、地域に関する情報に由来する権力が、知的システムや言説を通じて空間を編成してきたことは（Gregory 1994：168-174）、否定できない。しかし、グローバルな空間を編成する権力構造において、世界システムの周辺は中核に対抗する術はないのだろうか。ド・セルトーは、弱者は強者に対し「自己に固有のものがあるわけでもなく、相手の全体を見おさめ、自分と区別できるような境界線があるわけでもないのに、計算をはかる戦術」（ド・セルトー 1999［1987］：26）の可能性を指摘している。弱者は相手の持ち場の全貌も知らず、距離をとることもできないが、機を窺って自分の外にある力を絶えず利用し、臨機応変に好機を生かそうとする「戦術的」な日常的実践によって、強者を相手に成功をおさめることも可能だというのである（ド・セルトー 1999［1987］：24-28）。

　この「戦術的」な日常的実践はどのようなものなのか、筆者が想定している閉曲線で囲われない地域との関わりから確認しておきたい。第7〜8章で詳しく述べるが、ヒンドゥー的ネパール社会において不可触カーストと認識されて差別され、自らもそのように振舞うことの多かった楽師カースト・ガンダルバが、遥か遠くから来た外国人ツーリストにタメルで出会い、彼／彼女らから博愛主義的な語りを繰り返し聞くようになり、握手し、肩を組み、共に飲食するようになった。ネパール社会で経験することのなかったこのような状況に彼らはやがて適応し、差別や貧困に同情を示す外国人ツーリストに対して、「不可触 untouchable で貧しい poor」ガンダルバであることを名乗るようになる。同時に、彼らは自身の伝統的文化としてサランギを示し、土産物として外国人に売るようになった。これは、外国人のロマンティシズムを含むまなざしに機会を見出し、それに対応した彼らの「戦術」であり、このような「戦術的」な実践の積み重ねが彼らのアイデンティティを変容させ、彼らを取り巻く社会環境

にも変化をもたらすことになった。彼らは、物理的にはタメルの路上で活動をしていても、外部世界と接することで彼らの人生は大きく変えられていく。彼らが生きている世界は、外部世界との関係性の内にあり、決して閉じられた地域におさまるものではない。

　本書の記述が目指す地域像は、ローカルな空間スケールで起きている現象をめぐる人々の語りや実践が前景に現れてくるような、そして閉曲線で囲われることのない、外部世界との関係性の中で動態的に変化し続けるような像である。まずは、その背景として、ネパールのイメージに大きな影響を与えた、ネパールの地域研究によって立ち現われてきた地域像について概観してから、その地域像をめぐって生じる矛盾や対立の背景として、ヒンドゥー的カースト社会について考察する。

2. ネパールの地域像

2.1 ネパールの地域像

　ネパールという用語は、「国民国家」としてのネパールを指示することもあれば、国境という閉曲線で枠取られる政治的領域であったり、ツーリズム・イメージを投影する漠然とした文化的な地理的領域であったり、あるいは人々がアイデンティティを投影する政治的文化的な対象を意味することもある。このような多義的な意味を有するネパールの地域像を動態的に、また複眼的に描くために、具体的事例としてカトマンドゥの中で最も賑わいを見せているツーリズム空間、タメルを取り上げる。

　ツーリストを含め不特定多数の人が頻繁に往来するタメルでは、人々は、遥か彼方の他所とも影響しあいながら、活動を展開している。人々の活動は、ネパールが2008年まで国教としてきたヒンドゥー教的価値規範と無関係ではない。意識するとしないとにかかわらず、人々の選択的行為にその価値規範が反映される。彼／彼女らの活動にヒンドゥー教的価値規範や、行為の選択的嗜好性が反映されているのであれば、そこからネパールの地域像を読み取ることも可能であろう。もちろんここで見えてくる人々が繰り広げる活動の背景として

のネパールは、永久不変の静態的なものではなく、動態的なものである。

　ネパールについての地域像は、唯一無二の地域像としてア・プリオリに存在するものではない。また、本書で注目するタメルで活動する人々は、何らかのかたちでツーリズムに関わってはいるけれど、彼／彼女たちの活動、及びそれに関連して生じる現象全てが、ツーリズムによってのみ規定されているわけではないし、場合によって彼／彼女らの活動範囲はネパールの国境を越えて広がる。こうした人々の活動は、ヒンドゥー教をはじめとした社会文化的規範や近代化、1990年に達成された民主化や経済の自由化、グローバル化の影響というような、いくつもの外的諸力と相互に作用しあいながら、行われている。人々の行動を方向付け、生活様式や思考様式を変容させるこれらの諸要因は、人々の日々の実践によって再帰的に変えられていく。

　このような動態的な状況を前提に、ツーリズム空間の行為主体である人々との対話を通して、実態に即して認識し得たことを記述し、その記述をより大きな社会的文脈に位置づけ、適宜概念的枠組みを援用しながら議論していく。これらの作業を重ねていくことで、閉曲線で囲われた部分を単色で塗りつぶした均質な地域像ではなく、見る角度によって見え方が異なってくるような、動態的で多様な様相を呈する複眼的な地域像を描き出すことを目指す。

　公式に外国に「開国」した1951年以降、ツーリズムの契機となった登山や探検はもとより、研究調査、開発援助等を目的に、欧米から多くの外国人がネパールを訪れるようになった。そのツーリスト数の増加は、ネパールが世界システムに包摂されていく一側面を示すといえる。それは同時に、ツーリスト送出国におけるネパールの地域像の構築過程でもあった。

　日本で行われてきたネパール地域像の形成について概観しよう。ネパールが「開国」してからヒマラヤ周辺の研究がネパールに集中してきたことは、例えば名和（2001）や月原（1999）の指摘するところである。その背景として、月原（1999：581）は、ヒマラヤ地域においてブータンでは政府が学術調査をほとんど認めないこと、インド領ではインド人研究者、中国領では中国人研究者によって実質上研究され、ネパールに比べればやはり調査許可取得等が困難であることを指摘している。こうして戦後、ヒマラヤ研究[1]としてネパール研

究が行われてきた。ヒマラヤ周辺の研究がネパールに集中してきたことは、ネパール研究がヒマラヤに集中してきたことと表裏をなし、現在、国際社会で流通しているネパールの地域像としてまずヒマラヤがイメージされることの証左となる。このような外国人による登山・探検や研究成果をはじめとした諸情報が世界に流通する過程で、ネパールの地域像が構築されてきた。その地域像が、今度はツーリズムの展開過程で商品化されると同時に、ネパールにおいて内在化され、「ネパール即ちヒマラヤ」という地域像がネパールの内外で再生産されていくことになった。

「ヒマラヤ」とは、サンスクリットのヒマ hima（雪）とアーラヤ ālaya（家）の複合語（Shrestha 1987：172）であることから分かるように、語源をたどると「雪のある処」を意味する。世界最高峰のエヴェレストは北緯28度に位置し、それを擁するヒマラヤは緯度的には亜熱帯に位置している。したがって、ここでいう「雪のある処」とは、雪線よりも標高の高い気温の低い山岳地域に限られ、ヒマラヤは高山を指示する用語となっている。一方の「ネパール」という用語は、『地名事典』（Shrestha 1987）によると、もともとはカトマンドゥ盆地を示す地域の名称であり、その語源として可能性があるものとして言及されている言語はチベット語、サンスクリット語、チベット・ビルマ語系言語など多様である。「ネパール」の語源から、ネパールの文化的多様性や周辺地域との文化的距離の近さ、交流が窺える。ヒマラヤはネパールの国土の北部を南東から北西に走るが、ネパールの南部には、かつてはトラやゾウ等の野生動物がうろついていた亜熱帯性の森林に覆われていた低地が広がる。ネパールの人口分布を見ると、ヒマラヤ地域よりも中間山地及び南部平地に多いことから、実際とネパールについてのイメージがずれていることが分かる。確かにヒマラヤとネパールは互いに重なる部分があるが、「ネパールといえばヒマラヤ」というようなイメージは、従来のネパール研究（あるいはヒマラヤ研究）の蓄積過程で強化されたものであると考えられる。

繰り返しになるが、亜熱帯の低地から高山に広がるネパールにおける研究は、ヒマラヤに集中してきた。その初期の研究の中で、南（1992：58）が指摘するように、川喜田（1977）によって、その限界をも充分に認識しつつヒマラヤの

地形に由来した垂直構造論が諸文化について提示され、やがてそのモデルが一人歩きして、ネパール一般について語られるようになった[2]。

　ヒマラヤに研究者のまなざしが向けられた結果、ヒマラヤを故地とするチベット系民族についての研究が多く蓄積されていった。その中で、山がちであること、それ故に厳しい限られた自然環境の中で生きる貧しい人々というようなイメージが、世界最貧国であることを裏付けるようにして増幅され、普及していった。これらの研究が、「神秘的」、「素朴」[3]というようなネパールをめぐるツーリズム・イメージを現在も支え続けているのである。このことは、ほとんど宿命的にエキゾティシズムを内在する民族誌が、最終的には差異を本質化し、西欧社会の倒立像として「未開社会」を描写してしまう（太田 1998：65）ことと無関係ではない。

　近年、このような未開や貧困に由来するイメージが意識的に見直されつつある。例えば 1997 年に刊行された『暮らしがわかるアジア読本　ネパール』（石井編著）では、従来ネパールについて描かれてきた「取り残された哀れなところ」というような固定観念を越えたネパール理解を目指して（石井 1997：7-10）、世界の動きに反応しつつ現在そこで暮らす人々が動態的に描き出されている。同年に刊行された『ヒマラヤの自然誌　ヒマラヤから日本列島を遠望する』（酒井編著）では、その副題から明白なように、いくつかの問題が日本との関係において検討された新しい試みといえる。自然科学に比重が置かれた構成で、ヒマラヤを日本との関係において認識しようとする試みは斬新で個別具体的な事例は面白いが、事例集という印象を受ける。岩田（2000：36）は、日本で 1997 年に刊行されたこの 2 冊は「地理的位置情報やネパールという地理的空間が意識されていない」という理由から地誌としては認め難いというが、いずれもネパールの地域像について理解を深める好著といえよう。その後、岩田が地誌と見なし、自らも著者となっている『ヒマラヤの環境誌　山岳地域の自然とシェルパの世界』（山本・稲村編著）が 2000 年に刊行された。全国的な地誌ではなく、東ネパールのジュンベシ村について、文化人類学、社会学、環境学、自然地理学等に学問的アイデンティティをもつ多彩な著者によって執筆されている。ジュンベシ村の自然環境と、それを利用しながら生きる人々や社

会の動態的な様子が、自然科学的側面と人文科学的側面から描き出されている。ヒマラヤへのまなざしは今も継承されていると言えよう。

　これまで述べてきたようにネパール研究の端緒がヒマラヤとその登山にあったため、20世紀半ば以降、ヒマラヤ地域に居住するチベット系民族、チベット・ビルマ語系民族の研究がさかんに蓄積されてきた。ここではツーリズムに関連する民族誌・地誌に絞って、その傾向を指摘するにとどめる。1980年代以降、ツーリスト数の増大に伴い、ツーリズムによるローカルの社会への影響が、地誌や民族誌の中で盛んに指摘されるようになった。まず取上げられるのが、19世紀初頭からヒマラヤ登山の高所ポーターとして活躍し、世界的に名を広めたネパール東北部のソル・クンブ郡を故地とするチベット系民族のシェルパ serpā についてである。シェルパは、ネパールにおけるツーリズムが始まるよりも以前から、ヒマラヤ探検や登山を通して欧米の外国人と接触してきた。当初、西洋の人々に最もよく知られたネパールの人々であったことから、ネパールを代表する人々としてしばしば語られてきた[4]。そのシェルパについて、ツーリズムとの関連から社会文化変容に着目した多くの民族誌的研究や地誌的研究が蓄積されてきた[5]。ツーリズムの文脈ではシェルパが際立って有名であるが、シェルパよりも早くから西洋の人々に知られてきたネパール人に、19世紀以降イギリス統治下のインド軍に傭兵として活躍してきたグルカ兵がいる。彼らはシェルパと同様に、「忠実な東洋人」としてネパールのイメージを構成してきた（鹿野 1997）。また、チベット交易に関わってきたシェルパ以外の民族が、「チベット暴動」以後、チベットとの交易に替る経済手段を模索し、ツーリズム産業に参入していく過程を明らかにした事例研究もみられる[6]。このように、ヒマラヤに住むチベット系民族、チベット・ビルマ語系民族についての研究が多く蓄積されてきたのに対して、インド・ヨーロッパ語族の人々を対象とした研究は等閑に付されてきた。このことが、後述するように近年になってネパールのエスニシティやナショナリズムに関する問題を招来することになった。

2. 2. ネパールからのネパール地域像への反応

　公式に「鎖国」を解いた1950年代から、外国人がネパールを訪れるようになっ

た。当初、ネパールを訪れる目的は、登山や探検、開発援助、研究が多くを占めていたが、現在では、それらにツーリズムや会議、ビジネス等というような項目が加わり、その目的が多様化してきた。そして、外国人の手による旅行記や探検記、民族学的研究成果、各種調査報告等が蓄積され、更に多くの人々がそれらからネパールに関する情報を得るようになった。但し、その著書や報告のほとんどに、英語をはじめとしたネパール語以外の言語が用いられてきたことに留意する必要がある。すなわち、これらの外国人の蓄積してきたネパールについての情報は、まず国際情報メディアに流されることが目的とされていたのである。また、ネパール人によるネパール研究も、主として英語でなされてきた。ネパールに関する情報に由来する権力は、こうしてネパールの外の知的システムや言語、言説を通じて空間を編成していき、その中でネパール像が構築された。このような状況とその影響に対し、ネパール内部から批判の声が高まっている。

　1992年にオックスフォード大学で、ヒマラヤ地域における文化、政治及びアイデンティティについて開かれた研究集会とセミナーをもとに、ネパール研究を中心に編集された論文集 Nationalism and Ethnicity in a Hindu Kingdom : The Politics of Culture in Contemporary Nepal（Gellner編著）が1997年に刊行された。世界で唯一のヒンドゥー王国（当時）におけるナショナリズム、エスニシティ、抵抗及び変化について編まれた15章からなるこの論文集の序文には、オックスフォード大学の文化人類学者 Gellner をはじめとした編集者によって、外国人研究者の仕事は記録や分析を提供することであり、ネパール人自身が、自らの政治的運命を決めるのだと記されている（Gellner, Pfaff-Czarnecka and Whelpton eds.1997 : xvii）。この本の結論部分では、欧米の外国人研究者の手による13編を受けて、ネパール人研究者である Prayag Raj Sharma と Harka Gurung が見解を示している。

　高位カーストである高名な歴史学者 Prayag Raj Sharma は、特に西洋の外国人によって蓄積されてきた研究成果について次のように指摘する。人類学者をはじめとした外国人研究者の研究により、ネパールは世界の中で最も研究された国の一つとなり[7]、これら外国人の研究成果を通してネパール人がネパール

を知るようになった（Sharma 1997：473）。これは、多少なりともロマンティシズムを含んだ外国人のまなざしで認識され、描かれたネパールの地域像が、ネパール人の研究者において他者化される構図といえよう。このロマンティシズムを含むまなざしが、チベット・ビルマ語系のグルン guruṅ という民族で、ネパールの代表的な地理学者である Harka Gurung が指摘する問題を招来した。すなわち、「外国の人類学者による民族学的研究が（現地の人々を刺激して：引用者補足）民族運動を惹起し、マイノリティの文化をロマンティシズム的に認識し解釈する傾向があること——このことは主に高位カーストのネパール人研究者が、外国人による研究成果を批判する際に槍玉に挙げる点であるが——、またそれら（ロマンティシズムに基づいて認識され、解釈された研究、例えば諸民族の人々が高位カーストに虐げられた状況であるとか、経済機会にアクセスし難い状況というような：引用者補足）が蓄積されてきた結果、（多くの外国援助が導入されることになり：引用者補足）、ネパールを外部に対して依存的にならしめた」こと、である（Gurung 1997：497）。

　後者の指摘は、ネパールの代表的な文化人類学者である Dor Bahadur Bista が既に指摘している（Bista 1993［1991］：154）。Bista は、著書『運命論と開発』Fatalism and Development：Nepal's Struggle for Modernization の中で、ネパールにおける外国援助の増大が、ネパールの人々に貧困の自画像を描かせることになったと批判している（Bista 1993［1991］：154）。このネパール人の自画像に埋め込まれた貧困は、外国人が構築してきた貧困像、さらには外国人が救おうとしている貧困像に他ならない。そして、それらがネパール人に他者化され、同時に内面化されることになったのである。Bista 自身は高位カーストでありながら、彼の著作において、ヒンドゥー高位カーストのエリートたちの汚職・腐敗やヒンドゥー的イデオロギー、ヒンドゥー的カースト制度をネパールの低開発の要因として容赦なく批判した[8]。これらの批判は高位カーストの人々の強い反感を呼び起こすことになった。

　他方で、先述した同じく高位カーストの Sharma は、高位カーストにむけられた外国人のまなざしを、次のように批判している。すなわち、外国人の研究対象となるのは主に民族とその変容であり、高位カーストのバウン[9] bāhun に

関しては、貧しい民族との対比で、相も変わらず「しんどくて汚い仕事を避け、傲慢で押しが強く、横柄で、欲張りな聖職者で、村のずるい金貸しで、他人の土地を盗む奴」といったネガティヴなステレオタイプばかりが生産され続けてきた、ということである（Sharma 1997：491-492）。

　これに対し、Gurung は次のような見解を示している。ネパールの研究者は、しかもその殆どが高位カーストの人によって占められているのだが、外国人の文化人類学者が行う民族学的研究によってマイノリティの文化がロマンティサイズされていると批判しているが、他方、そのエスニック・マイノリティたちは、その外国人による出版物をより「真正」なものとみなす傾向がある。また、初期のネパール研究では、研究者はネパール人通訳を介して調査を行っていたが、この通訳は殆どが教育を受けた高位カーストの人々であった。この通訳は外国人と同様にエスニック・マイノリティについて知らず、万が一教育を受けたマイノリティであったとしても、そのエリートという立場が偏見や曲解を生んでいた（Gurung 1997：497）。

　これらの議論から、次のような構図が指摘できよう。ネパール地域像の構成要素として、ネパールの高位カーストではない特にヒマラヤ地域の民族集団、地域像を構築する情報を認識、記録してきた外国人研究者、こうしてできる像を通訳者として手伝う、乃至批判する高位カースト、という三者が、ネパールの地域像の構築に関わっている。ここでは、地域像を構成する人々は山地に住む少数民族に偏り、人々の「主体性」は外国人の思い描くオリエンタリズムの幻想のもとに描かれ、あるいは黙殺され、救うべき客体、貧困像として相対化されることになる。このようにして構築された地域像は、対外的に流布することで開発援助導入の契機となり、一種の社会現象としてネパール全国の、特に道路に沿って開発援助が導入されていった要因の一つとして指摘できる。同時に、ネパールの人々に貧困のイメージを内面化させ、あるいは劣等意識を持たせる地域像が、ますます対外的に依存的な体質を強めていく。その結果、南（1997a：321）が指摘するように、経済を世界システムに従属させるにとどまらず、文化的な価値までも西欧文明に収斂させ、それまであった価値観を破壊していくことになった。もちろん、一方的に破壊されるだけでなく、そのよう

な貧困のイメージを商品化することによって援助を引出そうとしている状況も生じている（南 1997b : 232-233）。

　地域研究者による知を記録するという学究的な営為は、意図するとしないとにかかわらず、地域に変容をもたらす一因となることを否めないし、それがまた地域研究のあり方を変えていくものと考えられる。近年、地域を研究する行為は、ネパール全体のエスニシティ運動の興隆と連動して、彼／彼女らの文化やアイデンティティについて自ら記録したり対外的に発表したりする機会が増加するに伴い、逆に利用されるようになっている。Gurung（1997）が指摘するように、マイノリティの人々が外国人研究者の手によるマイノリティに関する記録に自らの「真正性」を求めていることの証左になろう。

　筆者が調査でネパールを訪れていた 2007 年の夏、その当時ダリット[10]運動に関わっていたガンダルバの青年ラージ・クマル氏に、ダリット連帯 Dalit Solidarity の発行する季刊誌に彼らの虐げられてきた困難な状況が現在も続いていることを英語の記事にして投稿するよう、頼まれたことがあった。以下はその記事の概略である。

　ガンダルバは昔から不可触カーストとして差別され、法律でカーストによる差別が禁止されても差別は続き、その結果ガンダルバの若者達が自分達の文化である四弦弓奏楽器であるサランギを弾かなくなり、文化が衰退している。ガンダルバの文化はネパールの文化でもあり、他方で比較的最近でも暫定制憲議会選挙[11]のために何人かのガンダルバが投票に行くことを喚起する歌[12]を歌い、国に貢献している。国家統一の時からネパールに歌で貢献してきたガンダルバは、現在も自身の文化、歌を通して貢献している。しかしながら今、ガンダルバは、伝統的文化を継承して音楽家としてのアイデンティティを維持するのか、あるいは差別を避けるためにガンダルバでいること（文化的実践）をやめて差別から自由になるのか、岐路に立たされている。他のカーストの人々と同じように、アイデンティティを維持しても差別を受けないような社会になることを願う（Morimoto 2007a）。

投稿記事は全て筆者が書いたが、ラージ・クマル氏に記事を依頼された時に要望された内容を反映したものであった。もちろん、事実無根のことは書いていない。ラージ・クマル氏自身は、英語教育学で修士の学位を取得したガンダルバの中で最も高学歴の青年で、書くべき内容を筆者に伝えたことからも、本人にこの記事を書く能力は十分にあった。しかしながら、なぜ筆者に書くことを要求したのだろうか。同じ記事であっても、筆者を当事者であるガンダルバでなく、「日本人の研究者」とすることで、より大きな効力が期待できると考えたのだろうか。あるいは、外国人をはじめとした他者が表象し、自分たちは表象されるという既存の構図を特に意識することなく、たまたま近くにいた他者である筆者に物を書き発信する役割を、特に深く考えずに、むしろ当然のように期待したのだろうか。伝えたいことをいかに伝えるのか、既に出来上がっている知の回路に、より効果的に自身のメッセージを反映させただけなのかもしれない。このような機会はその後も何度かあり、第1章で触れた研究者の位置性を考えさせられる機会になっている。

既にある地域像に対して、それに異議を唱えるために直接自ら発信するだけでなく、上述のような発信の仕方、つまり、既にある知の回路に、何かの折に自身のメッセージを「戦術的」に滑り込ませる方法によって、地域像を更新しようとする努力が行われていることも看過できない。

3. ネパールのヒンドゥー的カースト社会

前節で示したネパール地域像をめぐる構図から、先進国とネパール、ネパール国内の高位カーストと、それに対抗するエスニック・マイノリティをはじめとした被抑圧者でかつ先進国の研究者が注目してきた人々、という関係が浮かび上がってくる。本節では、ネパール国内における社会状況をネパールのヒンドゥー的カースト社会の側面から概観する。但し、この状況は時代的にも地域的にも温度差があり、ネパール全体を包括するものとして提示することはできない。

3．1．ネパールのナショナリズム

　18世紀の後半、プリトビ・ナラヤン・シャハ Prithbi Narayan Shah によってカトマンドゥ盆地が征服され、ネパールは統一された。国境が漸次画定されていったのは、19世紀にかけてであった。このネパールの「建国の父」プリトビ・ナラヤン・シャハは、ネパールを「4つのヴァルナ varṇa と36のジャート jāt からなるフルバリ phūlbārī（花園）」と呼び、はじめてネパールの文化的多様性を認めた王だとされている。

　今日、このプリトビ・ナラヤン・シャハの「4つのヴァルナと36のジャートからなるフルバリ」という言葉の解釈をめぐって議論が繰り広げられている。傾向として、高位カーストの人々は、プリトビ・ナラヤン・シャハの言葉から文化的多様性及び多文化主義の概念を紡ぎ出し、それが1990年に発布された民主主義憲法においても繰り返し確認されたと称賛するのに対し（Sharma 1997）、反ヒンドゥーを掲げた民族運動の立場からは、「国民」のヒンドゥー化を目指した歴史を考えると、プリトビ・ナラヤン・シャハが多文化主義を賞揚したとは考え難いと批判する声が上がる（Gellner 1997）。なお、先述したが、Bistaの名著『ネパールの人々』People of Nepal（Bista 1987［1967］）のネパール語版の題名は、『全てのジャートのフルバリ（花園）』（Bista 1995［1973/1974］）である。Bistaはプリトビ・ナラヤン・シャハの言葉をとって、彼の本におさめられた多様な民族やカーストの人々が混淆するネパールを、色とりどりの花に彩られた花園にたとえている。

　19世紀の中頃になると、シャハ王を戴きながらも宰相ジャンガ・バハードゥル・ラナが実質的な実権を掌握し、以後100年間にわたりラナ宰相一族による専制政治が続く。1854年には、ネパールの人々をカースト的ヒエラルキーによって位置づけることを試みる国法ムルキ・アイン[13] mulukī ain が定められた。この法により、ヒンドゥー的カースト制度に基づくヒエラルキーが、ネパールの社会を構造化していくことになる。具体的には、実際には主にヒンドゥー的カースト制度を自文化として持ち、高位カーストにある人々との社会的実践を通じて、このヒエラルキーは広く人々に体得され、社会を変容させていったと考えるのが妥当である。この過程において、本来カースト制度を集団内に持っ

ていなかったチベット系及びチベット・ビルマ語系の民族集団が、高位カーストと低位カーストの中間に位置づけられた。そして、全ての人々がその意思にかかわらず、カースト集団も民族集団もそれぞれ個別に社会範疇であるジャートを構成し、ヒンドゥー的カースト制度で序列化された社会に従属させられていったのである。その結果、民族集団間にも階層的な分裂が生じることになった（Gurung 1997：502）。

　20世紀に入ると、公用語としてネパール語が定められるなど、ネパール・ナショナル・アイデンティティの萌芽がうかがえる。王政復古をもってラナ宰相一族の専制政治が1950～51年に倒されると、1960年代にネパール独自の「民主的」制度とされたパンチャーヤット pañcāyat 制が敷かれる。しかし、この体制下で実際に行われてきたことは、形式ばかりの地方自治による中央（国王）への政治的統合であり、同時にヒンドゥーへの文化的統合でもあった。

　やがて王制に対する不満が民主化運動へと発展し、1989年から1990年にかけて「民主化」が達成された。「独立した、不可分の、主権を有する、君主制ヒンドゥー王国」という憲法（1962年発布）の条文が、「多民族的、多言語的、民主主義の、独立した、不可分の、主権を有する、ヒンドゥーの立憲君主制王国」（1990年発布）へと書換えられた。この憲法では、民族の平等が保証される一方で、ヒンドゥー王国であることが再び確認されることになった。つまり、民主主義を謳っていながら、パンチャーヤット体制下でも維持された王制とヒンドゥー支配という王国の遺産が留められていたのだ（Gurung 1997：505）。

　この新憲法において、ネパールの「多民族的、多言語的」状況が保証されたのは、民族運動の高まりと、政治的暴動に対する不安が背景にあった。すなわち、ヒンドゥー教を信奉する人口の割合は、人口センサスが初めて作成された1953/1954年の時点で88.9％であったのが、1991年では86.5％に減少した（KC 1995）。民主化前夜とその直後で比較してみると、全人口が1981年で15,022,839人であったのが、1991年では23.1％増の18,491,097人に増加した。ヒンドゥーの範囲に含まれる人々について見てみると、13,445,787人（1981年）から15,996,953人（1991年）へと19.0％増加し、一方で、仏教徒は、1991年時点で全体の7.78％を占めるに過ぎないが、1981年で799,081人であったの

が 1,439,142 人へと増加し、この 10 年間で 80.1％増加したことになる（KC 1995）。この宗教別人口割合に占めるヒンドゥーの減少は、エスニック・マイノリティによる独自の宗教的アイデンティティの主張、ヒンドゥーへの拒絶を意味する（Gurung 1997 : 520）。

このように、ネパールの国家形成過程において、国の体制として試みられたヒンドゥー化に民族が適応し、あるいは抵抗し、現在のヒンドゥー的カースト社会に序列化された複雑な多民族的状況が生み出されてきた。アンダーソン（1997［1987］）の言葉を借りれば、「公定ナショナリズム」の波に浸され、ヒンドゥー化が浸透していった過程で、それに適応し、あるいは抵抗した非ヒンドゥーが、現在、ネパールのヒンドゥーのナショナリズムに対して民族運動を展開している様子が浮かび上がってくる。民族運動の代表的な担い手として挙げられるのは、複数の民族集団が反ヒンドゥーを掲げて連帯して 1990 年に組織されたジャナジャーティ・マハ・サング janajāti mahā saṅgha（英語名称 Nepal Federation of Nationalities、2004 年にネパール・アディバシ・ジャナジャーティ・マハサング Nepāl ādibāsī janajāti mahā saṅgha、英語名称 Nepal Federation of Indigenous Nationalities に改名）である。その運動はヒンドゥー王国であった当時のネパールの体制に対抗し得るものであり、「公定ナショナリズム」と切り結ぶかたちで展開し、2008 年に公的に世俗国家を宣言するに至ったことに多大な影響を及ぼした。ただ、この二項対立的な構図の中では、先述したダリットをはじめ、主要なエスニック・マイノリティ以外のマイノリティ・グループは看過されがちである。

不可触カーストに位置付けられてきたダリットは、ヒンドゥー的カースト制度に基づき、序列化された社会において被差別集団として位置づけられてきた。1962 年憲法において法的にはカーストによる差別が禁じられたが、日常の生活の対人関係においてその差別は慣習として継続されてきた。ダリットは、高位カーストによる長年に及ぶ抑圧を受けてきた点では民族集団と同じであるが、ヒンドゥーに不可分に組込まれているが故に、非ヒンドゥーを紐帯とするジャナジャーティ・マハ・サングに加わることは認められていない。ダリットは、現在のところ、ヒンドゥー的ナショナリズムにも、非ヒンドゥー的民族運

動のいずれに与することなく、運動を展開している。

　Fisher (1993) は「アンタッチャブルはネパールにおける全てのグループから抑圧されている。(中略:引用者) 法においては平等が保証されているが、実際には機能していない」というビショカルマ [14] biśwakarmā の言葉をひいて、ダリットのいかんともし難い立場を指摘している。低位カーストの人々はいわば慣性的に再構築される社会的関係の中で、今もなお自らも慣習を実践してしまうのである。例えば、人々が四弦弓奏楽器のサランギ [15] を持っている人に会えばその人をガンダルバと判断し、気が向いたら歌うように要求するだろうし、ガンダルバもその気になれば求めに応じるだろう。他方、町中でギターを持っている人に会ったとして、その人に特定のジャートを想定することもなければ、歌うように請うこともないであろう。このことから、サランギがガンダルバ・ジャートと不可分の道具となってきたことが分かる。ガンダルバは、サランギを持っている時に歌を請われれば、断る理由がなければ歌い、聴衆はそれに対する報酬を渡す。この両者の行為は、ヒンドゥー的な社会文脈において構造化された文化的経済的なものである。

3．2．社会範疇：ジャート

　先に触れたように、ネパールはヒンドゥー王国を標榜する世界で唯一の国家であった。19世紀半ばからおよそ百年の間、国法ムルキ・アインによって制度化されることになったヒンドゥー的な社会構造において、人々はその序列化された社会に組込まれていった。このように序列化された階層のひとつの単位である社会範疇は、ヒンドゥーであるとないとにかかわらず、ジャート jāt とよばれる。このネパール社会を分節化する社会範疇としてのジャートが、いかなる機能を果たしているのか検討する。

　ジャートの辞書的意味は、『ネパール語大辞典』[16] によると、①出生、②家系、宗教、特質、形状、居住地等をもとに人々を分類するジャーティ [17] jātī、あるいは階層、③等級、種類、型、④ジャングルに生える木々の中で、政府の裁量で設定した木々の等級、良い種類の材木、となっている。人に限らず動植物の種類を示す用語としても使われるが、本書においては①と②の意味で用いる。

人にとってのジャートとは、生まれながらにして所属が決まっており、それはおそらく生涯変わることなく、（法的にではなく慣習的に）社会における人の生き方を規定するものである。その境界は民族、カースト、宗教、居住地等により決められ、場合によっては操作概念になり得る。また、ジャートの概念は重層的で、例えばカースト集団であれば自分の属するバウンやチェトリというカースト名で答えることもあれば、更にその中で階層的に細分化されたジャート名を答えることもある。筆者に関して言えば、どのジャートか問われた時にビデシ bideśī（外国人）であることを伝えても、更にどのジャートか問われることがある。このような問いに、ジャパニ jāpānī（日本人）と答えれば、相手はとりあえず納得する[18]。

　日々の生活実践において、ジャートはどのように機能しているのだろうか。山本（1991）は、ネパールの地方都市ポカラの事例から、「ステレオタイプなカースト・イメージ」を利用することは、「異カースト間交際」をうまくやっていくための知恵であると指摘している。すなわち、他者を認識して相対化し、定位すると同時に、自身を定位するこの行為の手掛かりとなるものの一つが、ジャートに関するステレオタイプなのである。このステレオタイプに基づいて他者を認識することで、未知の人でもどのような人であるのかを了解し、さしあたって自分の社会的文脈に位置づけ、そこで自身の振舞い方を決めるのである。

　実際にジャートについてどのようなステレオタイプが流通し、それにはどのような背景があるのか。先述した高位カーストのバウンである Sharma（1997：491-492）は、カースト的ヒエラルキーの上に立つ高位カーストについて否定的な見方がなされることが多いとして憤慨する。「しんどくて汚い仕事を避け、傲慢で押しが強く、横柄で、欲張りな聖職者で、村のずるい金貸しで、他人の土地を盗む奴」といったネガティヴなステレオタイプでもって語られることが多いというのである。このような高位カーストに向けられるまなざしには、高位カーストの人々による政治的・経済的・文化的支配への不満が背景にある。Sharma の怒りは、まさにこのステレオタイプに対してであり、そのステレオタイプを形成し増長することに荷担してきた外国人研究者に対してもまた、怒

りの矛先が向けられたのである。

　ジャートが操作概念になり得る場合として、次のような例がある。通常ネパール社会の低位に位置付けられ、ネガティヴなイメージを伴い人々から差別されてきた人々が、ネパールの社会的文脈と関係のない行動規範を持つ、特に先進国の人々に対して、自らの社会における位置性、すなわち（元）不可触としての社会的地位や難民であること、また貧しい村（民族）出身であることを訴えることによって、援助を引出すことに成功する例である。この時、不利な立場を強要されるジャートが、何らかの機会を獲得する道具となり得る。劣位におかれたジャートの人々が、ネパールにとっての強大な権力執行者である先進国出自の人々に働きかけることによって、彼／彼女らを抑圧するヒンドゥー的カースト社会においても機会をうまく獲得することが可能になる。

　また、ヒンドゥー的カースト制を文化的習慣として実践している人々が、社会的地位を高める目的で自らのジャートを偽る場合、自らのジャートで受けてきた不都合を回避することが可能になることもある。（元）不可触である自らのジャートを名乗ることで言動に規制が生じてしまう場合、高位カーストのジャートを名乗ることによってその規制を回避することがある。ただし、この場合、自らの出自が知られていない場所においてのみ可能であることを考えると、操作概念としてジャートの利用が可能になる状況は限られているといわざるを得ない。

　文化についての地域的差異はもとより、今日ジャートに基づく社会的規範やその機能が変容しつつあることも指摘する必要があろう。カトマンドゥで、筆者がガンダルバのヒララル氏と、彼が「村のバヒニ[19] bahinī（妹）」と呼ぶ友人の家を訪れ、家の中に上がってお喋りをしたことがあった。その帰路、バヒニの夫は、見送ってくれた道中のスタンドで一緒にコーラを飲んだ。村のバヒニは高位カーストのバウンであるから、従来の社会的規範に従えばヒララル氏は家の中に上がることは許されないし、本人もしようとしない。また、同じ場所で飲食することもお互いに避ける。ヒララル氏は、村のバヒニの夫は私立学校の経営者で教育があり、自分達のジャートに理解があるから、カトマンドゥの大学に通っている彼の甥に、「彼の学校で教師の仕事を与えて下さっ

た dinubhayo」と筆者に説明した。この時、ヒララル氏にとって年下の村のバヒニの夫の行為に対して、ヒララル氏が尊敬語を使用したことは、両者の間にジャートの階級的差異の意識が全くないとは言い切れないことを表している。

　それから数日後、筆者がヒララル氏と彼の村に出かける時に、村のバヒニの母親が同行することになった。通常女性が長距離移動する際は、親類縁者の男性か信頼のおける男性が付き添う。村のバヒニが、親しくしているヒララル氏に、母親の付き添いを頼んだのである。さて、バスが昼食のために止まり、休憩所の食堂に入った時、バヒニの母親が席をはずしている間に筆者達の机上に食事が並べられた。戻ってきた彼女に対してヒララル氏が、「あなたの食事はこれです、店の人がここに置いてしまったので、そちらの机に持っていって食べて下さい」と彼女の食事の方を見ながら語りかけた。彼女は何も言わずに自分の食事を自ら別の机に移し、一人で食事をした。この時、ヒララル氏は問わず語りに、「彼女は古い人だから、我々と一緒に食事しないんだよ」と語った。食後、ヒララル氏が彼よりもはるかに年上のその母親の分の昼食代を支払った。彼女の義理の息子、すなわちバヒニの夫は、カトマンドゥの学校経営者であることを考えれば、経済的にヒララル氏よりも豊かなはずである。男性が女性の食事代を支払う場合が多いネパールのジェンダー関係が、彼に支払わせたと考えられる。村に着いて山道を登って行く途中の茶店で休んでいる時に、道をはさんだ向かいの家を指して、これがバヒニの実家だよと教えてくれた。さっきまで付かず離れず同行していた母親が、既に中にいるのが見えた。しかし、彼女が家の中にヒララル氏や筆者を招き入れることはなかった。

　以上のようなカーストに由来する差別をする理由として、都市／村、教育がある／教育がない、近代的／古い、若者／年寄りといった二項対立的な構図で語られることが多い。カースト的差別をする人々を「村の教育がない古い考えを持った年寄り」と説明する一方で、ヒララル氏は「自分は教育がなくて村の人間だから」というように自らを卑下して語ることがあった。それは、例えば手紙や書類の読み書きを依頼する時や、いくつかの選択肢があって迷った時にどうしたらよいか助言を必要とする時など、何かを依頼する場合にそのように語る。先述したように、自らを卑下するような語りは外国人に向けられること

が多いが、ガンダルバたちは高位カーストの人々にも同じように語ることがある。その語りには、ネパール社会における自らの位置を相手との関係を通して相対化しつつ、そこから何らかの機会を得たり、やり場のない不満を表現したりする意図（本人が意識化していなくても結果として）が読み取れる。

　ネパールにおける人々の行動規範やジャートのあり方、それと連動してネパールのヒンドゥー的カースト社会自体が変容しつつある状況を理解するのに、地域差や教育の差、「近代化」等相互に連関させて考えねばならない要素は少なくない。そして、その状況に、国境を越えて遠く離れた他者の存在も、自戒を込めて、関わってくることを忘れてはならない。

［注］
1）今世紀半ばに本格的な調査が可能になったネパールにおいて、1950年代以降、多くの欧米や日本の研究者による研究成果が蓄積されてきた。ヒマラヤ研究の初期の動向として、石井・川喜田・高山（1969）が、ヒマラヤ地域を広く歩き多くの著作を記したFürer-Haimendorfをはじめとする人類学者や地理学者による当時の問題意識を論じている。また、その後の日本におけるネパール研究の動向については、Ishii（1991）において紹介・検討されている。
2）南（1992）が指摘するように、川喜田は「中部ネパールの……」という地域の限定をつけていた。川喜田の垂直構造論から展開された論として、ネパールの地理学者パンデイは、標高地理学Altitude Geographyの観点から、標高によりネパール全体を地域区分し、自然環境や文化、経済活動等について地域特性を論じる総観的な地誌を記している（Panday 1995）。
3）例えば川喜田（1957、1993 [1989]、1995 [1960]）。川喜田（1993 [1989]）は、近代社会の文明と二項対立的にヒマラヤ地域に「素朴」なイメージを当てはめ、多くの書物を記してきた。彼の旺盛な著作活動が、日本におけるネパールをはじめとしたヒマラヤ地域のチベット的な、「素朴」な、宗教的な、「伝統的」なイメージの普及に貢献したといえる。
4）Ortner（1998a）によると、登山家の記したものと民族誌とに共通するバイアス、すなわちオリエンタリズムや本質主義などが、今の「シェルパ」イメージを構築してきた。これらの記録は、例えばシェルパをネパールを代表する人々であるかのように錯覚させ、ヨーロッパ人にとっての「忠実な東洋人」というイメージを構築することになった（鹿野1997：83-84）ことと、無関係ではない。
5）例えば、ツーリズムを通したシェルパのエスニック・アイデンティティの変容を論じたFisher, J.（1986、1990）、1920年代以降の大英帝国との関係からシェルパの

イメージや社会の変容を史的に検討した鹿野（1990 ［1986］、1993、1997、1999、2001）、ツーリストあるいは西洋人との関係を通したシェルパの変容を論じた Adams（1992、1996）、欧米の登山家による登山活動を通してシェルパ社会の変容を論じた Ortner（1989、1998a、1998b、1999）等が挙げられる。地理学者による研究としては、ツーリズムの導入による生業や自然環境との関わりの変化を論じた Stevens（1991、1993、1996、2003）、シェルパの故地のクンブにおける国立公園を契機とした生業の変容や景観の変化について論じた Brower（1991）等が挙げられる。

6) 飯島（1982）及び Chhetri（1986）は、チベット・ビルマ語系民族のタカリー thakālī が生業として営んできた交易街道沿いのバッティ bhaṭṭī（簡易宿泊施設）経営で培ってきた知識や技術を、「近代化」の中でロッジやホテル経営に応用し、ツーリズムで成功したことを指摘している。Spengen（1987）は、地理学の立場からチベット交易に行き詰まったマナンのニシャンバ Nyishangba（本書ではマナンのグルンと表記する人々）が、国際貿易で成功し都市へ移住する傍ら、第 6 章で論じるようにカトマンドゥでホテルやレストラン、キュリオ・ショップなどの事業を展開するようになった過程を明らかにした。また Zivetz（1992）は、企業家精神 enterpreneurship を中心概念に据えて、ネパールの「近代化」において、ツーリズムとの関連でシェルパやタカリー、グルン、マナンギ（ニシャンバと同義）ら、企業家が析出される過程をエスニシティに着目して分析している。

7) ネパールの人類学者 Dor Bahadur Bista がネパール社会を構成する人々について、社会文化的側面からその特徴を 29 章にまとめた『ネパールの人々』People of Nepal を 1967 年に記した際、出版に寄せて、その当時のネパールをほとんど世界に知られていない「神秘の国」Land of Mystery と形容していた（Bista 1987 ［1967］: ix）。その時から、わずか 30 年の間に数多くの研究が蓄積されたことになる。また、Bista は『ネパールの人々』を 1967 年に英語で出した後に、ネパールの人々に広く読まれるよう、その要約版を『全てのジャートの花園』sabai jātko phūlbārī というタイトルで、ネパール語で出版している（Bista 1995 ［1973/1974］）。

8) この『運命論と開発』をめぐる反響については、小林（1998）が賛否にわかれる評価を紹介しながら、その評価の背景、すなわちネパールの低開発状況を、Bista の『運命論』や、イギリスの地理学者 Blaikie らが編集した『危機にあるネパール』Nepal in Crisis: Growth and Stagnation at the Periphery（Blaikie et al. 1983 ［1980］）に言及して検討している。

9) ヴァルナ制度で最高位のバラモン（司祭）階級にあたるジャートであるが、実際に祭祀を生業とするバウンは少ない。

10) ダリット dalit とは本来抑圧されたという意味を持つが、今日、被抑圧者が自身を指す言葉として用いられる。1854 年に制定されたムルキ・アインにおいて、「不

可触」（アチュート achūt）と公的に定められたのは、鍛冶屋のカミ kāmī、仕立屋及び演奏家のダマイ damāī、皮なめし業者及び製靴業者のサルキ sārkī、吟遊楽人のガイネ gāine、タライの搾油業者のテリ telī、洗濯を生業とするドビ dhobī 等のジャートであり、ダリット運動家の Nepali の推計によると現時点では全人口の約 16 〜 20％を占める（Nepali n.d. : 8-9）。ただし、同じ職業に従事している低位カーストであっても不可触とは限らない。例えば皮革職人のサルキは不可触とされるのに対し、同じ皮革職人のクル kulu は不可触ではない（Höfer 1979 : 101）。なお、「ガイネ」が「ガンダルバ」を自称するように、ダリットの人々はここで挙げた呼称とは別の自称を使用することがある。

11) 2007 年に実施される予定であったネパール制憲議会選挙は、幾度も延期された結果、2008 年 4 月 10 日に実施された。選挙後、第 1 回の議会で王制廃止と連邦民主共和制の採用が議決された。

12) 「ネパール全国の皆さん、私達皆で力を合わせて憲法をつくるために、制憲議会選挙に投票に行きましょう」という内容の歌で、幾人かのガンダルバが作った。選挙管理局が依頼したものもあれば、政治家や運動家が依頼したものもあり、「全国の皆さん」に該当する内容に外国に住むネパール人を含めたり、ダリットや性的マイノリティの包摂を強調したりする等、細かな内容に若干の違いが見られたが、新しいネパールのために憲法をつくる制憲議会選挙の重要性と投票を呼び掛ける点では一致していた。

13) ムルキ・アインは、ヒンドゥーの人々の社会規範等を定めたインドの古代法典であるマヌ法典を参考にして作成された。この法において、様々な社会規範に違反した際の刑罰がジャート別に定められている。法的には刑罰の軽重によって、ジャート間の差別化を図っていったものと考えられる。

14) ネパール社会ではカミ kāmī として知られてきた、鍛冶の仕事を生業とする職業カーストの自称。不可触カーストに位置づけられてきた。

15) 第 7 章及び第 8 章で詳しく述べるが、四弦の弓奏楽器サランギはガンダルバに特有の楽器とされ、高位カーストの人々は楽器や楽器を持っている人々に通常触れないように距離をとりつつ、歌を注文してきた。近年、特に都市部においては、ガンダルバ以外のジャートの人もサランギを弾いたり、ガンダルバと握手をしたりするようになってきた。

16) Pokharel, Balkrisna eds.（1995/1996［1983］）nepālī brihat śabdakoś.

17) 『ネパール語大辞典』によると、ジャーティの辞書的意味は、地理的な人の区分、民族、又は、ヒンドゥー社会における伝統的なジャート、カースト、となっている。近年では、カーストを指すジャートと敢えて意味を区別して、民族の意味で用いられることがあるが、本書では一般にネパールにおける社会範疇をジャートとして用いる。

18) 他者との関係をジャート概念に基づいて認識する際、ジャート概念が重層的であることを前提にしていることが窺える。
19) バヒニを訳すと妹となるが、一般に年下の女性に対して親しみを込めて呼ぶ際に使用される。親族名称として用いられる場合は、実の妹だけでなく、従妹に対しても用いられる。

第4章　ネパールをめぐるツーリズムの展開
　　　　　－シャングリラと開発－

1. ツーリズム空間－楽園シャングリラ－

　ツーリズムは世界システムの不均等発展とともに展開し、典型的なツーリズム空間の一つである楽園リゾートを多数出現させてきた。この過程で、ネパールはどのようにツーリズムの発展に組み込まれてきたのだろうか。

　「地上の楽園」「知られざる楽園」「野生の楽園」といった形容がツーリズム空間に氾濫している。20世紀半ば以降、中南米や太平洋の島々をはじめ、熱帯・亜熱帯の海岸に視界の遮られない海が広がり、砂浜と太陽を背景にリゾートホテルが建てられ、人々が楽しく過ごせる楽園空間が創出されてきた。温帯の日本でさえ、ヤシ科の植物や熱帯性のラン科の植物などでトロピカルな雰囲気を演出した南国、ハワイアン、パラダイス等と形容される景観が人為的につくられてきた。その結果、開放的で享楽的な楽園が地球上に複製され続け、「手軽な楽園」「身近な楽園」が出現するようになった。このような洋上の楽園に対して、深山幽谷のイメージをもった楽園がある。その代表的な例が、ヒマラヤのどこかにあるとされてきたシャングリラ Shangri La である。

　楽園シャングリラは、西洋からヒマラヤにまなざしが向けられる要因となり、世界最高峰エヴェレストをはじめとしたヒマラヤが位置的財[1]となった。「神秘的」、「天上の楽園」、「神々の座」と語られてきたヒマラヤの楽園は、比較的アクセスが容易になった洋上の楽園に比べてアクセスが困難である点でも、ロマティシズムを刺激してきた。また、ヒマラヤの景観ゆえに厳かな精神性、峻厳で近寄りがたい雰囲気も、豊かな自然に恵まれた享楽的な洋上の楽園と異なるところだ。後述するイギリスの小説家ジェームズ・ヒルトンが『失われた地平線』Lost Horizon (Hilton 1990 [1933]) の中で描写したように、周囲を高い山々

に囲まれ、人里遠く離れた奥深い山に人知れず存在する小宇宙のような秘境が、人々が追い求めてきた理想郷、ヒマラヤの楽園シャングリラとして想像されてきた。

今日、このような文化的差異を生み出すイメージは、ツーリズムの文脈で空間的固有性として商品化され、ツーリズム空間が創出されるきっかけとなる。第2章で述べたように、このような差異に資本やツーリストは敏感に反応し、場所を差異化していく。ヒマラヤに位置するネパールも、このシャングリラに向けられたまなざしを受けることになった。ネパールという地名で指示されるある特定のツーリズム空間が、グローバルなツーリズム空間において差異化され、地歩を獲得していくことは、同時に世界システムに包摂されていく過程でもある。その基にある位置的財としてのヒマラヤに着目して、本章の前半では、シャングリラ・イメージを補助線にしてネパールがいかにツーリズムに組み込まれていったのかを考察し、後半でこの世界システムへの包摂過程でネパール政府がいかに関わってきたのかを、ツーリズム開発計画から検討することにする。

2. シャングリラとネパール

2.1. シャングリラの創出

19世紀から20世紀にかけて、イギリス植民地下のインド亜大陸では大掛かりな測量事業が行われていた。1841年にインド測量局長官だったイギリス人ジョージ・エヴェレストが、今のエヴェレストのある位置を記録した。1852年、インド測量局のベンガル出身の測量技師がネパールと中国の国境線に連なるヒマラヤの山々のデータを整理中、ある一峰が8,840メートルであることに気付いた[2]。これが世界最高峰として確認されると、前測量局長官ジョージ・エヴェレストの名前に因んで、この山はマウント・エヴェレスト Mt. Everest と名付けられた。エヴェレスト[3]（ネパール名：サガルマータ Sagarmāthā、チベット名：チョモランマ Chomolungma）が「発見」され、名付けられ、世界最高峰エヴェレストとして名を広めていくことになった背景に、このようなアジアにおける

帝国主義的なまなざしがあった。

　同じ頃、ヒマラヤ探検がチベットやシッキムにおいて進められており、当地を訪れた西洋人によって理想郷としてシャングリラが想像されるようになった。つまり、ヒマラヤではなく、西洋キリスト教的世界観において理想郷シャングリラが想像されたのである。20世紀前半には、ヒマラヤに向けられた西洋の帝国主義的なまなざしと、チベットに重ねられたシャングリラのイメージが、チベットに対する幻想を膨らませていった（Bishop 1989：191-239）。こうしてできたシャングリラに惹きつけられ、西洋人が東洋の精神性を求めてアジアを旅するようになった。

　世界最高峰エヴェレストが「発見」されて暫くすると、18世紀後半にヨーロッパで始まったアルピニズムの波がヒマラヤに及んだ。イギリスをはじめとしたヨーロッパのエリート登山家達は、20世紀初頭、「鎖国」状態にあったネパールを避けて、チベットやシッキムからエヴェレストの登頂を試みていた。そして少なくない登山家達がエヴェレスト及びその周辺で消息を絶った。ネパール側からは入域規制があり、未知の領域の厳しい自然に阻まれて到達困難であったことが、エヴェレストの神聖性を高め、西洋のロマンティシズムをますます高揚させることになった。このような自然に神聖性を求め、対象に精神的な関係を求めるロマン主義的なまなざしが、地球上にツーリズムを展開させていった（アーリ 1995：80-83）。

　想像されたシャングリラは、現世から時空間的に切離され、時空間が凝縮されたような楽園空間であり、この空間に重ねられてきたイメージは中世以前から西洋が東洋に求めてきたオリエント像に重なるものといえる。中世キリスト教における世界観を表すTO図[4]には、オリエント（東）を指す上方にエデンが描かれてきた。何世紀にもわたってオリエントに向けられてきたまなざしが、ヒマラヤの奥深い山中にシャングリラを創出した。チベットを訪れた西洋の人々が、チベットで感じたことを旅行記等で表現し、それを読者が解釈していくことを通じてシャングリラ・イメージが構築されてきたのである（Bishop 1989）。

　やがて、ヒマラヤの奥まった谷にある不老長寿の桃源郷、シャングリラを描

いたヒルトンの小説『失われた地平線』が発表された。ヒマラヤの奥地なのに快適な居住環境が整備されたシャングリラ、ヨーロッパの宣教師を中心にチベット僧が集う協調的な社会に、アジアで帝国主義支配を行う西洋人達が偶然導かれてやって来て、未知なる非西洋を経験する冒険物語である。このオリエンタリズムを具現化したような、その当時のエキゾティシズムを映し出したような物語によって、シャングリラという名称が有名になり、そのイメージがチベット周辺に定着するようになった（Shrestha 1998：11）。

　ネパールは20世紀半ばまで「鎖国」政策をとっていた。実際にはチベットやインドからの巡礼者はネパール国内のヒンドゥー教や仏教の聖地を訪れ、商人がチベットとインドの往来の際にネパールを通過していた。したがって、完全な鎖国であったとはいえないが[5]、欧米の登山家やツーリストがネパールに自由に入国できなかった点で、世界から隔絶された印象を与えたネパールが、ヒマラヤの前に立ちはだかる障壁となっていた。このことが西洋にとってネパールに対するロマンティシズムを掻き立てることになり、秘境的な雰囲気をますます強めることになった。

　「鎖国」を続けていたネパールは、1951年に欧米の外国人ツーリストに門戸を開放した。その背景に、チベットやその周辺地域における入域規制を受けた欧米諸国からの「開国」の圧力があった。そのため、ネパールに多くの登山家やツーリストが集まることになり、ツーリズムの文脈においてシャングリラとしての地歩を固める状況が整っていった（Singh 1990：5）。他方、1950年以降、中華人民共和国による侵攻を繰り返し受けてきたチベットでは、1959年の動乱時に政教的指導者ダライ・ラマ十四世がインドのダラムサラに亡命し、これを機に、チベットにおける政治的紛争が世界中に知れ渡った。それから1970年代までアメリカがチベットでのゲリラ活動を支援・展開し、きな臭い地域として見られるようになった。この時、ネパール国境内においてもチベットから来たカンパ[6] khampaがゲリラとして活動を繰り広げていた。これら一連の暴動で、チベットにおいてシャングリラの楽園的要素が否定されることになった。その結果、文化的物理的距離の近いネパールに、シャングリラ・イメージが重ねられるようになった（Shrestha 1998：12）。

2．2．上書きされるシャングリラ

　チベットにシャングリラのイメージが固定されていった頃、ネパールではおよそ百年間続いたラナ宰相一族による専制政治が崩壊の危機に瀕し、その政情不安を背景に「鎖国」体制が揺らいでいた。1951年に一時インドに逃げていたトリブバン国王が復位し、王政復古が実現、全面的に「鎖国」を解いた。この頃から、世界に名立たる登山家達がエヴェレストをはじめ7,000メートルから8,000メートル級の高峰への登頂ルートを求めて訪れるようになった。1953年には、イギリスのエヴェレスト登山隊隊員であったニュージーランド人のエドモンド・ヒラリーと、エヴェレスト南麓の高地に住むチベット系民族シェルパとされるテンジン・ノルゲイ・シェルパ[7]がエヴェレストの初登頂を果たした。このエヴェレストの初登頂成功のニュースは、エリザベス女王の戴冠式のニュースと共に、戴冠式への最高の贈り物として、世界中に広まっていったことは想像に難くない。

　1950年代から1960年代にかけて、ヒマラヤの7,000メートル級から8,000メートル級の未踏峰が次々と外国人に初登頂された。これらのネパール発のヒマラヤ登頂ニュースが世界に伝えられる過程で、ネパールのヒマラヤに広がるチベット的な文化景観もまた、シャングリラ・イメージに取り込まれていくようになった。同時に、登山隊を支えてきたシェルパの存在も「高所ガイド」として知られるようになった。彼らは、かつてヒマラヤを縦断する交易を行っていた高所での経験を生かし、登山で優れた能力を発揮した。西洋の登山家達から命を賭して登山家達を守り、支えてくれる誠実な存在として認識されたシェルパもまた、西洋の人々のまなざしを受けて、自らに課された期待を正確に把握し、主体的、積極的に対応していった（鹿野 1993：107）。つまり、彼／彼女らが演じたのは、西洋が以前からヒマラヤに期待していたオリエンタルでエキゾティックな存在であり、更に登山隊の手伝いをする過程で、欧米の人々に仕える勇敢で従順な人々として、シェルパは認識されていった。

　世界の地域を美しい写真で紹介するアメリカの雑誌ナショナル・ジオグラフィックで、1966年に組まれたシェルパに関する特集「シェルパの里、私のシャ

ングリラ」[8] Sherpaland, My Shangri-La が、西洋の描くシェルパ像の代表的な例であろう。雲が漂う山に囲まれ、寺が中心に配置されたシェルパの村を表した宗教画や、緑に覆われた山々に囲まれ小宇宙のような河谷の閉鎖的空間、人々の接近を阻むような壮大な山々の写真が、シェルパの里として紹介された。ヒルトンが小説で描いたシャングリラが写実的に描かれ、可視化され、シャングリラが現実に存在するものと思わせる。そこで、シェルパはチベット仏教を厚く信仰する人々として描かれる。エキゾティシズムを掻き立てるような人里離れた秘境で宗教に生きるシェルパが、シャングリラの住人としてそのイメージに上書きされていった。やがて、このシャングリラ・イメージはヒマラヤだけでなく、ネパールにも重ねられていった。

　シャングリラがネパールに上書きされる過程で、シェルパはネパール人口の1％に満たない少数民族でありながら、登山隊との関係を通してネパールを代表する民族として認識されることになった。登山隊がもたらす経済機会を手にしたシェルパは、ネパールにおけるツーリズムの展開とともに経済的地位を上昇させ、ネパールにおける社会的地位を向上させることに成功し、シェルパの周辺民族がシェルパを名乗るいわゆるシェルパ化現象を招来することになった（鹿野 2001）。1990 年に民主化が達成され多民族的多文化的状況を認めた新しい憲法が制定されたことを背景に、1990 年代にかけてシェルパ人口が不自然に増加したのである。この現象は、後にネパールのナショナリズムやエスニシティの高揚にも影響を与えることになる。

　ヒマラヤの未踏峰がほぼ登頂されても、より困難なルートを求めて、登山家達の挑戦は続いている。また登山隊に続いて研究者も多く訪れるようになった。登山や探検、研究目的を除くと、1955 年にイギリスの大手旅行代理店トーマス・クックの団体客が世界一周旅行の際にネパールを訪れたのが、欧米からの団体旅行の第一号となる。登山以外にもネパールを訪れる目的が増えると、1960 年代にネパールにもヒルトン・ホテルやシェラトン・ホテルが開業されるようになり、ある程度近代的なファシリティを備えた空間が整備されるようになった。

　登山以外の目的で訪れる人が増加するにつれ、ネパールを訪れるツーリスト

数は急増する。1960～1970年代は特に欧米からのヒッピーがカトマンドゥを訪れ、インドのゴアに並ぶヒッピーの聖地の一つとしてカトマンドゥは有名になった。アルピニズムに続き、このヒッピー・ムーブメントの中でも、カトマンドゥは欧米の「ロマン主義」的なまなざしをうけて変容していく。ヒッピーが東洋に求めた非近代は、オリエンタルでエキゾティックなシャングリラ・イメージと親和的に、ネパールのイメージに上書きされていった。

2.3 否定されるシャングリラ

　1980年代に入ると、マス・ツーリズムの波がネパールにも押し寄せ、登山が大衆化した形態、あるいはヨーロッパでの山歩きの形態として、トレッキングがヒマラヤ山麓で行われるようになった。比較的低緯度に位置するネパールでは標高4,000メートルから5,000メートルの地域にも植生が見られ、人々は夏季になると家畜を放牧しに行き、ツーリストも5,000メートルを超す標高まで歩いて出かける。しかし、ヒマラヤの高山地域の生態系は脆弱で、ツーリスト人口が増加するにつれ環境破壊が問題化するようになった。後述するが、ネパール政府はヒマラヤの特定地域にツーリストが集中することを避けるために、新たなトレッキング・ルートを開発すると同時に、歴史的建造物が多くあるカトマンドゥ盆地、野生動物の宝庫とされるチトワン国立公園をはじめとした亜熱帯林が広がる南部低地、仏陀の生誕地で有名になったルンビニ、風光明媚とされる地方都市ポカラにツーリストを誘致するよう、新しいツーリズム空間を開発し、ツーリズムの多様化とツーリストの分散化を図るようになった。この過程で、自然環境がまだ損なわれていない入域規制地域が開放されるようになった。さらに、特に1990年頃から、首都を中心に進められてきた「近代化」により、いたるところで突貫工事が行われ、自動車による排気ガスが盆地に滞留して大気を汚染し、人口が集中している地域の河川は悪臭を放ち、処理場を失った廃棄物が街角に放置されるようになった。こうして首都の環境汚染が可視化され、実感されるようになった。

　このような環境破壊は、地域に環境負荷を担わせる以上の影響をネパールに与えることになった。次の例から見てみよう。1993年、ニューズウィークに

「シャングリラにさよならをいおう」Say Goodbye to Shangri-La[9]と題する記事が掲載された。カトマンドゥにおけるひどい環境汚染を指摘し、これらの現状はシャングリラ・イメージに相容れない、もうシャングリラでなくなったから、カトマンドゥに別れを告げることにした、という。シャングリラ・イメージは、本質にオリエンタリズムを内在し、東洋対西洋の二項対立的な構図において構築されたものである。この構図、すなわち「西洋の産業社会の日々の疲れと違う何か」と「都市の病、工場や自動車による大気汚染」、「ストレス、疎外、消費社会、政治闘争からの逃避」と「人口増加、西洋化」、「地球の果て」と「ホテルやロッジ、レストランで埋め尽くされた街」、「聖なる川」と「下水のような川」という二項対立構図において、シャングリラの構成要件とその否定要件が示され、カトマンドゥの状況がシャングリラでなくなったことを指摘している。

　グローバルな情報産業と緊密に結びついた昨今のツーリズム産業において、商品としての地域イメージがその開発を左右することは指摘するまでもなく、虚偽も交えて魅惑的な地域イメージを打ち出すことが開発戦略として行われている。シャングリラ・イメージという、ネパールの位置的財に関わる重要な価値を否定する記事がグローバルに流通する雑誌に掲載されたことは、ネパールのツーリズムに決定的な影響を与えた。西洋で構築され、語られてきたネパールについてのシャングリラ・イメージが、ここへきて再び西洋で否定されることによって、危機的局面を迎えたのである。

　このニューズウィークの記事は、カトマンドゥの環境汚染がネパールのツーリズムに深刻な影響を与えることをネパールのツーリズム関係者に認識させ、危機意識を喚起することになった。その後数年間、ツーリズム関係者や研究者が幾度もこの記事を取り上げ、新たなシャングリラの開発が叫ばれていたことから、その影響の大きさが伺える。著者が意図するとしないとにかかわらず、この記事は、中核－周辺連関における言説をめぐる権力によって、ツーリズム空間を再編することになったのである。情報発信手段を確保し、自律的に自身の商品価値を管理していくことがツーリズムを展開しつづけていくために必要となるが、ネパールにとって、それがいかに困難であるのかは想像に難くない。

第 4 章　ネパールをめぐるツーリズムの展開　57

　さて、「ネパールはもうシャングリラでなくなった」[10]という言説は、また別のどこかにある自分のシャングリラを「発見」しに探索に出かけることを意味する（Shrestha 1998：17）。シャングリラは、ツーリストにとっては代替可能なツーリズム空間の一つでしかないのである。このようなツーリストの行動力によって、地球上の多くの地域がツーリズムに包摂されていくことになったのであるが、その過程で行われてきた秘境の「発見」、そのイメージの構築、さらに否定という操作は、ネパールではない場所、すなわちグローバルな空間スケールで一方的に行われてきた。ツーリストは、このグローバルな言説に方向づけられて、イメージを確認しに出掛けるのである。
　以上のような環境破壊に加え、エヴェレスト登山の商業公募隊にみられるエヴェレストの大衆にひらかれた商品化も、ヒマラヤの魅力を減退させることになった。例えば、外国の旅行代理店が「健康な人ならば山頂まで到達できる」という宣伝文句で世界中からツーリストを集め、1996 年に初めてエヴェレスト登山のパッケージ・ツアーを実施した。この時、商業公募隊のツアーは 5 隊あり、プロの登山家による複数の登山隊とエヴェレストの頂上を同時に目指すことになった。そして、エヴェレストの頂上に向かう細道の山頂付近で、登山家達が列をなして登頂を待っているうちに天候が悪化し、あわせて 12 人の大量遭難者をだす結末となった。この時の様子を、自らも商業公募隊にレポーターとして参加していたアメリカの作家クラカワーが、『空へ　エヴェレストの悲劇はなぜ起きたか』において、商業公募隊や近年の登山の在り方と関連させて記録している。そして、エヴェレストに神聖性を求めてきた人々は、エヴェレストの過度の商業化と金持ち階級による独占の可能性を慨嘆したが、ツアーが不幸な結末に終わったことが、エヴェレスト登山の大衆化を一時留めることになった。つまり、エヴェレストを、金を出せば攻略できる資本主義の権化にしたことで、その領域に宿る女神が怒ったのだ（クラカワー 1997）と解釈することで、エヴェレストの神聖性を保とうとしているように見える。
　その後、ヒマラヤの高峰はますます多くの人々を惹きつけてきた。ツーリズムの発展を目指して初めて観光年 Visit Nepal Year 1998 を実施した 1998 年には、141 隊が登山許可を取得してその時までの最多を記録した。エヴェレスト登山

ルートの開発や装備の軽量化が進むにつれてヒマラヤ登山者は増え、2009年にエヴェレストに登頂した人は、174名に上る（Nepal Tourism Statistics 2009）。難攻不落で近寄り難かったエヴェレストという未踏の地に、限られたプロの登山家がルートを開拓していた時代は過ぎ去り、今はいくつかの整備された登山ルートをシェルパの助けを借りながらアマチュア登山家が辿る、よく知られた山になりつつある。

　グローバルなツーリズム空間において、シャングリラ・イメージが重ねられてきたネパールは、世界システムの最も周辺的なイメージ、文字通り「地球の果て」のイメージによって差異化されてきた。次節では、ツーリスト数の推移をもとにネパールにおけるツーリズムを概観してから、このようなイメージを受けながら、ネパールがいかにツーリズムの展開に対応してきたのか、ツーリズム開発計画に着目しながら検討する。

3. ネパールにおけるツーリズム開発

3.1. ネパールにおけるツーリズム

　ネパールでは、内陸国で交通輸送網が発達しておらず、インドとの政治関係により国内産業の保護が困難であることから、大規模製造業開発には限りがあった（西澤 1987：312-322）。このような制限を背景に、1980年代以降、ツーリズム産業が基幹産業に位置付けられ、開発が進められてきた。実際には、1951年の「開国」前後から外国人ツーリストが訪れるようになっていたが、国を支える産業として認識されるようになったのが1980年代といえる。1990年の民主化によってツーリズムの発展は勢いづくが、ネパール国内の政情不安によってツーリスト数は1999年を頂点に激減し、ようやく近年急速に回復してきた。本節では、ネパールにおいて積極的に導入されることになったツーリズムがいかに発展してきたのか、まずネパールを訪れるツーリストに関する統計から概要を把握し、発展過程でどのような開発計画が構想されてきたのかを検討する。

　ネパールを訪れるツーリスト数は、多少の増減はあるものの、1990年代ま

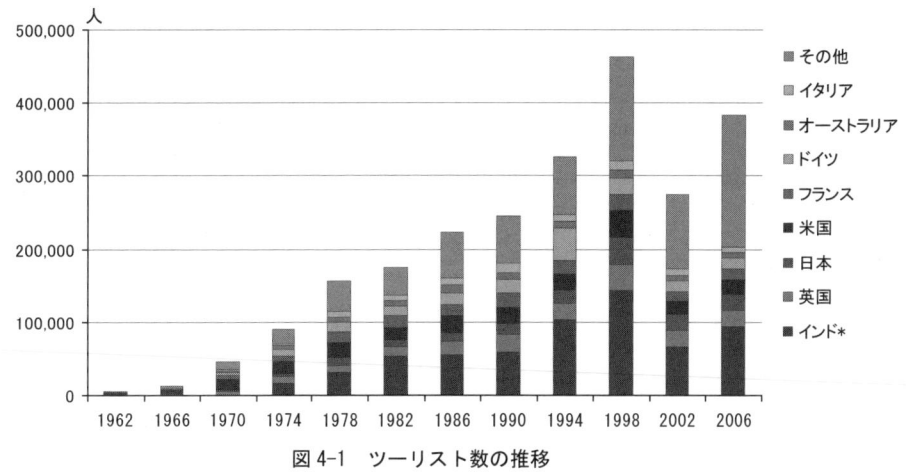

図4-1 ツーリスト数の推移
注：インド人は空路で入国した人数のみ。
Nepal Tourism Statistics 2009 他より作成

で右上がりの成長を遂げてきた[11]（図4-1）。1974年の数値からインド人ツーリスト[12]が加わる。ツーリスト数の推移を大まかに見てみよう。1982年に伸び率が鈍化するのは、アメリカからのツーリストが1978年に比べておよそ20％減少した影響が大きい。この背景に、1979年にパキスタンのブットー前首相が処刑されたことを引き金に広がったネパールでの反体制運動が指摘できる。1990年に伸び率が落ちるのは、1989年に行われたインドによる事実上の経済封鎖、その結果として起きたネパールの経済危機と、この事態を打開できない政府や国王に対して起きた反体制運動、これによって1990年に達成されたネパールの民主化といった政情不安が背景にある。また、同じ頃、周辺地域のカシミールでは紛争が激化していた。

1990年代を通じてネパールを訪れるツーリスト数は増加していったが、南部低地に多くの死者を出した洪水が起きた1993年には、前年比でおよそ13％[13]減少した。先述したように、1998年に初めてのネパール観光年VNY1998を実施し、1999年には491,504人[14]のツーリストの来訪を迎えた。しかし1999年を頂点に、以後激減していく。この背景にあるのは、1996年に開始されたマオイスト[15]による反政府武装闘争で、この人民戦争はネパール全体に広がって

いくことになった。2001年には、当時のビレンドラ国王一家を含む王族10人が王宮内で虐殺される事件が起こり、この事件を契機に政情不安が深刻化し、政府は国家非常事態宣言を発動、マオイスト掃討のために王室ネパール軍（当時）を全面展開した。2002年にはギャネンドラ国王（当時）がクーデターを起こして権力を掌握した。しかし国王に対する反体制運動が起こり、2006年4月に大規模な民主化運動に発展、これに対して国王が主権を国民に戻すことを宣言、11月に包括的和平協定が締結された。

この間、2002年に激減したツーリスト数は、その後少しずつ増加し、2007年には前年比でおよそ40％増加、526,705人を記録し[16]、1999年のツーリスト数を超すまでに回復したが、2008年と2009年の入国者数は1999年並みのほぼ50万人という推移である[17]。

以上概観したネパールにおけるツーリズムの展開について、ツーリスト数の増減の理由として、ネパール国内の政情不安もあるが、それ以外にも南アジアの影響、特にインドの影響が大きいことが指摘できる。この状況は、第2章で述べた世界システムにおける更なる周辺に位置付けられるネパールの位置性を表している。

その他1980年代の増加の背景に日本を含むアジア諸地域・国の経済上昇、2001年の激減の背景には9月11日に起きたアメリカ同時多発テロ事件、2003年にはアジア地域での新型肺炎SARSの流行とイラク戦争の開始による旅行控えがあり、近年の伸び悩みにはリーマンショック以降の世界的な景気後退の影響も考えられる。

次に、ツーリストの内訳を詳しく見ていこう。図4-2に1960年代から1970年代にかけてネパールを訪れたツーリストの内訳を示した。1962年について見てみると、60％近くをアメリカ人が占めていた。その他にイギリス、フランス、ドイツなどのヨーロッパからのツーリストを足すと、全体の約85％になる。1960年代は、国際理解のためにツーリズムの発展が提唱された時期である。そして、カトマンドゥはユーラシア大陸を横断した最終目的地にあるヒッピーの聖地として人気を集めていた。その当時、カトマンドゥは西洋の人にとってヒッピーの雰囲気を醸した楽園のようであったという（Iyer 1988）。カトマ

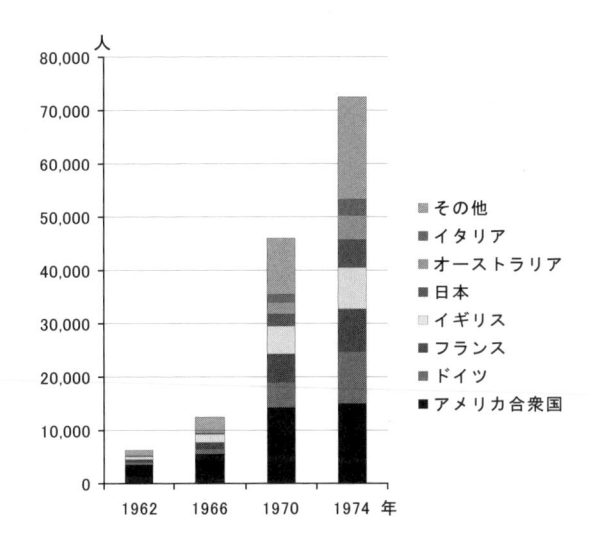

図4-2 外国人ツーリストの内訳（1960年代から1970年代）
注：インド人は除く。
Nepal Tourism Statistics 1997 より作成

ンドゥの旧王宮のすぐそばにはフリーク・ストリート[18] Freak Street と呼ばれるヒッピーの溜まり場が形成され、その名の通り多くのヒッピーが麻薬を服用してたむろしていたという。しかし、1973年、数多くのヒッピーを送り出してきたアメリカ政府が、それまで自由に行われていたネパールでの麻薬売買を禁止したことで、カトマンドゥの「ヒッピー時代」は転機を迎える（Liechty 2005：25）。やがてヒッピーの足も遠のき、フリーク・ストリートの周辺で当時賑わっていた麻薬喫茶も、壁に描かれていたサイケデリックな絵も、その後消えていったという。今では、昔を懐かしむツーリストがヒッピーの名残を見に訪れる歴史的な場所となっている。

　図4-1を再び見てみよう。常にネパールに最も多く訪れているのがインド人ツーリストである。他の物理的文化的距離の遠い国と違って、ネパールにとってインドは色々な点で大きな影響力を持つ存在である。ツーリズムが展開し始めた初期から、高級ホテルやツーリズム事業の収益率の高い分野にインドからの資本が流入していた（西澤1989：299）。1990年の民主化以降、ネパールのツー

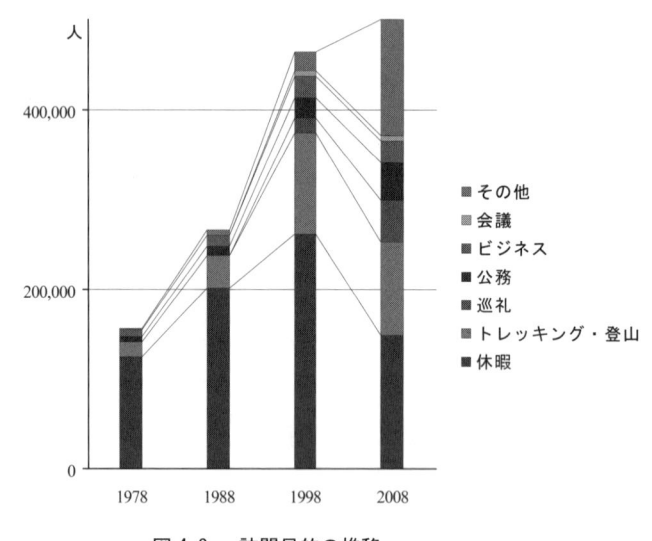

図 4-3a　訪問目的の推移
注：インド人は除く。
Nepal Tourism Statistics 2009 より作成

リズム産業の高級化に対応してアメリカ等欧米やアジア諸国がリゾート開発に参入するなど、インド以外の国からも国際資本の流入が目立つようになってきたが、インドのネパールに対する影響力は現在でも維持されている。

　1980 年代以降、インドをはじめ南アジア地域協力連合 South Asia Association for Regional Cooperation（SAARC）諸国や、日本をはじめとしたアジア諸国からのツーリストが増加するようになった。この傾向は以後も続き、1990 年代後半に日本からのツーリスト数がインドに次いで多くなり、それが 2009 年ではインドに次いで多かった日本からのツーリスト数（22,445 人）を、スリランカ（36,362 人）、中国（32,272 人）、タイ（27,397 人）が越え、ネパールを訪れる出身国の裾野が特にアジアにおいて広がってきている[19]。

　欧米だけでなくアジアからもツーリストが訪れる理由は何であろうか。ネパール訪問の目的について推移を示した図 4-3a をみてみよう。ネパールを訪れる目的に休暇が最も多いが、2008 年にその割合が大きく減少しているのは、休暇目的で訪れることが多いインド人入国者数が 1998 年（143,229 人）から

2008 年（91,177 人）にかけて減少したことが影響している[20]。1999 年以降、インド人の入国者数が激減した理由には、その年の 12 月にカトマンドゥ発デリー行きのインディアン航空 IC814 便がカシミール独立を目指すイスラム過激派によってハイジャックされたこと[21]、2001 年 6 月に王宮虐殺事件が起きたこと、マオイストによる人民戦争が激化したこと等があり、ネパールだけでなく南アジアにおける政情不安も含まれる。地理的に近接し、政治的経済的に優位なインドにとってネパールは行きやすい旅行先であるが、両国の関係から却って政治経済的状況に敏感になることが考えられる。

　次に多いのはトレッキング・登山目的で、1980 年代から 1990 年代にかけて特に増加している。前節で述べたように、1950 年代から 1960 年代にかけてプロの登山家がヒマラヤ登頂を目指して訪れていたが、登山が 1990 年代の商業公募隊の登場に見られるように大衆化しつつあり、またトレッキング形態の山歩きルートも少しずつ整備されてきたことから、トレッキング・登山目的で訪れるツーリストが 1990 年代にかけて増えてきた。2000 年代で伸び悩んでいるのは、マオイストによる人民戦争が深刻化してきたことを受けて、各国外務省がマオイストの活動地域に近寄らないことを勧告する等渡航情報（危険情報）を発出し、またマオイストによるツーリストへの被害[22]が相次いで報告されたことで、各地でトレッキングが敬遠された等のことによる。

　3 番目に多い目的が巡礼であることも、ネパールのツーリズムの特徴である。ヒンドゥー教や仏教の寺院や聖地が数多くあることから、インドをはじめ、スリランカやタイ、中国からも巡礼に訪れている。巡礼先は、カトマンドゥにあるヒンドゥー寺院や仏教寺院に加え、ヒマラヤ山中にある聖地や寺院、南部低地にある世界遺産に登録された仏陀の生誕地、ルンビニというように、都市部、ヒマラヤ、南部低地と訪問先が分散している。

　さて、最も多く訪れているインド人ツーリストの特徴を全体と比べてみよう（図 4-3b）。先述したように休暇目的が 70％以上を占めている。次いで、公務、ビジネス、会議目的と続く。陸路による入国は含まれていないため厳密な傾向ではないが、空路で来る比較的裕福なインド人は休暇の他は仕事で来ていることが分かる。他の外国人ツーリストとの大きな違いは、トレッキング・登山目

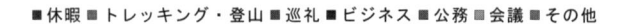

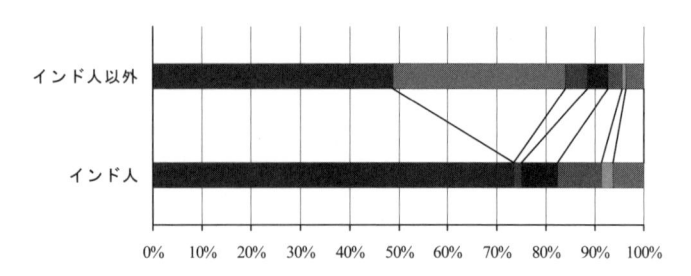

■休暇 ■トレッキング・登山 ■巡礼 ■ビジネス ■公務 ■会議 ■その他

図 4-3b　訪問目的におけるインド人の特徴
Nepal Tourism Statistics 1998 より作成

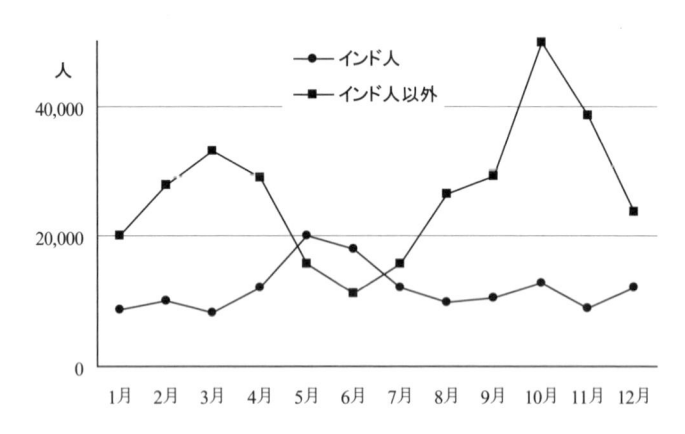

図 4-4　月別ツーリスト数動向（1998）
注：インド人は空路で入国した人数のみ。
Nepal Tourism Statistics 1998 より作成

的で訪れるインド人がおそらく非常に少ないことである。インド人はトレッキング許可を取る必要がないためトレッキング・登山についてデータはないが、ネパールを訪れるインド人ツーリストはトレッキングをあまり好まない。その裏付けとなるのが、図 4-4 の月別ツーリスト数の動向である。インド人ツーリストが最も多く訪れる 5 月から 6 月にかけては、山に雲がかかり、トレッキングにむかない雨季である。そのため、インド人以外のネパール訪問者は最も少

図 4-5　ネパール出入国者数推移
注：インド人は空路で入国した人数のみ。
Nepal Tourism Statistics 1998、2009 より作成

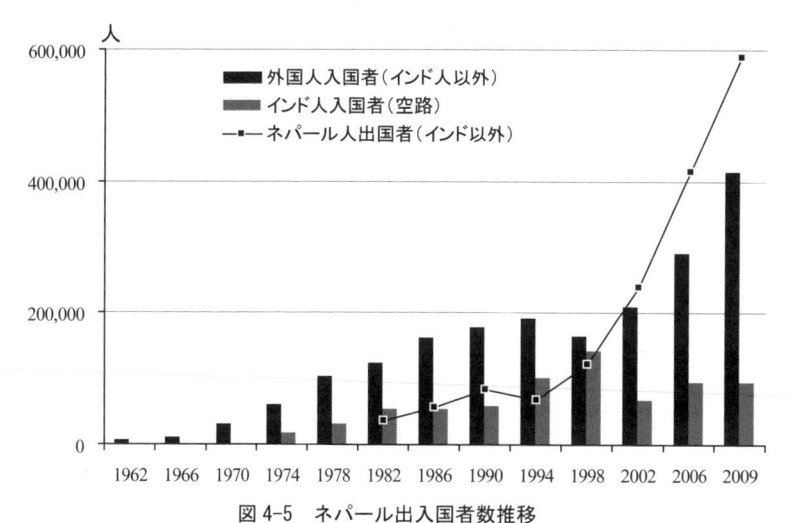

なくなる。この時期、避暑を兼ねて、また結婚シーズンであることから新婚旅行のためにネパールを訪れるインド人が多いことにより、休暇目的が多くなる。他方、インド人以外のツーリストは春と秋のトレッキングに最適の乾季に最も多く訪れる傾向がある。ヒマラヤがよく見える時期にツーリストが多く訪れることは、前節で検討した西洋のヒマラヤへのまなざしの影響を裏付けることになる。このヒマラヤに向けられたまなざしは、場所だけでなく、時間（季節）についても、ネパールを差異化していることになる。その結果、ネパールのツーリズムはヒマラヤの見える乾季に限定されることになり、季節変動の大きなことがツーリズム開発の課題の一つになっている。

　ここでネパールの出入国者数を、外国を訪れるネパール人の推移を含めて概観しておきたい。図 4-5 は、インド人以外の外国人入国者、インド人入国者（空路により入国した人に限る）、及びネパール人出国者（インドへの渡航は除く）について示したものである。外国人入国者、及びインド人入国者の増減は先述したとおりだが、2000 年に入ってからインド人はあまり増加していない一方で、インド以外からの入国者が急増しているのが分かる。このことから、ツー

リズムにおいてインドへの依存度が低くなってきていると言える。ネパールからの出国者数を見ると、1980年代まで迎え入れるツーリストに対して出国するネパール人は圧倒的に少ない特徴があった。筆者がネパールで集中的に調査を実施していた1990年代後半から、外国への渡航者が増えていった。その背景にある国内のプッシュファクターは、先述したネパール国内の政情不安とそれに起因する経済不振である。外国に渡るネパール人が急増し始めた1950年代後半、渡航先はインド26％[23]、香港14％、タイ5.9％、アメリカ4.2％となっていた[24]。やがてこの順位は変わり、現在最も多い渡航先から順にカタール19％、マレーシア12％、アラブ首長国連邦12％、サウジ・アラビア10％、インド[25]8％、中国3％となっており[26]、近年急速な経済発展を遂げて労働需要が増加している新興（工業）国への渡航が目立っている。この変化からも、インドへの依存度が低下し、ネパールにとって選択肢が増えていることが分かる。しかしこの状況は、複雑に張り巡らされた世界経済の関係の網目にネパールが絡め取られていく過程でもある。

　以上のツーリストに関する統計の変化からここで確認しておきたいことは、次の点である。1960年代から1970年代にかけて、ツーリストとして自由に国境を越えることのできた欧米の人々の来訪が際立っていたが、近年インド以外のSAARC諸国や中国をはじめとしたアジアからのツーリストが多くなってきた。ネパールに最も多く訪れるインド人は、減少したと言ってもヒマラヤが見えなくても訪れており、このことは、ネパールは即ちヒマラヤという図式は全世界で共有されているわけではないことの証左となる。ネパールのグローバルなイメージを構築してきた欧米をはじめとした先進工業国からのツーリストにとって、最大の魅力であった位置的財としてのヒマラヤの価値は、シャングリラ・イメージの否定や他のツーリズム空間との競争によって減退し、ネパールのツーリズムに少なからぬ影響を及ぼしてきた。他方で、ネパールからの出国先を見ると、インドに周辺化されてきたネパールが、経済成長の著しい地域に安価な労働力を供給する周辺として世界システムに再周辺化されていく過程が窺える。ネパールをめぐる出入国者数の動向から、インドの影響を相対的に弱めつつ、世界各地に関係を広げている様子が見えてくる。

3．2　ツーリズムをめぐる開発

　ネパールにおける経済開発のナショナル・プラン（5 カ年計画）が初めて施行されたのは、1956 年のことであった。その後、表 4-1 のように 5 カ年計画が順次実施されてきた[27]。ツーリズムに関する主たる開発計画は、これらの 5 カ年計画に加えて、外国の援助を受けて作成した 1972 年のネパール総合基本計画 Nepal Tourism Master Plan（以下マスター・プランと記す）と、1984 年にその効果を検討したネパール・ツーリズム・マスター・プラン・レヴュー Nepal Tourism Master Plan Review、1995 年に初めてネパール政府が立案したツーリズム政策 Tourism Policy が挙げられる。表 4-1 は、各 5 カ年計画で示されたツーリズムに関する開発計画の特色を、ツーリズムの位置付け・開発方針、ツーリズム資源について箇条書きしたものである。以下では、これらの開発計画を検討しながら、ネパール政府がツーリズムにどのように対応しようとしてきたのか考察する。

　1956 年に施行された第 1 次 5 カ年計画は、ネパールで初めてツーリズムに関する開発計画に言及しており、ネパールにおける外貨獲得手段として、まず輸出産業の拡大が挙げられ、次いでツーリズムの導入が提唱された。この時、ネパールのツーリズム資源と認識されていたのは、ヒマラヤと動植物相や温泉、湖、滝といった自然であった。1951 年に公式に「開国」し登山家が訪れていた時代で、近代的な宿泊施設[28]や移動手段が整っておらず、例えばインディアン航空[29]によってカトマンドゥとインドが結ばれるようになったが、ネパール国内では運輸通信手段は整備されていない状態であった。ツーリズムを導入するに当たりこれらの施設が必要と指摘されている。第 6 章でも説明するが、1950 年代半ば、外国人を対象に開業されたネパールで最初の近代的なホテルは、ナラヤンヒティ（旧）王宮近くにあるラナ家の建物を利用したロイヤル・ホテル[30] Royal Hotel であった（Peissel 1966：39-51）。

　1962 年に施行された第 2 次 3 カ年計画では、具体的な開発計画としてホテル施設の増加、宣伝広告、旅行代理店の設立が挙げられた。3 カ年の間にホテル施設に 110 床準備することが目標とされた。1965 年の時点で、ホテルにお

表 4-1 ツーリズムに関する開発計画

発行年	計画等名称	期間	ツーリズムの位置付け・開発方針	ツーリズム資源
1956	第1次5カ年計画	1956-1961	ツーリズムの導入	ヒマラヤの自然
1962	第2次3カ年計画	1962-1965	ツーリズム開発可能性大	ヒマラヤの自然とネパールの文化
1965	第3次5カ年計画	1965-1970	外貨獲得の可能性 文化保全が重要	カトマンドゥの文化
1970	第4次5カ年計画	1970-1975	外貨獲得源として商業とならんでツーリズムの重要性認識 計画的開発の重要性	カトマンドゥ以外 南部低地亜熱帯ジャングル 無限にあるヒマラヤの可能性
1972	総合基本計画		地域開発の軸として開発推進 保全の必要性	
1975	第5次5カ年計画	1975-1980	地域開発の軸 自然や文化の保全	遠隔地を含むネパール全国
1981	第6次5カ年計画	1980-1985	外貨獲得源としての役割 雇用機会創出手段 自然・文化・芸術の保全	新規ツーリズム資源開拓 雨季
1984	総合基本計画レヴュー		乱開発問題化	
1986	第7次5カ年計画	1985-1990	基幹産業として認識 雇用機会創出 質的ツーリズム開発 ツーリズムのためのインフラ整備 ツーリズム関連産業の国内育成	新規ツーリズム資源開拓 文化、宗教、歴史等
1992	第8次5カ年計画	1992-1997	外貨獲得源 雇用機会創出、貧困削減への期待 国内外の資本誘致 民間企業参入促進 航空産業の自由化・標準化	最後の目的地 last destination ヒマラヤ未開放地域を開放 ヒマラヤ、多様な文化 冒険型ツーリズム
1995	ツーリズム政策		民間企業の重要性、官民協同	
1998	第9次5カ年計画	1997-2002	経済開発手段 環境問題深刻化 開発可能性の限界 質的ツーリズム開発 遠隔地にツーリズム効果を普及	有限なツーリズム資源(歴史、少数民族の伝統、ホスピタリティ、自然、文化、宗教、エヴェレスト、世界遺産) 新規トレッキング・登山ルート

第1~9次5カ年計画、Nepal Tourism Master Plan、Nepal Tourism Master Plan Review、Tourism Policy 1995より作成

けるベッド数は270床であった。この時、ツーリズム資源としてヒマラヤの自然の他に、ネパールに古くからあるカトマンドゥ等の伝統や文化が挙げられ、これらの開発可能性は非常に大きいとされた。都市ではカトマンドゥとポカラ、南部低地のルンビニが開発対象として挙げられた。

第3次5カ年計画(1965年施行)において、ツーリズムから最大利益を得

るために航空輸送や宿泊施設の増強にツーリズム開発の焦点が絞られた。世界的なツーリズムの発展を背景に、ネパールにおいても外貨獲得手段として有効であると指摘され、ネパールのツーリズム資源として、新たにカトマンドゥの寺院等の文化が挙げられた。この頃から、ヒッピーが訪れるようになった。

第4次5カ年計画（1970年施行）では、ツーリズムは引き続き外貨獲得源として重要視され、商業と並ぶ可能性が指摘された。他の産業部門と協働して計画的な開発の必要性が指摘され、具体的にはツーリズム・マスター・プランを作成し、情報発信機関の整備、カトマンドゥ盆地以外のツーリズムの拠点開発、ツーリズム・サービスに関する訓練等が計画に組み込まれた。カトマンドゥ盆地以外の開発可能地域として、引き続きポカラやルンビニが挙げられ、その他にエヴェレストの登山口であるナムチェ・バザール、南部低地のチトワン等でもツーリストが滞在できるように宿泊施設を整備することが計画された。1965年にネパールを訪れたツーリストが初めて1万人を超え、ツーリストが増加したことを受けて、インドからジェット機が就航することになった。

1972年に、ドイツ連邦共和国とネパールの共同調査を踏まえてマスター・プラン[31]が作成された。このマスター・プランでは、自然や文化を保全しつつ、ツーリズムによって地域開発を行うことが計画として掲げられ、以後約20年間、ナショナル・プランにおけるツーリズム開発計画の基盤となった。

マスター・プランを受けて、第5次計画（1975年施行）では、自然や文化の保全を視野に入れつつ、ツーリズムを軸とした地域開発が計画された。その開発対象は遠隔地を含むネパール全国に及ぶ。

ネパールにおける保護概念についてまとめておこう。1973年に国立公園ならびに野生動物保全法が制定され、亜熱帯ジャングルに設置されたロイヤル・チトワン国立公園（現チトワン国立公園）を皮切りに、1976年にはヒマラヤを中心に5カ所国立公園や野生動物保護地区に指定され、それ以降も国立公園や保護地区が次々と指定されていった（表4-2、図4-6）。近年、南部低地にあるチトワン国立公園は世界遺産に登録され、ジャングル・サファリが楽しめるちょっとした「リゾート」[32]空間になっており、到達するのに高地を歩く身体的に負荷のかかるサガルマータ国立公園よりも訪れやすく、ネパールの国立

表 4-2　ネパールにおける国立公園／保護地区等の制定年

国立公園／保護地域／世界遺産	制定年	世界遺産登録年
チトワン国立公園	1973	1984
サガルマータ国立公園	1976	1979
ランタン国立公園	1976	
コシタップ野生動物保護地区	1976	
スクラパンタ野生動物保護地区	1976	
ララ国立公園	1976	
シェイポクスンド国立公園	1984	
カプタッド国立公園	1984	
パルサ野生動物保護地区	1984	
ドルパタン狩猟保護地区	1987	
バルディヤ国立公園	1988	
マカルー・バルン国立公園	1992	
カンチェンジュンガ保護地域	1997	
シバプリ国立公園	2002	
カトマンドゥ盆地		1979
ルンビニ		1997
アンナプルナ保全地域	1986	

出処：Nepal Tourism Statistics 1993、1997、2000、2007

公園／保護地区を訪れる外国人ツーリストのうち 6 割近くが訪れる人気のツーリズム空間となっている。これに次ぐ人気の国立公園は同じく世界遺産に登録されているサガルマータ国立公園で、同約 2 割が訪れている[33]。

　公園設置と同時に、例外もあるが、自然保護概念のもと、国立公園内は厳しく管理されるようになった。チトワン国立公園では、それまで薪取りや家畜の放牧でジャングルを利用していた地域住民の立入りを基本的に禁じ、ツーリズム開発の拠点の一つとして公園の内外で主にカトマンドゥ出身者による大規模な「リゾート」開発が繰り広げられている。また、1976 年に開設されたヒマラヤにあるララ国立公園では、設立時に全住民を南部低地に強制移住させ、ネパール最大の湖であるララ湖の環境保護を図っている。

　他方、サガルマータ国立公園は、チトワンやララ湖と性格が異なり、薪伐採規制等環境保護を目的とした規制はあるものの、地域住民の立退きや立入り禁止といった強制措置は取られず、人々は従来通りそこに住み続け、そこで積極

図 4-6　国立公園／保護地区の位置及び設立年
Nepal Tourism Statistics 2009 より作成

的にツーリズムに関わってきた。この地域住民は、先述したチベット系民族シェルパであり、1976年のサガルマータ国立公園設立時には、既にヒマラヤ登山で世界的に名が知られ、ヒマラヤ登山になくてはならない存在であることから、政府は他の国立公園と同様の措置を取れなかったと考えられる[34]。いずれにしても、これらの自然保護を目的とした国立公園の設立の背景に、諸外国や国際機関を経由した自然保護概念の導入や、伝統文化・歴史保存への知的・経済的・技術的援助があったことを指摘しておきたい。

　保護の概念が計画に反映されるようになったとはいえ、1980年代からツーリズム開発への期待は大きくなる。第6次5カ年計画では、外貨獲得源としてのツーリズムの役割が認められ、雇用機会創出手段としても期待されるようになった。また、新しいツーリズム資源を開発する方向で、先述したように、季節性の大きなネパールのツーリズムのオフシーズンに、ツーリストを誘致する

手段が模索されるようになった。ヒマラヤに向けられたまなざしは、乾季に時間を限定してきたが、それとは別の時間を、ツーリズム資源化する試みだといえよう。

　1984 年に、先のマスター・プランの効果を調査に基づいて再検討したレヴューが作成された。このレヴューが大きな転換点をもたらす。つまり、ツーリズム開発を進めるあまりに乱開発が問題化し、これまで開発一辺倒であったツーリズム開発計画の論調が、環境保全を図りながらの開発、持続可能な開発へと移行していった。

　こうした論調が具体化された最初のナショナル・プランが、レヴューの出された 2 年後の 1986 年に施行された第 7 次計画（1986 〜 1990 年）である。この計画では、前計画に引き続き外貨獲得手段、雇用機会創出手段としてその開発可能性を高く評価して、国の経済開発においてツーリズムは非常に重要であると指摘しており、ツーリズムは、基幹産業として認識されたといえる。こうして開発を志向する一方で、レヴューを受けて、環境、歴史、宗教文化的資源の保護の必要性が提起された。開発一辺倒で進められてきたツーリズムにおいて、ネパールを訪れるツーリストの主流を占めていたのは、今でもそうであるが、安さを求めるツーリスト budget tourist であった。しかし、この計画では安価な消費を志向するツーリストよりも、経済効果が期待できるツーリスト high budget tourist を誘致することが目標として掲げられた。そのために、トレッキング以外に質的ツーリズム quality tourism の開発のためにインフラストラクチュアの整備を進め、またツーリズム関連産業を国内に育成することが計画に組み込まれた。

　前計画に引き続き、雨季のツーリズムを発展させるために、インドをはじめとした南アジア諸国からのツーリスト誘致が図られ、日本など他のアジア諸国からのツーリスト誘致も図られた[35]。インド人ツーリストの誘致を図ったのは雨季の活性化だけでなく、第 5 章以降で検討する外国人ツーリストが好むタメルのような安宿街ではなく、カトマンドゥの商業中心であるニューロードのスタンダード・ホテルに宿泊し、買物を楽しむ傾向があるからでもある。

　第 7 次計画が施行された年の 1986 年、ポカラの北の山間地域、アンナプル

ナ Annapurna 周辺において大規模なエコ・ツーリズム開発であるアンナプルナ保護地域プロジェクト Annapurna Conservation Area Project（ACAP）が開始される。そこでは登山客やトレッキング客の増加に伴う環境減退、ゴミや屎尿処理の問題が深刻化してきたことへの対応と、地域住民のツーリズムへの参入を促進することが目指された。ACAP のプロジェクトの一つに、地域住民のグルン[36)]博物館設立があった。地域一帯が「生きた博物館」、エコ・ミュージアムとして創り出され、その一郭に博物館が設置され、ツーリストが支払う幾ばくかの入場料や各種援助によってその運営費が賄われている。

　グルン博物館の建物は、柱に多少装飾が施されているものの、その地域にあるグルンの住居と同じような造りである。軒下には丸太をくりぬいて作った蜂の巣箱が吊るされ、他方で、出窓にはツーリスト用にビールやコーラ、スプライトが売られている（写真 4-1）。建物の中には、衣類や台所用品、日用品が陳列されている。柱の前に、「ようこそ　私はラム・バハードゥル・グルン、ここは我家です」と英語で手書きされた紙を左肩につけた、手作りの人形が立っている（写真 4-2）。彼の周囲は小道具で飾られている。腹部のベルトに差し込まれた刀はククリ khukurī と呼ばれる山刀で、ネパールの刀 rāṣṭriya hatiyār として知られる。元は山地に暮らすジャナジャーティの人々が野良仕事の際に使っていた刀であるが、ネパール出身の傭兵であるグルカ兵がククリを武器として帯刀していることから、ククリがネパールの刀として国外にも知られることになった。グルンはジャナジャーティであるし、グルカ兵を多く輩出した民族であることから、グルン博物館の人形がククリを帯刀していても違和感はない。足元にあるのは、フッカ hukkā（水煙管）である。これもグルンの人々が使ってきたものである。マーダル mādal（両面太鼓）やバンスリ bā̃surī（竹製の横笛）を身につけ、横には杖や銃も掛けられている。これらも、グルンに限らずジャナジャーティの人々が使ってきたものだといえる。

　他方、男性の右側にある楽器サランギは、ネパールのヒンドゥー社会における楽師カースト・ガンダルバ特有の楽器である。近年、ネパールの文化として諸所で展示されるようになった「国民文化」とも言えるものであるが、ガンダルバ以外のジャートの人間が、インテリアとして飾ることがあっても、自身

写真4-1　アンナプルナ保護地区、グルン博物館（2000年）。窓辺に売り物のコーラの瓶が並んでいるのが見える。ツーリストに説明をする地元の人。

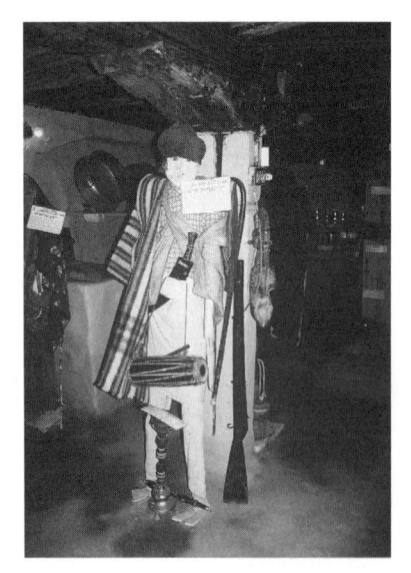

写真4-2　アンナプルナ保護地区、グルン博物館に展示される人形（2000年）。

の文化として所有することは考えにくい。このような博物館の存在について、山下（1992：238-244）や石森（1992：262-263）は、ツーリストの視線が新しい文化を創造する新しい刺激を与え、それによって民族芸能が復活したり、地元の人々に自らのアイデンティティに目覚める機会を与えるという、「文化生成論」を展開している。古い伝統がツーリストのまなざしに出会って、新しい伝統に適応し、新しい文化が生成してくるという。

　ツーリストが見れば、ククリもサランギもグルンの文化と理解するかもしれないし、少なくともネパールの文化と理解するだろう。博物館の構想過程でツーリストの目にとまりそうな小道具を寄せ集め、展示してみたものが、一つのまとまりをもつ文化としてツーリストに理解される。そこにどれだけ現地の人が、自身の文化を投影しているのかは測れない。しかし、ツーリストにこれらの小道具をグルン博物館の展示として説明するうちに、その地域のグルンの人々がサランギを弾き始めることは考えにくいが、意識の上で自身の文化の一部として、「ネパール文化」として認識するようになることは十分に考えられる。

このような博物館は、ツーリストが地域の生活領域に闖入することを避けるための仕掛けにも見えてくる。つまり、実生活を覗かれることを回避するために、ツーリストが満足しそうな○○文化のセットを提示することで、地域住民の日常生活への闖入を防ぐ防御壁として機能しているようにも思われる。開発計画においては、文化の保全という目的で博物館が造られ、そこに色々な文化が保存されているが、ツーリストのまなざしと絡まり合いながら、自らが何を文化と考えるのか、意識の上で文化の変容が生じているといえよう。地域全体をツーリストのまなざしを意識したエコ・ミュージアムに仕立てることによって、自らの生活や意識が変わる。すなわち、かつては人形が肩にかけているように厚手のウールのショールを防寒具に使っていたかわりにジャンパーを羽織るようになっても、外国人に英語を話すようになっても、ツーリストのまなざしが投げかけられるグルン文化は、保全すべき対象として、場合によっては馴染のない道具をも組み込んで、再構成されていく。

　グルン博物館に対し、先述のチトワンでは、国立公園の近くに住むタルー thāru という南部低地の平原に住む先住民の村を訪ねるツアーが人気である。ツーリストは、カトマンドゥ出身のガイドの案内で村人が生活している場所を訪れ、家の中にツーリストが首を突っ込んで様子を窺ったり（もちろんその中で人が暮らしている）、外で煮炊きしていれば鍋の中の食べ物を写真におさめたり、見たこともない道具に触れたりする。子供がいたらボールペンや飴玉やお金を渡す。カトマンドゥ出身のネパール人ガイドにとっても、言葉や外観の違うタルーの暮らしは別世界に感じられるものである。そのようなガイドを介してツーリストに説明されるチトワンの様子は、エキゾティックに脚色がなされていても不思議ではない。また、ツーリストのまなざしが村人のアイデンティティを目覚めさせることもあるだろうが、そのまなざしゆえに、第3章で述べたように、村人に未開や貧困の自画像を描かせてしまうことは想像に難くない。

　さて、ネパールのツーリズムに大きな転機をもたらしたのは、1990年に達成された民主化であったといえる。また、この後、さらに開発による悪影響を招来することになった。1992年に実施された第8次計画（1992～1997年）でも引き続き外貨獲得源としてツーリズムは重要視され、雇用機会創出や貧困削減

に期待が寄せられた。民主化と共に経済の自由化が進められ、国内外の資本の誘致や民間企業の参入促進が図られ、特に航空産業部門への開発に力が注がれることになった。その結果、ホテル[37]などツーリズム関連施設が急増するようになった[38]。第7次計画に引き続き、ツーリズムの質的規模的発展が目指され、そのために起業のための貸付けを優先し、外国資本を含む民間資本の導入が促進された。1994年には、「1千万ドル以上の投資に関する法」が制定され、これまでネパール人のカウンター・パートが必要であった外国人による起業が、1千万ドル以上の投資であればカウンター・パートは必要でなくなった。これと並行して、国際チェーン・ホテルの参入による高級ホテルやリゾート開発が進められた。これまで5つ星ホテルが4軒しかなかったネパールに、VNY1998の1998年には2軒の5つ星ホテル(それぞれタイのドゥシタニ、アメリカのラディソンと提携)が開業し、その後も高級ホテルやリゾートが相次いで開業した。この時代をネパールにおけるホテル・ビジネスの「黄金時代」とする見方もあるが[39]、一方で3つ星、4つ星ホテルが廃業したことから、ホテル産業における過当競争が激化している側面もあった[40]。この状況は、先述したマオイストによる武装闘争の激化を背景にますます深刻化していった。大資本を誘致する一方で、新たなツーリズム資源を開拓するために、ヒマラヤの未開放地域を次々と開放し、より周辺で冒険型ツーリズムの場所を開拓していった。

第9次計画(1997〜2002年)において、ツーリズムに限らず急速な開発によって生じた無秩序な都市化、環境破壊、公害の深刻化が、ツーリズムの発展を妨げることになったと指摘された。この計画において、開発可能性には限界があること、ツーリズム資源は有限であることが指摘され、例えば世界遺産のように既存の資源を生かしてインフラ整備を行い、効率よく利益を上げられる高級なツーリズムを目指すことが課題として挙げられた[41]。他方で、ヒマラヤにおける環境負荷を分散させる目的で、従来通り新規トレッキング・登山ルートの開拓も進められた。関連して、車道が到達していないような遠隔地においても、経済開発手段としてツーリズムが有効視されるようになった。ツーリズムへの期待は大きいが、GDPに占めるツーリズム収入の割合は2.9%に過ぎず[42]、GDPのうち約80%の収益をツーリズムがもたらしているカリブ海の島々に比べると非常に規模が小さ

い[43]。第6章で詳述するが、同じ第三世界でもこのような違いが生じる要因の一つに、植民地化の歴史の有無、すなわち旧宗主国から大資本やツーリストが誘致できるか否かが挙げられる。

1980年代までツーリズム資源が無限大にあるという前提で策定された開発計画のもと、環境破壊が開発の桎梏になるほど深刻化した。ネパールの空間的固有性の重要な要素となってきたシャングリラ・イメージは、開発によって遠のいていった。シャングリラの景観を構成してきたヒマラヤの自然や文化が損なわれると、ネパールのより周辺にある環境が損なわれていない未開放地域が開放されてきた。その結果、ヒマラヤに新しいトレッキング・登山ルートが開拓されることになったが、ヒマラヤという位置的財は有限な地理的空間であり、いつかはなくなる。他方、質的ツーリズムを目指して人為的に楽園を造り、効率的に経済効果を目指すリゾート開発をはじめとした施設整備のための投資が行われ、その結果、特にインドから会議目的で訪れるツーリストが増加することになった。高級ホテルやリゾート内に設えられた会議室やセミナー室が資源となっており、これらはネパール国内でも政治家はじめ各種会合によく利用されている。もちろん、ネパール国内における環境破壊が後者の高級化を目指す方向転換のきっかけになっているが、1990年の民主化以降、国内外の資本がネパールに誘致され、投資されるようになった結果でもある。

本節では1980年代以降問題化されてきた環境破壊を強調したが、先述した1996年から10年間に及ぶ人民戦争や王宮虐殺事件、政情不安の方が、ネパールのツーリズムの展開に及ぼした影響は甚大である。グローバルなツーリズム空間において、危険情報が発せられるネパールは、選択肢から外れていく。シャングリラを求める人々は、理想のシャングリラを目指して、また別の場所へと旅立って行く。

4. 自己表象するシャングリラ

西洋で創出された楽園シャングリラが、エヴェレストをはじめとしたヒマラヤを位置的財とした。領域的にチベットにシャングリラ・イメージが固定され、

多くの西洋人がヒマラヤ・チベットにロマンティシズムを掻き立てられることになったが、1959 年の「チベット動乱」に象徴される中国のチベット侵攻によってそのイメージは否定された。次のシャングリラはチベットから文化的物理的距離の近いネパールに移動したが、ヒマラヤや都市部の環境破壊に加え、マオイストによる人民戦争やナラヤンヒティ王宮虐殺事件、政情不安によってシャングリラ・イメージは否定された。そして、再び文化的物理的距離の近いブータンにシャングリラは移っていった。ブータンは「地上最後のシャングリラ」と称され、また 2001 年には中国雲南省にあった中甸県が香格里拉（シャングリラ）県と改称され、シャングリラを冠した新たな空間が創出された。

このようなシャングリラの競争の様相を呈したグローバルなツーリズム空間において、ネパールではシャングリラ・イメージに合うような入域規制地域を開放してきたものの、位置的財となったヒマラヤという地理的空間が、ネパール国内において有限であることを認識せざるを得なくなった。他方、1980 年代以降乱開発が問題化しているネパールとは対照的に、同じヒマラヤの内陸国ブータンでは、西洋のまた別のまなざし——環境保全イデオロギー——を受けて、1980 年代から外国援助を受けつつ環境主義を受容し、1990 年代からは国是として環境主義を掲げ、人々は「自らの経済発展を犠牲にして地球環境の保全に勤める奉仕者」のように提示されることもある（宮本 2004）。ネパールを反面教師として、ブータンは有限なヒマラヤの環境を保全することを掲げて、入国者数やツーリストの活動を厳しく管理しつつ、ツーリズムを限定的に展開するようになった。

ブータンの例もそうであるが、シャングリラ・イメージとそのもとで行われてきた開発／保全の双方に、欧米諸国の知的・経済的・技術的協力が関係している。欧米のイデオロギーが国土を再編する開発計画に浸透しているということである。ネパールが未開放地域を開放し続けるのも、ブータンが環境保全を「国民文化」とするのも、西洋のロマンティシズムへの反応であると考えられる。

1994 年、ネパールにおけるツーリズム業界の重鎮であるカルナ・サキャ氏が、ネパールで初めての試みであるネパール観光年 VNY1998 の実施を提案した。彼の家族は、第 6 章で詳述するように、1968 年にタメルでゲストハウスを起

業、以後ツーリズム関連ビジネスを多角的に展開してきた。この VNY1998 にキーパーソンとして関わり、連合委員会を組織したカルナ・サキャ氏は、VNY1998 を成功させるためにシャングリラ・イメージが重要であることを強調した。彼は、先述したニューズウィークに掲載された記事（Say Goodbye to Shangri-La）を取り上げ、ヒマラヤの王国ネパール（当時）において現在でもシャングリラが失われていないこと、環境汚染のひどいカトマンドゥから車で15分ほど行けばシャングリラに到達できることを訴えた（Sakya n.d.）。こうして VNY1998 に向けて、ツーリスト未踏の更なる周辺に、新たにシャングリラを「発見」する試みが行われた。

さて、1996 年当時首相だったシェル・バハードゥル・デウバ氏が、VNY1998 の実施を宣言した時に掲げた目標をみてみよう。ツーリズム産業による収入増大を図る、ツーリスト・デスティネーションとしてネパールをツーリズム市場に売り込む、ツーリズム生産を発展させる、ツーリズム・サービスの向上を図る、ツーリスト数 50 万人を目指す、ツーリストの滞在日数を 12 日と長期化する、ツーリスト 1 人当たり 1 日の滞在出費高を US$50 に引上げる、等であった[44]。これらの目標から伺えるように、これは国の基幹産業として、ツーリズム産業の更なる発展の契機となることを目指した大行事であった。その年に行われた行事は大小あわせて 220 余件にのぼった[45]。

国を挙げて取り組んだ VNY1998 では、ネパールの対外的な情報発信力の弱さが大きな問題となった。ネパールで観光年が実施されていることをネパールに着いてから知るツーリストも少なくなく、対外的な宣伝効果が弱かったことが指摘された。しかし、国内では VNY1998 に対する期待は、広範囲に広まった。地元の人々のツーリズムに対する意識喚起については成功したと言える（写真 4-3）。具体的には、VNY1998 を切っ掛けに設立された官民協同組織[46]、ネパール観光局 Nepal Tourism Board の職員が語るように、「ヒマラヤを模った『へ』の字型の山に国旗にあるのと同じ月と太陽のマークが嵌め込まれた VNY1998 のロゴは、様々な出版物をはじめ、バスや車、建物、看板など、公共建造物のみならず私物にまで貼られ、およそツーリストの行かないような場所にまで普及した」。このロゴと共に、デーヴァナーガリー文字でアティティ・デヴォ・

写真4-3　アンナプルナ保護地区（2000年）。いつまでも残っていたVisit Nepal Year 1998のロゴ。ロッジ街でもVNYのロゴとシャングリラの文字が目に入る。

バヴァ atithi devo bhava（お客様は神様です）という標語があちこちに掲げられた（写真4-4）。ネパール語乃至ヒンディーを解しない外国人ツーリストに、これらの看板が何かを訴えているとは考えにくい。Nepal Tourism Year 2011の企画責任者であるヨゲンドラ・サキャ氏によると、1998年の時点では、VNY1998のロゴのある先々で人々はツーリストが金を落としにやってくると期待し、一種お祭り騒ぎの様相を呈していたという（ヨゲンドラ・サキャ氏談 2011年）。1999年の初夏、その時には既に解散していたが、VNY1998の行事担当者にその成果を尋ねたところ、実際の目的はツーリズムという現象について地元の人々の意識を喚起することと、それまで政府の中では観光省を中心にツーリズム産業を支えてきたのを、他の省庁との協力体制を築くための組織改編にあったという回答を得た。この2点からは、VNY1998は概ね成功したといえる。

　一方、この国を挙げた行事に対するツーリズム産業関係者達の評価は、既に病んでしまった状況を解決し、かつてのネパールのシャングリラ・イメージを取り戻そうという前評判が大きかった分[47]、大きな不満や失望感を残した。人々の不満は、目標の50万人にツーリストが達しなかったことよりも、それまでに外国資本を含む民間資本を多く誘致しておきながら、政府がネパールのツーリズムにおいて最も重要な空の便を確保しなかったこと、それどころか政治家達の私利私欲に利用されてきたことに向けられた。そのきっかけとなったのが、国営の航空会社ロイヤル・ネパール航空（当時、Royal Nepal Airlines

Corporation、以下 RNAC とする。現ネパール航空 Nepal Airlines Corporation）の航空機借入をめぐる政治家の失策であった[48]。VNY1998 のハイ・シーズン時に契約が切れ、新しく賃借契約した筈の航空機がネパールに到着せず、航空機不足のために国際線の欠便を多く出したのである。この契約は詐欺で、およそ

写真 4-4　カトマンドゥにおける Visit Nepal Year 1998 のロゴ（1998 年）。「お客様は神様です」という標語の隣に描かれているのは、村で働く女性の姿である。

80 万米ドルを騙し取られたことが発覚した[49]。ネパール政府と RNAC の癒着は VNY1998 が実施される以前から問題になっており、安定的にツーリストをネパールに誘致するためには、RNAC を政治家の手から切離す必要があると指摘されていた[50]。

　この RNAC の飛行機の賃借をめぐる収賄事件は、期待を込めて資本を投じてきた企業家の政治家に対する不信感を深めることになった。ネパールでは VNY1998 に向けて建築ラッシュが見られ、何か新しいものを造る時には「Visit Nepal だから」と揶揄される程であった。しかし、終わってみたら期待を大きく外れ、Visit Nepal Year をもじって Finish Nepal Year と嘆息を漏らす人もいた。

　20 世紀半ば以降、ネパールでは諸外国や国際機関からの援助で社会基盤が整備され、開発計画が構想・再構想されてきたが、これらの運用の在り方に問題があるとしても、これまでの開発計画が今後の開発の課題を生み出してきたことは否めない。この状況は、世界システムに包摂される過程でネパールに生じているものであり、現地におけるツーリズム開発の過程でのみ生じたものではない。環境破壊も乱開発も、ネパール政府が外国援助を受けつつ構想した計画の下で生じてきた。これらの課題は、具体的には、地元の人々が計画の下、場合によっては計画を意識せずに、あるいは無視して、ツーリストの要求や予

想される需要に、良く言えば臨機応変に、悪く言えば場当たり的に対応した結果である。グローバルなツーリズム空間において、ネパールの外にシャングリラが次々と創出される一方で、ネパールでも自らシャングリラを表象する空間が現れるようになったのは、地元の人々の「戦術的」な対応とも言えよう。

[注]
1) 位置的財 positional goods としての地理的空間は、供給を増やせる物質的財と異なって明確に限界のある資源である。位置的財の消費は本質的に関係的なものとなる。山そのものは物質的な財であるが、ロマンティシズムを含んだまなざしを向けると、その山は位置的財として見られうる（アーリ 1995：74-85, Urry 1995：133-139）。つまり、位置的財としての山は、ツーリストのまなざしによってツーリストが期待するような自然の霊場の一種として認識され、神聖性をまとう稀少な存在として鑑賞、消費されるのである。
2) 19世紀半ばにインド測量局が三角測量した結果、8,840メートルと発表された。その後も測量が繰り返され、現在、ネパールは20世紀半ばにインド測量局が測定して得られた8,848メートルという数値を採用している。
3) エヴェレストの名がつけられた後、暫くしてから現地語による呼称が用いられるようになった。しかしながら、ネパール側のエヴェレスト山麓に住むシェルパはチベット系民族で、チベット語系の母語を使用してきたことを考えると、ネパール語のサガルマータは現地語とはいえない。
4) 円盤状の大陸はT字型の水域によってアジア、アフリカ、ヨーロッパの三つの領域に区分され、大陸部分の周囲はO字型をした海が取り囲む。中世ヨーロッパにおいて描かれた世界地図はこのようにTとOを組み合わせた形をしているため、TO図と呼ばれる。
5) Landonによると、1881年から1925年の44年間に、少なくとも208人と在ネパール外国人、外交使節団、軍医とその他7人が入国している（1993［1928］：298-305）。日本の仏僧河口慧海も1900年頃にチベットに向かう途上、ネパールに入国・滞在している。また、この間ネパール人もグルカ兵として、あるいは商人としてネパール国外に出ていた。したがって、1951年は公式に欧米のツーリストに門戸を開いた年と考えるのが妥当である。
6) チベットの東部カム地方から移住してきたとされ、チベットとの境界に近いネパールのムスタン郡に居住する少数集団。
7) ダージリンに住むネパールのチベット系民族シェルパとして知られるが、シェルパの故地であるソル・クンブ郡に移住したチベット人であったとする見方もある

（根深 1998：54-62）。ネパールでは通常ネパール人として認識されるが、他方で登頂の栄光を称えてインド市民権が与えられたことから、インド人という見解もある。
8) Doig（1966）: Sherpaland, My Shangri-La, *National Geographic*, October
9) Newsweek, Oct.4, 1993
10) 既出。Newsweek, Oct.4, 1993
11) 1962年からネパールの観光航空省 Ministry of Tourism and Civil Aviation によって毎年ツーリスト数などの統計がとられ、Nepal Tourism Statistics が発行されてきた（Nepal Tourism Statistics 2009）。1970年代半ばからインド人入国者数が記録されるようになったが、インド人のネパール入国にはビザが必要でないため陸路によるインド人入国者数は把握されておらず、空路によって把握された数値に限られている。インド人の大型バスによる団体旅行や自家用車による家族旅行も多く、それらが統計に反映されていないという制限があるが、大まかな経年変化を見ることは可能と考える。
12) 空路で入国したインド人ツーリストに限られる。
13) Nepal Tourism Statistics 2009。
14) Nepal Tourism Statistics 2009。
15) ネパール共産党毛沢東主義派（現ネパール共産党統一毛沢東主義派）。1995年に結党し、1996年に反政府武装闘争を開始し、ネパールの広範囲にわたって活動を展開した。2006年に政府と包括的和平協定を締結し、暫定政府に参加する。
16) Nepal Tourism Statistics 2009。
17) Nepal Tourism Statistics 2009。
18) 現地では、その周辺に集住しているチベット・ビルマ語系民族ネワールの言語でジョチェンと呼ばれる。
19) Nepal Tourism Statistics 2009。
20) Nepal Tourism Statistics 1998 及び Nepal Tourism Statistics 2008。
21) ハイジャック事件から5カ月間、インディアン航空の運航は取りやめられていた。
22) 山歩きをするトレッカーに対し、マオイストが通行料を徴収していた。他方で、マオイストはツーリストを武力による標的にしないことを公約しており、マオイストを騙る何者かの仕業の可能性も否めない。
23) 空路でインドに入国したネパール人のみ。
24) Nepal Tourism Statistics 1998。
25) 空路でインドに入国したネパール人のみ。
26) Nepal Tourism Statistics 2009。
27) 本節では本書の具体的事例が関わる1997年から2002年までの第9次5カ年計画までを分析対象とする。

28) バッティ（簡易宿泊施設）は、交易街道沿いや聖地周辺に古くから機能していたが、外国人を対象とした近代的宿泊施設としてのホテルが初めて開業したのは、1955年2月のことであった（Satyal 1988：59）。
29) 主としてインドの国内線を就航するインドの国有会社であったが、2007年にエア・インディアAir Indiaと合併した。
30) トーマス・クックの団体客が利用したとされるこのホテルは、今は選挙管理委員会の建物として利用されている。
31) Department of Tourism（1972）
32) チトワンには、一般的に想像されるプールがあり洗練されたサービスを受けられる1泊数百ドルするリゾートもあるが、ここでいう「リゾート」は、宿泊施設の看板にリゾートを掲げているものの、電気や水道といった基本的なインフラストラクチュアが必ずしも整っていない宿泊施設が多いため、一般的に想像されるリゾートと区別するために括弧を付けた。
33) Nepal Tourism Statistics 2009。
34) 前節でみたように、エヴェレストをはじめとしたヒマラヤはネパールで最初に西洋のまなざしを受けてきた対象であり、周辺地域は外国人の来訪が増えるにつれて外国援助が行われ、他地域に比べて早くにインフラストラクチュアが整備され、地域開発が点的に展開されてきた。その結果、前出の「シェルパの里」、標高約3,400mに位置するナムチェ・バザールでは、1990年代半ばに首都でもお釣りがなくて敬遠されていた高額紙幣の1,000Rs札（当時の約2,000円）だけでなく、100米ドル札が雑貨屋で流通するような経済が行われていた。経済発展が早かった一方で、環境破壊も他地域よりも早く、1970年代には既にトレッキング街道沿いが人と家畜が残していく糞尿や廃棄物でゴミ街道と化し、また廃棄物によって地域住民の生活に必要な水源が汚染されたことが問題化していた。
35) 筆者の経験的観察では、インドから旅行会社の大型バス仕立てで屋根に鍋釜、米、ジャガイモ、玉ねぎ等食糧を積んでくる団体旅行が少なくない。ガイドや運転手、コックもインドから随行し、燃料のガソリンも持込み、宿泊先のホテルはインド人経営のホテル、あるいは車中泊でテントを張って食事を作って食べるという形態の旅行も少なからず観察された。このような形態ではネパールに経済効果は期待できないが、他方で高級ホテルに宿泊するインド人も少なくない。
36) アンナプルナ山群の南斜面に住むチベット・ビルマ語系のグルン語を話す民族。
37) ここでは先述したバッティを除く、ツーリストを対象にした宿泊施設を意味する。
38) Ministry of Finance（1999）。
39) Spotlight, Jan.29-Feb.4, 1999。
40) Spotlight, Jan.29-Feb.4, 1999。
41) バックパッカーのような低予算のツーリストを多く受け入れてきたが、ツーリ

スト数が増えても、国家収入にその効果があまり反映されないことを受けて、支出をしっかりしてくれる高級ツーリスト quality tourist の誘致を図ることが目指された。

42）第10次5カ年計画（2003-8）。
43）World Tourism Organization（1998）。
44）Nepal Bhraman Varsa 1998 Sachivalaya 1999: 2-3。
45）Visit Nepal 1998 Secretariat 1998。
46）観光省 Department of Tourism が解体され、政府から5人と民間から6人のツーリズム関係者によって組織される観光局 Tourism Board が設置され、官民の協同体制が組織上整えられた。
47）Spotlight Jan. 1-7 1999: 16-21
48）RNAC が所有する国際線用航空機3機のうち、賃借していた Boeing 727 の契約期限が1998年のツーリスト数が頂点に達する10月に切れる直前に、慌ててアメリカの某民間航空会社から Boeing 757 を6カ月間賃借する交渉がまとめられた。ネパールの政治家の汚職と深く関わるこの顛末は、Spotlight の RNAC 特集号（Spotlight Jan. 1-7 1999）において「政治家の楽園 RNAC へようこそ！」と激しく非難された。RNAC の航空機賃借期間が短いことが、このような汚職を招いているという。1993年12月から常に1機、国際線用に航空機を賃借していたが、その賃借期間は最短で4カ月、1998年のユーゴスラビア航空からの賃借を含めて、6回賃借を繰返した。このように頻繁に賃借を繰返すのは、政党が交替して航空機の賃借契約が成立する都度、リベート（賄賂）が政治家に支払われるからである（同）。例えば、ユーゴスラビア航空との2千4百万米ドルの契約金のうち、4百万米ドルは政治家と RNAC の幹部にリベートとして支払われた（Kathmandu Post Oct. 8, 1998)。
49）Spotlight Nov. 13-19, 1998：16-21
50）Spotlight Dec. 26, 1997- Jan. 1. 1998：16-21、Kathmandu Post 12, Aug. 1996

第 5 章　タメルの系譜
－ブートからツーリストへ－

1. タメルの表層

　夜、カトマンドゥで最も明るい場所といえば、ツーリズム空間、タメルであろう。近年電力不足が深刻化しているカトマンドゥでは、停電すると暗闇に包まれるが、タメルでは個々の店がジェネレーターを稼働させて明かりを灯し、あたり一面が真っ暗になることはない。およそ 1 キロメートル四方に広がるタメルと呼ばれる範囲には、周囲に比べれば高層の（といっても 5 階建て程度の）建物が集中している。沿道に軒を並べるのは、外国人ツーリスト向けのホテルや世界各国の料理を出すレストラン、洒落たカフェやベーカリー、インターネット・サービス、旅行代理店、土産物屋、衣料品店、雑貨屋等である。ツーリストにとって日常の滞在に必要な大抵のものが、タメルで調達できる。
　タメルを縦横に走る道の全長は、タメル・ツーリズム開発委員会[1] TTDC の会長テジェンドラ・シュレスタ氏によると、約 4.5 キロメートルに達するという（2011 年聴き取り調査）。ホテル等が次々と建てられていくにつれて輪郭ができた通りもあれば、逆にふさがれた通りもある。いつもどこかで道路工事が行われて道に大穴が掘られ、思い出したように一方通行規制が行われて混乱し、タクシーやリキシャが人通りの多い所を選んで車を止めて客待ちし、店頭からは路上に商品がはみ出し、広めの交差点には収集車を待つゴミ山ができている（写真 5-1）。交通の障害は多く、日中途中で止まることなしに車で目的地まで到達することは非常に困難である。しかし、タメルの周囲の大通りが朝晩の通勤時間になると更に渋滞する為、タメルで働く通勤者に加え、タメルを通り抜けようとする車やバイクで毎朝晩渋滞がひどくなる。なかなか進まない車列を人や自転車が縫うように進み、車やバイクからはけたたましいクラクションが

写真5-1 タメルの路上（2007年）。収集車を待つゴミ。

写真5-2 タメルの渋滞（2008年）。朝晩の通勤時間帯に最も混雑する。

鳴り響き、通りには車が巻き上げる埃や排気ガスが充満している（写真5-2）。

空を見上げれば、路上に張り出した数多の看板と、複雑に絡み合った電線が目に入る（口絵3、写真5-3）。電柱や建物に掲げられたホテルやレストランの看板には、シャングリラ、ニルヴァーナ、パラダイスといった楽園的なイメージを想起させる言葉が躍っている。朝6時前にはタメル内にある寺院で人々が香を焚き、鐘を鳴らし始める。やがてあちこちから店のシャッターを開ける音が聞こえ始め、通りを箒で掃き清める音があたりに響く。ツーリストが食事のためにレストランを探して通りを歩く時間帯になると、トレッキングの勧誘、果物売りや土産物売りが路上で活発に活動を始める。夕食時になると、レストランやパブから大音量の音楽が流れ出て、車のクラクションと合わさって喧騒を極める。雑然としたツーリズム空間に、「いかがわしい」店が明りの灯された看板を出し、その明りが消える頃にようやく喧騒が静まる。このようなツーリズム空間は、世界各地を旅するツーリストにとって、旅の途上で通り過ぎたことのある、「どこにでもある場所」の一つでしかない。このツー

リズム空間の景観が、現在のタメルの表層である。

　ツーリズム空間といっても、タメルは外国人ツーリスト以外に、色々な人がそれぞれの目的を持って訪れる。通勤するホテルや店で働く人々はもとより、トレッキングに誘う自称ガイド、喜捨を求めるサフラン色の衣装に身を包んだヨギ yogī（ヒンドゥーの修行者）、物乞いをするストリート・チルドレンや赤ん坊を抱いた女性、そして近年では、タメルの消費文化を楽しみに来る新中間層の人々が行き交っている。これら新中間層の人々は、イタリアン・レストランでワインやピザを楽しみ、

写真5-3　タメルの路上（2008年）。看板と電線が視界を遮る。

種類豊富な洋酒が取りそろえられているパブで洋楽を聴きながらお酒を嗜むようになった。ツーリストが激減してからこの傾向が顕著になり、街中の商店では見かけない高価で高質な、本物のブランドの衣類や靴を求めにタメルに来るネパール人も少なくない（口絵4）。

　ツーリストにとっては、タメルはリーズナブルな料金で泊まれる宿泊施設や各国料理のレストランが集中し、滞在に必要なサービスを受けられる空間、ツーリズム空間として認識されている。しかし、ローカルな社会においては、ツーリズムが生み出す経済機会や、ツーリスト向けの消費文化が魅力となっている空間でもある。それと同時に、どこから来たのか、何を考えているのか分からないツーリストをはじめとした不特定多数の人々の存在や、「いかがわしい」店の存在が恐怖心を掻き立て、良家の子女は縁談に支障を来すような噂を流されることを恐れ、足を踏み入れてはならない場所として忌避されている側面もある。

　タメルがこのような場所になったのは、本章以降で詳しく見ていくが、ここ

数十年のことである。昔のタメルを知る人は、タメルはかつては鬱蒼とした林や竹藪が広がり、「ブート bhūt（幽霊）が出る」ような場所であったと口々に言う。それが今では、タメルと言う用語は大勢の人々が往来するツーリズム空間を意味し、その指示する範囲は 1 キロメートル四方にまで拡大している。本章では、この煌びやかなタメルの表層をめくり、ツーリズム空間以前のタメルとその周辺がどのような地域であったのか、タメルの系譜を考察していきたい。

2. カトマンドゥにおける都市化

　カトマンドゥはヒマラヤ山脈の南斜面で最も広い盆地に発達した都市である。肥沃な土壌と温暖な気候により、チベット・ビルマ語系民族のネワール newār が古くからカトマンドゥ盆地を中心に都市国家を築き、独自の豊かな文化を発展させていた。

　カトマンドゥが今日のネパールの中心に位置付けられたのは、ネパールの「建国の父」プリトビ・ナラヤン・シャハ王が、カトマンドゥ盆地を征服した 18 世紀後半に始まる。そして、19 世紀半ばからおよそ 100 年間、シャハ王を戴きつつ実質的に実権を掌握していた宰相一族ラナの人々が、カトマンドゥに多くの建造物を築いていった。都市域に広がる赤色系の色をしたネワールの寺院や沿道に隙間なく軒を連ねる家屋とは対照的に、ラナの権勢を象徴する広大で美しい庭を擁し、豪奢で西洋風の白亜の大邸宅が、その当時の都市域の外側に造営されていった（図 5-1）。この邸宅造営ブームは、19 世紀半ばに始まり、1903 年にその時の首相、チャンドラ・シャムシェル・ジャンガ・バハードゥル・ラナが建てたシンハ・ダルバール[2] siṃhadarbār の造営で頂点に達する（写真 5-4）。シンハ・ダルバールは、七つの庭園と、1,000 室以上の部屋を有し、当時アジアにおいて最大級の建物とされた（Theopile 1995：108、117）。この邸宅造営ブームの間に、カトマンドゥに合計で約 40 余りの大邸宅が造られ、その他にも中小のラナの邸宅がいくつも建てられた。第 6 章でも言及するが、この当時ラナによって造られた大邸宅に限らず、学校やガンターガル ghaṇṭāghar（時計台）等の建物は、地震で倒壊して再建されたものもあるが、20 世紀後半

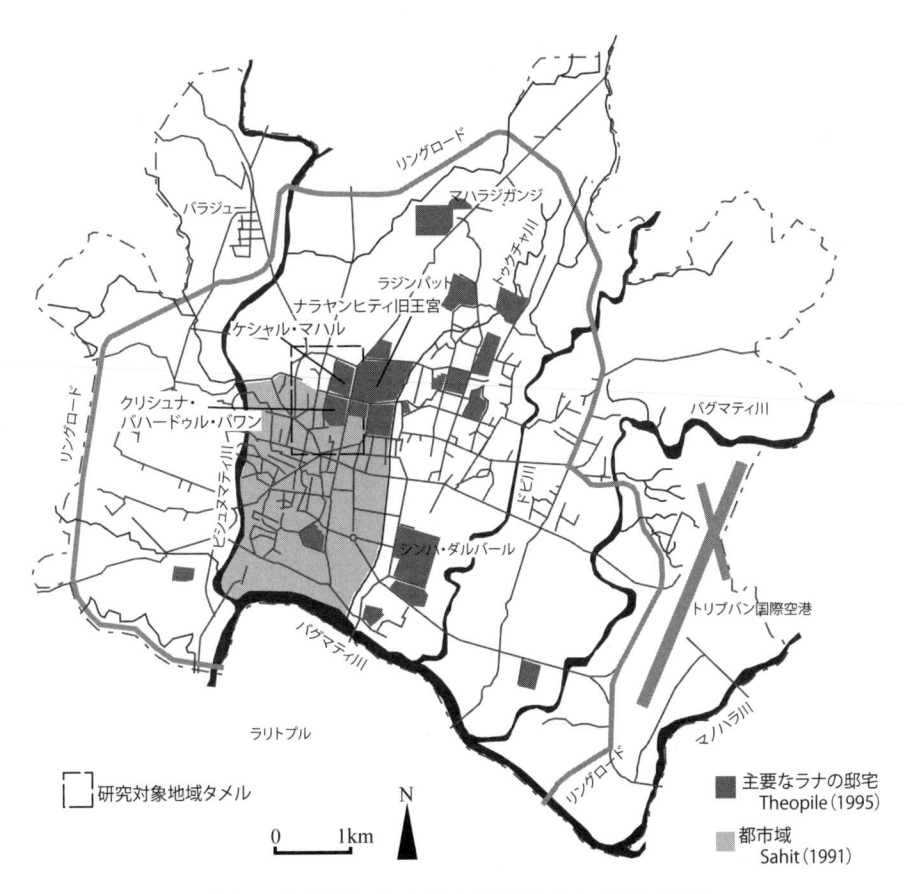

図 5-1　19 世紀半ばにおける都市域とラナ大邸宅の分布
Theopile（1995）及び Sahit（1991）より作成

になってもカトマンドゥの景観の中でひと際目立っていた。
　プリトビ・ナラヤン・シャハ王が、カトマンドゥ盆地を征服するよりも前からカトマンドゥに住んでいたネワールは、カトマンドゥの都市域を既に形成していた。図 5-1 の薄い灰色で示したカトマンドゥの当時の都市域の範囲は、ネワールの集住地域にほぼ重なる。トゥクチャ川以西、ビシュヌマティ川以東、バグマティ川以北、タメル（当時）以南で囲まれた地域が該当する。このネワールの住宅が稠密する都市域を避けるように、都市域のすぐ外側にラナの邸宅が

写真 5-4 シンハ・ダルバール（1999 年）

写真 5-5 ラナの邸宅を改装して、1964 年に開業したホテル・シャンカル（2009 年）。広大な庭にプールがある。

造営されるようになった。これらの邸宅間や、邸宅と都市域とを結ぶように、道路が敷かれていった。ラナの専制政治が崩壊した後、大邸宅は政府に没収され、その豪奢な雰囲気をまとった建物はホテル等に転用された（写真 5-5）。また、交通の便宜や建物の大きさから銀行、病院、学校等として活用されているものもある。

ネパールが「鎖国」していたラナ時代は[3]、南アジアの大部分が植民地化されていた時代であった。この当時、植民地化されなかったネパールに、西洋的な建築物がネパールの権力者の手によって出現したことは興味深い。因みに、20 世紀半ばまで国外のみならずカトマンドゥ盆地への出入域も管理されており、1951 年に「開国」してから外国人と同様にネパール人もまたカトマンドゥ盆地への往来が容易になり、1960 年代になるとカトマンドゥでは空港や道路の整備・拡充が進み、世界と結ばれるようになった（Gallagher 1992：253）。

このようなラナによる邸宅造営と、それに伴う土地利用の変化は、カトマンドゥの乱開発の引き金となり、今日もなおそれが続いている（Gallagher

図 5-2　1970 年代のカトマンドゥにおける人口の分布
Karan（1973）より作成

1992：254）。しかしながら、今もこの当時整備された主要道路が、公共のインフラストラクチュアとして交通網の基盤となっている。そして、これらの主要道路の沿道から住宅地が広がり、人口集中に伴い商業も展開している（Karan & Ishii eds. 1996：193-194）。1970 年代のカトマンドゥにおける人口分布を示した図 5-2 から、ネワールが集住するアサン周辺の他に、主要な道路

写真 5-6　ケシャル・マハル（2011 年）。現在教育省として使われ、左翼は私設図書館になっている。左手に造営された広大な西洋式庭園は、縮小されて荒廃していた。

沿いに人口が集中しているのが分かる。北東から南西に発達したアサンを通る道の両側には商店街や市場が展開し、今も新旧の建物が隙間なく立ち並び、当時の賑わいを彷彿とさせる。この集住地域にはネワールの人々が信仰の対象としてきた寺院が数多くあり、今も人々の生活の一部として機能している。

　ネワールの発展させた都市域を拡大させるように、ラナによって、計画的とは言えない都市化が進められた。その基盤は先述したように現在も引き継がれている。邸宅の中には、人の手が入らず、朽ちていったものもある。1950 年代以降、ラナの建物は公共施設やホテルにも転用されてきたが、1990 年に達成された民主化以降、主要道路に面した廃墟を思わせる黒ずんだ巨大な白亜の建物や、荒廃した庭を再開発して、瀟洒なレストランやショッピングモールとして、現代を象徴するモダンな消費空間に再生されるようになった。その背景に、ツーリストのみならず、新中間層の登場がある。とりわけカトマンドゥにおける経済が活性化したことにより、消費活動が盛んになったのである。かつて人々を支配していた政治権力やモダンで贅沢な生活の象徴が、今日では、部分的であるが、資本主義社会を象徴する消費文化の殿堂となっている。

　再び図 5-1 を見てみよう。タメルには広い庭に囲まれたラナの大邸宅が二つある。一つは 1895 年に造営されたケシャル・マハル Keshar Mahal である（写真 5-6）。現在教育省に利用され、その一部は 20 世紀初頭に活躍した陸軍元帥ケシャル・シャムシェル・ジャンガ・バハードゥル・ラナが収集した洋書等をおさめた私設図書館として、一般市民に公開されている。図書館内には、蔵書の他に、19 世紀から 20 世紀にかけての歴代のラナの肖像画や国内外の要人の

写真、ネパール南部のジャングルでラナ達が仕留めたサイやトラ等の動物の写真や剥製が飾られ、さながらラナ全盛期を展示する歴史博物館の様相を呈している（写真 5-7、写真 5-8）。分厚い壁に大きな窓、赤い絨毯が敷かれた螺旋階段、天使がついている電灯笠など、内装は西洋の宮殿の趣があるが、廊下に金属製のロッカーが無造作に並べられ、本が収納されている。図 5-1 を見ると、ケシャル・マハルの土地は広大であるが、実際には切り売りされてツーリズム空間への転用が進んでいる。庭も縮小されて荒廃していたが、2000年代に入って再開発され、最近美しいガーデン・カフェに再生された。

写真 5-7　ケシャル・マハル・ライブラリーの内部（2011年）。壁の厚みがラナの邸宅の特徴である。英語の蔵書には戦記や伝記が多い。

写真 5-8　ケシャル・マハル・ライブラリーの内部（2011年）。西洋風の置物やサイの頭蓋骨が展示されている。かつては虎の剥製が置かれていた。

　もう一つの大邸宅は 1889 年に造営されたクリシュナ・バハードゥル・バワン Krishna Bahadur Bawan である。1950 年代半ばにネパール初のホテル、ロイヤル・ホテル[4] Royal Hotel として開業し、著名人を迎えたりもしたが（Peissel 1966：39-51）、現在は選挙管理委員会の建物として利用されている（写真 5-9）。いずれも、19 世紀のカトマンドゥ都市域の北の境界域に位置している。ナラヤンヒティ（旧）王宮を囲むようにラナの大邸宅が造営され、図 5-1 には

写真5-9 クリシュナ・バハードゥル・バワン（1996年）。ネパールで最初の国際スタンダードのホテル、ロイヤル・ホテルの建物として使われた。

示されていないが、更にその周辺に中小のラナの邸宅が点在している。第6章で取り上げるが、ラナの邸宅が集積している地域には、他地域に先駆けて、電話や電線などのインフラストラクチュアが整備されていったという。ナラヤンヒティ（旧）王宮を中心とした大邸宅が集中する地域は、かつてラナの人々がゆったりと快適に暮らせる空間であったことが想像される。

3. タメルの系譜

　グローバルなツーリズムにタメルが包摂されるより以前、タメルと言う地名にはツーリズム空間とは別の意味があった。その頃のタメルは、どのような様子だったのであろうか。内田（1987）が指摘するように、「地名には少なくともそれがつけられた当時の人々の場所イメージをある程度表現している可能性があり、地名の語源や由来やその分布を探ることによって、過去の場所の様子や人々の場所に対する関係を知る手がかりとなる」とすれば、タメルの地名を検討する作業から、その場所とそこに関わる人々の系譜を明らかにすることが可能であろう。現在のツーリズム空間タメルの表層の下にある、かつての場所の様子や、そこに住む人々との関係を、地名から辿ってみよう。

3.1　ネワールと仏教寺院

　現在、ツーリズム空間を意味する地名としてのタメルは、ネワール語でターネ・マハ・ビハル thane mahā bihār が繋がって短縮化されたものである。ターネ・

マハ・ビハルとは、「(都市の)上方の大きな寺院」を意味する（Shrestha 1987：50）。このマハ・ビハル（大きな寺院）は、ネワール語でタン・バヒ than bahi（上方の大きな寺院）として知られ、敬意を表してヴィクラマシーラ・マハビハーラ Vikramaśila Mahāvihāra（ヴィクラマシーラ大僧院）と呼ばれる（Locke 1985：404-13）。

写真 5-10　バグワン・バハル（1996 年）。地元のネワールの人々が、朝晩灯明を捧げに来る。ツーリストが来ることは殆どない。

「上方」とはこの場合、ネワールの集住地域であるアサンから見て北を指すので、「都市の北側にある大きな寺院」となる。図 5-2 のアサンを中心に広がる人口集中地域の少し北側に、小さな集住地域が見られる。ここに大きな寺院、バグワン・バハル[5] bhagwan bahāl と呼ばれる仏教寺院がある（写真 5-10、写真 5-11）（図5-3）。バグワン・バハルとは、大乗仏教・密教の学識豊かなアティーシャ（ディーパンカラ）というベンガルのヴィクラマシーラ大寺院の学頭であった高僧が、チベットへ向かう途上、西暦 1041 年から 1042 年（ヴィクラム暦[6] 1098 年）にかけて、カトマンドゥに 1 年間滞在した間に建てたとされる。この寺院の周辺に、

写真 5-11　バグワン・バハル（1996 年）。中の寺院には魔除に鍋等が付けられていた。

図 5-3　研究対象地域タメル
1996-1997 年現地調査より作成

古くからのネワールの仏教寺院をとりまく居住空間が広がり、現在に至っている。ツーリズム空間以前のタメルとは、語源的にはこの大きな寺院を中心としたネワールの宗教空間、居住空間を指示していたと考えられる。

　20世紀半ば以降にカトマンドゥにチベット難民が多く流入したこともあり、チベット仏教寺院が次々と建てられてツーリストで賑わうようになったのと対照的に、バグワン・バハルは歴史的に由緒ある寺院であるにもかかわらず、ひっそりとしている。寺の前では、ばら売りのタバコや飴、ビスケット等が売られ、地元の参拝者が休めるように、バグワン・バハルの向かいに休憩できる場所があった。タメルの語源となり、タメルの範囲内に位置するこの寺院を訪れる外国人ツーリストはあまりいない。

　さて、バグワン・バハルについて、次のような伝説がある。

「昔々、神力を備え、人々から尊敬されるバグワン・バルという人がいた。彼はしばしばチベットへ赴き、宗教的知見を広げると同時に、交易を行っていた。

いつものように彼が仲間とチベットに行った時のこと、彼は奇妙な夢を見た。その時、あたりに魔物の気配を感じ、同行していた商人仲間と帰りを急いだ。しばらく行くと白馬に出会い、後ろを絶対に振り返らぬようにと忠告された。

彼らが川にさしかかると、そこに美しい女性達がいた。川を渡りかけると、『私達を置いていかないで』と懇願された。彼女達の慕わしげな声につられて振り返ると、そこにいたのは美しい女性ではなく、驚くべき醜い魔物であった。

襲いかかってきた魔物達に、バグワン・バル以外は喰い殺されてしまった。彼はタメルの農家に逃げ込んだが、すぐに魔物達に見つかってしまう。バグワン・バルは、魔物達に勇敢に立向かい、特別な剣で次々と倒していった。生き残った魔物達は、バグワン・バルに慈悲を乞い、タメルの人々に危害を加えないことを約束させられた。

このバグワン・バルの勝利を称えて、建てられたのがバグワン・バハルである。」[7]

タメルという地名の語源やタメルにまつわる伝説から、その場所が仏教やチベットと関係が深かったことが窺える。タメルに寺院を建てた実在の高僧アティーシャ（ディーパンカラ）が、伝説のバグワン・バルと重なる。そして、当時のタメルが、魑魅魍魎が跋扈するような都市域の周縁、つまり境界領域にあったことが想像される。跳梁する魔物から人々を庇護する寺院、それが伝説に託されたバグワン・バハルの存在意義だったのであろう。

現在タメルと呼ばれる範囲には、他にもネワール語が語源となっている地名がある。図5-3を見てみよう。タメルの南、ジャタはネワール語で「仕事をする場所」を意味する（Shrestha 1987）。今はホテルが建ち並んでいるが、かつては金銀細工や陶器を作る作業をする人々の姿が見られる作業場がいくつか見られたという。ホテルの並びに数軒ある金銀細工や赤い素焼を扱う店が、仕事

場としてのジャタの名残を留めている。

　ジャタを西に行くとタヒティに出る。タン than（上方）とヒティ hiti（水場）が繋がり、タヒティになった。直訳的な意味は、「上方（アサンから見て北）にある水場」を意味する（Shrestha 1987）。タヒティの広場の中央には、ストゥーパ stūpa（仏塔）が築かれ、その下を水が流れているという。

　図 5-3 に記したネワール語が語源になっている地名、バグワン・バハル（タン・バヒ）、ジャタ、タヒティの周辺には、今も赤色系のネワールの古い家並みがあり、集住地区ごとに集会所としての機能を果たす寺院、バハル（バヒ）がある。図 5-2 と対照させてみると、バグワン・バハルは最も人口が集中していた地域から離れた小さな集住地域、居住空間となっているが、ジャタもタヒティも、アサンを中心とした人口集中地域の周縁部に位置する[8]。仕事場と水場という意味から、都市域においてそれぞれの役割があったことが窺える。また、タメルの昔を知る人は、現在の大勢の人が往来するタメルの賑わいと対比させて、ネワールの農業を生業とするジャート、ジャプ jyapu がタメルに住んでいて、畑で働き、稲藁や野菜を背負って歩いていたと語る。ネワールの居住空間の周縁には畑が広がり、あるいは林が鬱蒼としていて人気もなく、ブートが出たり火の玉が飛んでいるような場所と認識していたと考えられる。バグワン・バルの魔物退治の伝説に出て来るように、そこは魑魅魍魎が跋扈するような、そしてバグワン（神仏）が人々を守ってくれるような境界領域として、認識されていたのだろう。

3.2　ラナと邸宅

　前節で述べたが、タメルにはラナの大邸宅、ケシャル・マハルとクリシュナ・バハードゥル・バワンがあり、20 世紀半ば以降に政府に接収され、現在はそれぞれ教育省と選挙管理委員会の建物として利用されている（図 5-3）。これらに比べればはるかに小さいが、タメルには中小規模のラナの邸宅が複数分布していた。20 世紀末、タメルに住むラナは 6 〜 7 世帯にすぎなくなっていたが、20 世紀半ばには 30 〜 40 世帯が住んでいたという（1997 年聴き取り調査）。

　ラナの邸宅が造営されたのは、先述したように 19 世紀半ばから 20 世紀半ば

にかけて、ネパールが「鎖国」していた時代であった。その当時のヨーロッパのモダンなデザインで邸宅や庭は造られており（写真 5-4 〜写真 5-9、写真 6-1、写真 6-8、写真 6-11）、ラナの居住空間やそこでの生活は、一般の人々にとっては遠く離れた別世界であったことが想像される。20 世紀半ば以降、これらが当時の政治的権力や富の象徴となり、憧憬を抱かれる対象となっていったと考えられる。

　図 5-3 の現在のタメルの西側に、ラナの中小の邸宅が集中している。20 世紀末は威風堂々とした、かつては白かったであろうナルシン・ゲートがあり、そのゲートをくぐると空き地があり、正面にトゥロ・ダルバール thūlo darbār（大邸宅）と呼ばれるラナの邸宅がある。その後、ゲートは取り壊され、人々が行き来するトンネル状の入口になり、空き地は建物で埋められていった。この一帯は、ここに住んでいたナルシン・ラナに因んで、ナルシン・キャンプと呼ばれるようになった。図 5-3 からはラナの邸宅が密集しているように見えるが、個々の邸宅は独立しており、それぞれが高木の茂る広々とした庭を擁していることから、隙間なく隣接した家屋が沿道に続くネワールの集住地域に比べて、ゆったりとした居住空間であったことが想像される。

　これらの邸宅には、1903 年にシンハ・ダルバールが完成した後、その余材で造られたものが少なくない。第 6 章で事例に取り上げるロッジとして利用されているラナの邸宅も、親戚がその建築に関わっていたことから優先的に余材を貰い受けて造られた。1 メートル程の厚みのある壁には、南部低地のジャングルで仕留めた大きな角のついた鹿の剥製の頭部や、刀や槍が飾られている。

　ラナには政府関係の仕事に就く人々が多く、タメルにはラナの邸宅が多かったことから、電気や電話線といったインフラストラクチュアが他地域よりも早く整備されていたという。タメルの南にある JP スクールは、今は公立学校になっているが、その昔、ラナの子供が通う学校であった。少なくないラナの邸宅が集まっていたことから、タメルに教育機関が整備されたことも頷ける。このような近代的な設備が他地域より早く導入されたのは、当時の政治的権力者であったラナの存在があったからに他ならない。こうしてラナの居住空間が整備され、市内の他のラナの居住空間とを結ぶように交通網が開発され、カトマ

ンドゥの都市化が進んだと考えられる。

　20世紀半ばにラナの時代が終わり、新しい時代が始まった。かつての栄華と対照的に、文字通り朽ちていくラナの邸宅も少なくない。先祖から引き継いだ資産や調度を、切り売りしながら生計を立てているラナもいる。切り売りする物の中には、宝石のちりばめられた装飾品も含まれ、欧米に住む親戚を通じて、ネパールの国外の市場に売りに出されるという。やがて切り売りするものがなくなると、邸宅や庭の維持管理がなされないまま、荒廃していく。崩れた屋根から鳩が出入りし、壁は黒ずみ、塗料がはがれて中のレンガがむき出しになっていたりする。手入れされずに草木の勢いが増した庭は、鬱蒼とした林のようになっていく。これらが、人々の語りに出てくるブートが現れる林や竹藪となっていたことは想像に難くない。また、筆者が1990年代に調査をしていた時でも、タメルにある崩れかけたラナの邸宅に、夜な夜なラナのブートが出るらしいといった噂が、まことしやかに語られるのを幾度も耳にした。

　タメルの中小の邸宅に住んでいたラナの中には、新しい時代についていけずに、困窮していく人々もいた。ラナが転出、あるいは貸し出した邸宅に、タメルに隣接する集住地域に住むネワールが入ってきた。アサンから広がるネワールの集住地域は、先述したように現在のタメルの南部、ジャタやタヒティで隣接している（図5-2、図5-3）。先述のロッジの経営者が、かつては遠くからでもラナの白い建物が見えたと語っていたが、ネワールの集住地域の向こうに、白亜の邸宅やその象徴の高木が見えていても不思議ではない。そのような折、地価の上昇に反応して、または建物の維持ができなくなり、邸宅を手放すラナが出てきたのである。

　ネパールが「鎖国」をしていた19世紀から20世紀半ばにかけて、積極的に西洋の文化を取り入れてきた権力者ラナが創った居住空間に、20世紀半ば以降の「近代化」の過程で、ネワールをはじめとした様々な人々が入ってくるようになった。特に地価の上昇した1980年代以降は、その傾向が顕著になった。ラナの栄華を象徴する邸宅は、最初は家族と住む家として買われていったが、その邸宅を所有する人にとって、ラナの栄華は自らの富に読みかえられていく。次章で詳述するが、やがて、ラナの居住空間にツーリストが来るようになると、

ラナの邸宅はツーリスト用の空間として供され、富を生み出す空間となっていく。造営当時は、時代の最先端をいくモダンな建築であった邸宅が、現在は過去の栄華を象徴する歴史的な記号として、同時にグローバル文化にも馴染むような、豪奢な雰囲気のあるホテルやレストランとして再生された。そこは今、消費文化を楽しむ国内外の人々に開かれている。

4. 拡大するタメル

4.1 拡大するタメル

　「タメルは、カトマンドゥ・ゲストハウスから始まった」。タメルを知る人々にその歴史を尋ねれば、こう返ってくるだろう。カトマンドゥ・ゲストハウスとは、第6章で詳述するが、1968年に開業し、現在タメルにあるホテルの中で最も古いホテルである。タメルの発展と共に規模を拡大し、今では120室を擁すタメルで最大規模のホテルに成長し、タメルの象徴のように語られる。そして、カトマンドゥで最も知られているホテルの一つでもある。
　カトマンドゥ・ゲストハウスは、タメルの語源となったネワールの仏教寺院、バグワン・バハルではなく、中小のラナの邸宅が集中している一郭に位置する。ツーリズム空間タメルの始まりであるカトマンドゥ・ゲストハウスは、文字通りラナの居住空間、ラナの邸宅から始められた。ではなぜ、バグワン・バハル周辺のネワールの宗教空間であり居住空間を示す地名タメルが、ラナの居住空間をも含む地域を指示するようになったのだろうか。タメルのラナの居住空間は、今でこそカトマンドゥ・ゲストハウスの周辺をはじめとして建物が密集しているが、その当時は人気(ひとけ)がなく、ブートが出るような場所であったという。このような他にランドマークがない場所であったため、バグワン・バハルがランドマークとして使われたことは想像に難くない。つまり、タメルにあるラナの邸宅を買い始めたネワールにとって、バグワン・バハルを中心とした宗教空間であり、居住空間を意味する地名タメルは、ターネ・マハ・ビハル、すなわちネワールの集住地域の「北の方」にある大寺院という意味で、当時畑や林が広がり、他にランドマークがなかった周辺地域も併せて指示していたと考えら

れる。

　1968年から始まったツーリズム空間タメルは、1980年代頃までカトマンドゥ・ゲストハウスの周辺数十メートルの通りを意味し（図5-3にタメルと示した沿道）、そこにホテルやレストランが集中していたという。1980年代頃にはジャタにも複数のホテルがあった。しかし、それらの古びた看板にはジャタ・カンティパトと記されており、開業当時は星付ホテルが数軒沿道にあったカンティパトの方が、ツーリストにとってタメルよりも有名であったことが窺える。第6章で詳述するが、1980年代頃からタメルにホテルが急増し、領域的にもホテル等が建てられる範囲が広がっていき、それに伴いタメルという地名で指示される範囲が拡大していった。ツーリスト向けのホテルやレストランを開業する際に、地元の住民がタメルだと認識していなかった場所であっても、ツーリストに保証するかのように「タメル」を名乗るようになった。

　ホテルやレストランが軒を連ねる道を外れて、路地に入ると、今もネワールの人々の居住空間が広がっている。ツーリズム空間は、古くからある居住空間にも、道路沿いにスプロール化して拡大している。この過程で、古い建物が取り壊され、新しい道ができ、その両側に新しい建物が並ぶようになった。先述したバグワン・バハルの周辺は、1990年代は比較的静かなネワールの居住空間であったが、その周辺にも新しい建物が次々と建てられていった。また、上下水道を埋設したり、電柱を設置したり、建物を建設したりするために、頻繁に道路を掘り返す。そのために、例えば、バグワン・バハルの向かいにあった、参拝者が休憩していた建物は、繰り返される工事の度に少しずつ崩れ、最後には倒壊してなくなった（写真5-12）。ネワールの居住空間に毛細血管のように張りめぐらされた路地には、地元の人々向けの野菜等の食品や、雑貨を売る店が並ぶが、その中にツーリスト向けの金細工屋や、タメルで働く人々が食事をする大衆食堂や飲み屋、小腹を満たしに入るモモ[9] momo屋が店を構えていたりする。また、主たる通りに面した建物には、早くからツーリスト向けの土産物屋やレストランが開業し、少しずつ新しい建物に生まれ変わりつつある。

　ラナの居住空間は、モダンで豪奢な雰囲気をまとった建物に再生されるようになった。ブートが現れるといわれた荒れ放題だった庭も、美しい庭園に再

生された。先述したように、ラナの多くの人々はタメルから転出し、荒廃した邸宅や庭が、他の人の手によってツーリズムに転用されていくことになった。何かがあった場所は取り壊されるか再生されるかして、何もなかった空き地は開発され、ホテルやレストラン、土産物屋等が次々

写真 5-12　バグワン・バハルの休憩所（1996 年）。度重なる工事で少しずつ崩れ、倒壊した。

と開業していった。ツーリズムは、ネワールの居住空間、ラナの居住空間を侵食し、景観を変容させていくことになった。

　こうして、カトマンドゥ・ゲストハウスを中心に、もともとあった地名に、タメルを付して、ツーリズム空間タメルができあがった。新しいホテルの看板にはジャタ・タメル、タヒティ・タメル、チェトラパティ・タメルと記されるようになり、ツーリズム空間タメルが指示する範囲は、外延的に拡大し続けている。現在、タメルをタメルたらしめている存在であるツーリストが、タメルのランドマークといって真っ先に思い浮かべるのは、バグワン・バハルではなく、カトマンドゥ・ゲストハウスとなった。

4. 2　ブートからツーリストへ

　タメルは、ツーリストにとっては美味しい食事を楽しめるレストランがある安宿街として知られ、地元の「企業家」にとってはビジネス機会がある場所として考えられ、また地元の人々には最も悪名高い場所の一つとなった（Liechty 1996：114-27）。

　ツーリストは、タメルと聞くと手頃な価格で宿泊でき、レストランであれば安心して食事ができる、すなわち英語が通じ、自分達に馴染のある料理、あるいはネパール料理でも香辛料が減らされ、美しく盛りつけられた料理が提供さ

れることを期待する。ツーリストにとって、タメルは、自国を遠く離れたつもりでいても、自国の物質文化を期待してしまう場所である。その結果、マサラ味のキッシュのような多少の変形があるにしても、アップルパイやピザ、国際電話やファクス、インターネット・サービスなど、自らの日常生活の一部である文化を享受できる場所となる。同時に、土産物屋の店頭や路上で、どこにでもありそうな「異国風」の品々に邂逅できる場所でもある。このような「異国風」の品々は、今日ではツーリストの日常にも溢れており、タメルは世界のどこかで通り過ぎたことがあるような、ある意味で馴染のある空間として認識され得る。第2章で述べたように、ツーリズム空間には、ツーリストの欲望が映し出される。ツーリストのまなざしは必ずしもそこにある現実を見るとは限らず、ツーリズム空間に散りばめられた差異の記号に目をとめる。イメージと現実とが乖離していたとしても、冒頭で挙げた看板に書かれたシャングリラやニルヴァーナ、パラダイスと言った楽園イメージを想起させる記号が目に入れば、ネパールにいることを感じることができ、そこでイーグルスを聞いて、コーラを飲んで、ピザを食べることに違和感を抱かない。

　このようなツーリストの欲望と実践が、地元の「企業家」にビジネス機会をもたらすことになった。タメルの主要な沿道は、ほぼツーリスト向けのサービスで埋め尽くされている。この範囲は年々拡大している。タメルの路上にも、何らかのビジネス機会を獲得しようと人が大勢集まり、虎視眈々とツーリストを観察している。奇妙な形をした派手な色の帽子が流行れば、あちこちに同じような帽子屋が出現する。夜の娯楽を担うダンス・レストランや、お洒落なカフェが続々と店を構えるようになった。Wi-Fiが使えるという表示も、そこここに見かけられるようになった。タメルから遠く離れた場所でも看板にタメルと記しているホテルを見かけることがある。「企業家」は、「タメル」という記号に、ツーリストが（料金的に）安心して利用できることを保証するメッセージを込めようとしている。タメルはこのような「企業家」の才覚が生かされる空間でもある。他方で、安宿街というイメージを避けるために、タメルの範囲にあっても、安宿街と高い壁で仕切って住所にタメルを示さない高級ホテルもある。これも「企業家」の才覚に他ならない。

このようなツーリズム空間は、大勢の人々が行き交う流動的で匿名性の高い場所になっている。そのため、様々な社会文化的背景を持った人々が流入してくる。例えば、1989年のカシミール紛争の激化のあおりを受けてネパールに流入してきたカシミール人が、故地での商売の経験やネットワークを生かして、タメルをはじめネパールのツーリズム空間で土産物屋を展開している[10]。カシミール独特の洗練された繊細な刺繍や絨毯、ペーパーマッシュは土産物として人気が高く、高級ホテルに必ずといっていいほど出店している。チベット難民の授産事業で始まったカーペット産業も、チベットの土産物として、チベットの骨董品（カトマンドゥで作られていることも多い）や、タンカ thāṅka（仏画）とあわせて人気が高い。カシミール人もチベット人も、ネパール国外から来た人々であるが、タメルにいくつも店舗を構えている。インド人の宝石商も少なくない。

　ツーリストに限らず、このような国内外の様々な地域から人々が訪れ、活動を展開するタメルは、タメルと関係のない生活をしている地元の人々にとっては、わけもなく恐ろしい空間として感じられても不思議ではない。先述したように、縁談に支障を来すような噂を流されないよう、タメルに足を踏み入れない人もいる。確かに、ツーリズム空間では珍しくない「いかがわしい」店が賑わう夜の街の顔もあるタメルでは、売春や麻薬、詐欺、窃盗、殺人事件が起きることもある。1990年代末に、治安や風紀を維持するために、TTDCや観光省は警察官を増員したため、ここはカトマンドゥにおいて警察人口の最も高い地域となり、安全性を謳っている。また、TTDCは2010年に監視カメラを主要な交差点に設置し、路上を監視するようになった。犯罪や風紀の乱れは事実としてあるからこのような対策が取られるのだが、この類の問題はタメルに限られたことではない。タメルにある職場に通勤する人にとって、夜間帰宅する際、チョール cor（追剥ぎ）に遭う最も危険な場所は、人気がなく暗闇の広がるタメルの外だと語る。

　他方で、先述したような新中間層の人々が、タメルに消費文化を楽しみに来るようになっている。色々な国の「エスニック料理」が楽しめ、夜は遅くまで賑わい、本物のブランド商品が売られているタメルに、経済的に豊かになった

人々が、友達と連れ立って遊びに来るようになった。お洒落なカフェで話に興じ、バーやパブでビールや洋酒を嗜む。また、ジェネレーターを備えたカフェでは、パソコンを持ち込んで仕事をするネパール人の姿をよく見かける。停電が常態化し、一般家庭に電気が通じないことがその背景にあるが、カフェの電源を利用すればパソコンを使える。ツーリストが旅先でもインターネットを通じて世界各地にメッセージを送らずにはおれないような、パソコンを日常的に利用する文化は、今のカトマンドゥの人々にとっても――全ての人にとってではないにしても――欠かせない文化となっている。

　ネパールにツーリズムが導入された1951年の公式開国以来、カトマンドゥは国際貿易やマスメディア、情報、マス・ツーリズム、国際援助、急増する労働市場や商品市場の新しい世界へと組み込まれていくことになり、グローバルな消費を楽しむモダニティを取り込む窓口となった（Liechty 2006：4）。カトマンドゥにおいて、このような窓口としての機能がもっとも集中して見られる場所、具体的には国境を越えて人々が行き交い滞在し、それに伴って資本や情報、モノが直接的集中的に動き、それが誘因となって人々を惹きつけ、新たな消費文化が生み出されている場所が、ツーリズム空間タメルなのである。

　タメルの入口、ケシャル・マハルとクリシュナ・バハードゥル・バワンに挟まれたトリデビ・マルグに、1980年代半ばに銀行や役所、レストランの入った複合ビル、サンチャイ・コース sañcay kosh（年金基金事務所）ビルが建てられた。かつては窪地で樹々が鬱蒼と茂り、夕方になるとブートが出たといわれるその場所は、今では夜中までダンス・レストランに出入りする人々の往来で賑わう。夕方になると火の玉が浮遊していた畑や空地には道が通り、夜には沿道を埋めるホテルの灯りがあたりを照らしている。かつて魑魅魍魎が跋扈していた場所に、今はツーリストが闊歩している。かつてはネワールやラナの居住空間であったタメルは、グローバルなツーリズムに包摂されて、停電しても明るく、人の往来が絶えない繁華街の中心部となり、ブートが出るような暗闇からは遠く離れた場所となった。

[注]
1) Thamel Tourism Development Committee。内容については第6章で詳しく述べる。
2) ラナの専制政治が終焉すると、シンハ・ダルバールは政府に没収され、多くの中央省庁に利用されるようになった。1973年に焼失して再建され、以前より小さくなった。現在、庭園の一部は現代の需要に合わせて駐車場となっている。
3) イギリス人公使がカトマンドゥに滞在することは許可されていたが、インドやチベット等の隣接国・地域を除くと、イギリス人以外の外国人は公的な入国が禁じられていた。
4) ロイヤル・ホテルの発展を描いたPeisselの小説には、1950年代のカトマンドゥやネパールの様子がノスタルジックに描き出されている（Peissel 1966）。1996年に再版されて、現在も必ずといってよいほどタメルの本屋の店頭に並べられている。
5) バグワンとは仏陀あるいは神（ヴィシュヌ神）を意味し、バハルは仏教寺院を意味する。
6) 西暦紀元前57年を起年とし、4月中旬を新年とするネパールの公式暦。
7) タメル・ツーリズム開発委員会が作成した小冊子に掲載されたタメルの歴史を紹介する記事（TTDC 1997）を、筆者が抄訳した。この話は、ネワール仏教との関連で、シンハラ・サルタ・バフの冒険物語として紹介されている話（Lewis 2000：49-88、中村・増谷監修 1982：44-50 等）の一つのバリエーションである。
8) 19世紀中頃、ネワールの居住地の中心地であるアサンには約9,000人が、タヒティには1,300人が居住していたという（Sahit 1991）。
9) 小麦粉を練って丸く延ばした生地に、香辛料で味付けした肉や野菜の具を包んで蒸した食品で、間食に好まれる。酸味と辛みの効いたソースにつけて食べる。ネワールのモモは丸い小籠包型に包む。
10) カシミール人が、ネパールで土産物屋を開くようになった理由として、すでに以前からカトマンドゥの中心部にカシミール商人が進出していたことに加えて、政治的要因が彼らの移動を促していることが挙げられる。また、タメルの匿名性、経済機会の多さも彼らをひきつける要因となっている。そして、これらのカシミール人の流入の増大が、ネパールの民族問題に少なからぬ影響を及ぼしていることが指摘されている（Tiwari 1994、Raj 1994）。

第6章　ツーリズム空間タメルの創出
－「企業家」の誕生と成長－

1. ツーリズムと「企業家」

　20世紀半ば以降、ネパールにツーリズムが展開されるきっかけとなったのはヒマラヤであった。首都カトマンドゥは空の国際玄関であり、国内交通の結節点としての機能が集中し、ヒマラヤをはじめ地方に行く拠点となってきた。そのため、ツーリストの増加に伴いカトマンドゥにホテルが集積するようになり、いくつかの特徴的なツーリズム空間が創出されてきた。第4章で検討したように、「開国」と同時に登山に始まったネパールのツーリズムは、やがてヒッピーを惹きつけ、それから登山家でもなくヒッピーでもない、外国人ツーリストを集めるようになった。この1980年代から1990年代にかけて急増した外国人ツーリスト向けのホテルが多く集積しているのがタメルである。1960年代は、魑魅魍魎が跋扈すると言われる程、人気のなかったタメルが、今では外国人が闊歩するツーリズム空間になっている。本章では、ツーリズム空間を形成する行為主体として「企業家」[1]の中でもツーリズム空間の建造環境に欠かせないホテル産業に関わる人々に注目して、タメルの創出過程を考察する[2]。その背景として、まず、タメルの特徴を把握するために、カトマンドゥにおけるホテルの集積状況を概観する。

　第2章で検討したように、ツーリズム空間はグローバルなツーリズム空間への包摂過程で創出される。とりわけ第三世界におけるツーリズムの展開は、世界システムの中核－周辺連関における周辺化の過程であり、従属関係を構築し強化するきっかけとなる。これらの議論を踏まえた上で、本章では、タメルがツーリズム空間として再編される過程を、グローバルな資本主義が一方的にローカルな地域を包摂していく過程としてではなく、それに適応しようとする

ローカルな「企業家」の活動に注目し、両者の間で生じる相互作用の過程であると同時にその結果であるとして検討する。但し、ここで注目するツーリズム空間タメルは、第 2 章で検討したような第三世界における他の典型的な豪華リゾートのような楽園〇〇とは景観も機能も異なる。大きな相違点は、リゾートのようにそれ自体への宿泊目的でツーリストが訪れるのではなく、便宜的な滞在場所として機能していること、1990 年代までごく稀にインド人によってホテルが経営されることがあっても巨大な外国資本が入ることがなく、ほとんどのホテルがネパールの人々によって開業されてきたことである。ツーリストが増加するにつれて、ネパールの人々がそこに自ら経済機会を見出し、「企業家」となり、成長していく過程を、本章では具体的に見ていく。この作業は、同時にネパール社会の「近代化」や産業化について理解を深めることにもなる。

　具体的な事例を取り上げる前に、ツーリズムと企業家について検討しておこう。第 2 章で紹介した地理学者の Christaler（1963）は、ヨーロッパの事例から大都市からの裕福なツーリストの流れが外貨をもたらし、雇用機会を創出するため、ツーリズムは周辺地域において経済開発手段となり得ると主張した。しかし、ツーリズム研究が蓄積されるにつれ、多くの地理学者は第三世界におけるツーリズム開発は、経済的にはもとより、政治的にも文化的にも非対称的な関係を維持・強化してしまうことを批判的に指摘するようになった。そのため、第三世界におけるツーリズム研究では、従属論が広く援用されてきた（Weaver 1998：292）。このような従属論の観点からのツーリズム開発への批判に対し、南太平洋の島々を事例にツーリズムに関する経済的ダイナミズムを分析した Britton は次のように反論した。すなわち、逆説的であるが、第三世界では旧宗主国との関係がなければ、空路による移動手段や国際スタンダードの宿泊施設、ツアー・パッケージとともに外国資本を惹きつけることが困難であることから、非対称的な関係がない場合は却って不利になるという（Britton 1982：347-54）。しかしながら、ツーリズムの展開において旧宗主国との関係が直接再編されれば、第三世界の多くの人々は賃労働や雑貨小売り、手工芸品の生産、リキシャの運転、安宿の経営のように特別な技術を必要としない小規模な企業家 artisan entrepreneur としてのみ、ツーリズムに参入することになる

とも指摘している（Britton 1982：355）。

　Britton（1982）の指摘に従えば、ネパールは公的には植民地化の歴史を持たないことから、ツーリズムが成功する地盤がないことになる。但し、インドから政治経済的な支配を受け、実質上の植民地支配に近い状態にあるという指摘（Blaikie, Cameron & Seddon 1983［1980］）は看過できない。第4章で述べたが、現在も両国間の国境は開放国境であり、往来が自由であるだけでなくインドからの資本進出も盛んに行われ、インド人ツーリストを迎えるインド資本によるホテル整備等が進められてきた。ネパールの経済は、ネパールの政治的経済的エリートとの関係だけでなく、このような強大なインドの存在、及びネパールの産業部門におけるインド企業家の役割によって特徴づけられている（Zivetz 1992：50）。また、1990年代後半以降になると、インドの他に外国の大資本によるホテルなどが開業するようになり、その状況は変わりつつある。

　いずれにしても第三世界の人々は、旧宗主国による植民地化の歴史の有無にかかわらず、大資本の周辺か、あるいは大資本を欠いた状態で、「企業家」としてツーリズムに関わることになるといえる。このような第三世界の特徴ともいえる「企業家」について、その技術の向上や組織の形成過程に関する研究はほとんど行われてこなかったし、なぜ地元の人々がツーリズムの展開過程で零細なビジネスを興そうとするのか、その動機についても充分に研究されてきていない（Ioannides 1995:57）。また、グローバルなダイナミズムに支配されるローカルな地域において展開してきた小規模な「企業家」の活動は、そこにも独自のダイナミズムが存在するにもかかわらず、受動的な役割を担わされているかのように了解され、注意が払われてこなかった（Shaw & William 1994：130）。なぜならば、このような「企業家」による経済活動は、国家において不安定さを生み出す負の要因と見なされることはあっても、活動自体が不安定で小規模であるために、数値として把握したり理論化したりすることが非常に困難だからである。しかし、これらのいわゆるインフォーマル・セクターに分類されるような小規模な「企業家」の活動が、ツーリズム空間を創出するのに不可欠な役割を果たすことがあることを、本章は具体的に記述する。

　「企業家」の活動を理解するには、経済分野以外にも目を向ける必要がある。

Hitchcock はジャワとバリの事例から、「企業家」の特徴や組織的行為、市場の役割に関心が向けられてきたが、その文化的文脈はあまり注目されてこなかったことを指摘した（Hitchcock 2000 : 205-06）。同様にインドネシアの事例から、小規模な「企業家」が利益目的だけで動くのではなく、特定の社会集団の一員であることに縛られ、そのための名誉欲や規制によっても、彼／彼女らの行為は影響を受けるという指摘は（Dahles 1999 : 13）、ネパールの事例を考える上でも重要である。「企業家」にとって、このような「非経済的」な価値観が、企業的活動として何をいかに行うのか決断するのに重要な要因となっているからである（Ateljevic & Doorne 2003 : 126）。

　ツーリズムをめぐる資本主義的活動を展開する「企業家」は、外国人ツーリストとの直接的なやりとりを通じて自らの行為を決定し、実践することになる。しかしながら、その行為はあくまでもローカルに根ざしたものであり、同時に資本主義をその場に根付かせ、ローカルな文化を再定義するものである。このような「企業家」の行為はツーリストの需要に応じようとしながらも、ブルデューの言葉を借りると、ハビトゥスに方向づけられてもいる。つまり、「非西欧の文化的伝統で育った経済的行為者は、資本主義システムへの適応を余儀なくされているというよりも、自ら創意工夫することによってしか、貨幣経済にうまく適応できない」（ブルデュー 1998［1993］: 13）のである。非西欧的な「文化的伝統」を保持する行為者が、ツーリズムという新しい経済的文化的現象を経験する時、行為者は自らにあうようにツーリズムを解釈し、そのもたらす貨幣経済に適応することを通じて、自らの文化を再定義していくことになる。

　このことは、ネパールにおける「企業家」集団の発展からネパールの近代化を分析した Zivetz（1992）が、近代化は、技術、市場、生産の革新の過程であると同時に、それを担う人々の文化的再定義の過程でもあるといった指摘に通じる。この観点から、彼女は 7 つのジャート[3] を事例に、企業を成功させてきた集団の社会文化的背景として、集団としてのアイデンティティを強くもちつつ外部世界と接触してきたこと、集団内に頼母子講のような金融組織を持っていること、女性が比較的自由に社会的経済的活動を行ってきたこと、の 3 点を指摘した。そして、「企業家」が誕生するには、その集団に革新者が現れる

だけの社会文化的余地が必要であることも指摘している。交易等を通じて複数の地域と接触してきた人々は、独自の文化を生かして既製服産業やカーペット産業、ツーリズム産業等の新興産業に参入し、近代的産業分野の多様化と発展に貢献してきた。このような産業化の結果、20世紀後半までネパールの経済的資源や政治を支配してきた高位カーストであるラナ[4]やバウン[5]、チェトリ[6]による一枚岩的な権力構造に揺らぎが生じてきた（Zivetz 1992：228）。第3章で述べたように、ネパールではヒンドゥー的カースト社会において高位カーストが経済や政治を支配してきたが、産業化の過程で既存のヒンドゥー的カースト社会に変化が起きている。ツーリズムにおいてもこれから見ていくようにこのような変化が観察される。

2. ネパールにおけるホテル産業

2．1．ホテル産業の発展

ネパールでは産業統計等の資料があまり整備されておらず、資料の不足や数値の齟齬が見受けられるので、統計資料のみに依拠して何らかの結論を導くことは控え、ホテル[7]産業の大まかな傾向を示すにとどめる。

まず、「企業家」がホテル産業に関心を向けるようになった時期を見てみよう。表6-1は産業省 Department of Industry に登録されたカトマンドゥにおけるホテル数の推移と、登録した「企業家」の固定資産額の概要を示したものである[8]。登録数に示した記号は、それぞれ1ホテルを示す。ホテルを登録した「企業家」のうち、20世紀半ばまで専制政治を敷いて既得権益を保持してきたラナや王族を含むタクリ[9]は白（□）で、タクリ以外のジャートは黒（■）で示した。

表6-1から、1960年代にホテル登録をした「企業家」は少なかったことが分かる。第4章で述べたが、1960年代は世界中からエリート登山家が訪れ、ヒッピーが訪れるようになった時代であった。1962年にネパールを訪れたツーリストは6,179人、1966年に12,567人が訪れている[10]。

1970年代にホテル産業への登録数が増加した。第4次5カ年計画（1970～75年）で外貨獲得源としてツーリズムの有効性が認められたのと同時期であ

ることから、開発計画の影響が伺える。また、1973年以降、ホテル業の登録数が急増した背景に、1972年に、ツーリズムの計画的開発の重要性を受けてネパール・ツーリズム・マスター・プランが出されたことが考えられる。その後、1980年代は1970年代ほど登録数が増えず、特に1980年代末は、民主化運動が活発化するなどネパール国内の政情不安を受けて、ホテル登録数は減少する。この傾向が一変するのが、民主化後である。

1990年の民主化と同時に経済の自由化が図られると、民間資本の導入だけでなく外国資本の導入も推進され、1980年代までと比べて大きな資産を有した「企業家」が参入するようになった。この変化の要因の一つは、1992年以降に次々と制定された企業関連法である。主なものとして「外国投資と技術移転法」「外国投資窓口一括法」「1千万米ドル以上の投資に関する法」等がある。これらが制定された結果、民間だけでなく外国資本の投資に関する手続きが簡略化された。その結果、基幹産業として期待の大きかったツーリズム産業に対する投資が増大した。

ホテル産業の特徴を考えるために、表6-1に示したホテル登録を行った「企業家」をもう少し詳しくみてみよう。1970年代に参入した「企業家」にタクリが目立つ。その理由として、第5章で述べたが、タクリに属するラナが19世紀後半から西欧風の広大な庭付きの大邸宅を造営してきたことが挙げられる。西欧風の建物でもともと天井が高く、部屋数も多かったため、外国人が滞在するホテルに転用するのに大きな問題はなかった。1950年代半ばにネパールで初めて外国人ツーリストを対象に開業したロイヤル・ホテルもラナの邸宅であった (Peissel 1966 : 39-51)。中には、他のジャートの「企業家」がラナから邸宅を買い取ったり借りたりして、ホテルとして転用することもあった（写真6-1、写真5-5）。もちろん、全てのラナについていえることではないが、1960年代から1970年代にかけてラナ（表6-1ではタクリ）によって登録されたホテルの多くは、現在でも経営されている。この点において、ラナ専制時代から築かれてきた富が、ネパールにおける初期のホテル産業を支えていたと考えられる。1980年代以降、民主化が達成されるまでの政治的混乱期にはラナの参入は表6-1には見られなくなるが、1993年頃から再び見られるようになっ

表 6-1　産業省におけるホテル登録数推移

会計年	ホテル登録件数	固定資産（100万 Rs.）				
		1 未満	1〜9	10〜49	50〜99	100〜
1961/62	■		●			
1962/63	■	●				
1963/64						
1964/65	□	●				
1965/66	□		●			
1966/67	■	●				
1967/68	■■□	▽●		◇		
1968/69						
1969/70	■■■■■■■□□	▽	●	◇		
1970/71	■■■■□□□□	▽	●	◇		
1971/72	■■■□□□□□	▽	●	◇		
1972/73	■■■■□	▽	●	◇		
1973/74	■■■■■■■■■■■□□	▽	●	◇		
1974/75	■■■■■■■■■■■■■■■■□□□□	▽	●	◇		
1975/76	■■■■■■□□	▽	●	◇		
1976/77	■■■■■■■■□□□	▽		●		◇
1977/78	■■■■■■■	▽	●◇			
1978/79	■■■■■■■	▽●	◇			
1979/80	■■■□□	▽	●◇			
1980/81	■■■■■□	▽		●		◇
1981/82	■■■■■■□	▽		●		◇
1982/83	■■■■	▽	●	◇		
1983/84	■■■■	▽	●◇			
1984/85	■■■■	▽	●◇			
1985/86	■■■■	▽●	◇			
1986/87	■■■	▽	●◇			
1987/88	■■■		▽●◇			
1988/89	■		●			
1989/90	■		●			
1990/91	■■■■■■	▽		●		◇
1991/92	■■■■■■■■■■	▽	●	◇		
1992/93	■■■■■■■■■■■	▽		●		◇
1993/94	■■■■■■■■■■■■■■■□□			▽	●	◇
1994/95	■■■■■■■■■■■■■■■■□□□			▽	●	◇

凡例：□タクリ　■前記以外のジャート
　　　固定資産額　▽最小値　●平均値　◇最高値

注：1993/94 年、及び 1994/95 年の固定資産額についてデータの不足があり、それぞれ 7 件、13 件のデータを参照した。
Report of all industries registered in Department of Industry in 1996 (unpublished report) by Nepal Industrial Data System (NIDS) より作成

写真6-1　ラナから買い取られて1964年に開業したホテル・シャンカル（2009年）。もとは天井の高い2階建ての邸宅であったが、1階部分をそれぞれ2階に分け、4階建てに改築してホテルとして利用している。そのため内部は段差が多く、迷路のようになっている。

次に、ホテル数の推移からホテル産業の発展を概観しよう。図6-1は、ネパールにおけるホテル数の推移をカトマンドゥとその外部とに分けて示したものである[11]。ここに示された数値は公式に産業省に登録されたホテル数に限られる。トレッキング街道沿いの小さなロッジ等には関係機関に届け出ないものも多い為、ホテル数の正確な把握は困難であり、実際にはこの数値よりもはるかに多くのホテルが開業していたと考えられる。図6-1では、1985年から2005年にかけてホテルの総数は大幅に増加しており、特に1985年から1995年の間でおよそ5倍になったことが分かる。しかし、この増加は、新しくホテルが開業しただけではなく、公式に登録したホテルが急増したことも意味している。この背景に、第4章で述べたように、1985年の第7次5カ年計画においてツーリズム産業が基幹産業に位置付けられ、政府がツーリズム関連産業の国内育成に積極的に乗り出し、先述した企業関連法が1992年に整備されたことが挙げられよう。公式に登録していれば、「企業家」が融資を受けたり、第三者に問題解決を求めたりすることが容易になった。その為、新規に開業するだけでなく、未登録ホテルが改めて登録するようになったのである。

ホテル総数は増加しているが、閉業したホテルも少なくない。第4章で述べたように、1996年に開始されたマオイストによる人民戦争に加えて、2001年6月には王宮虐殺事件、12月にはカトマンドゥ発のインディアン航空機ハイジャック事件が起こり、更に2001年9月11日にアメリカで起きた同時多発テロ事件、

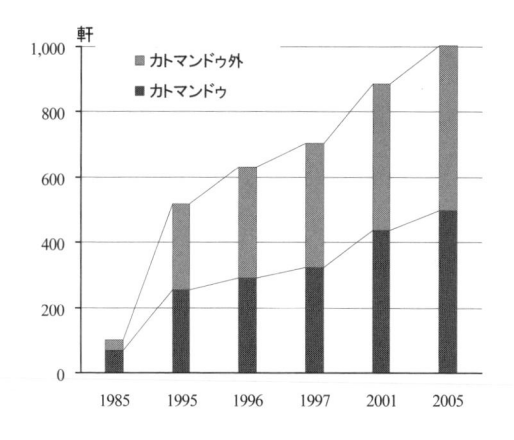

図 6-1　ホテル数推移
Nepal Tourism Statistics 1985、1995、1996、1997、2001、2005 より作成

2002 年から 2003 年にかけては SARS（新型肺炎）の世界的な感染拡大等、ネパール内外の複数の要因が重なって、ツーリスト数が激減した。筆者の経験的観察によると、宿泊客の減少がしばらく続き、カトマンドゥにある 4 つ星クラスのホテル料金が、旅行代理店を通じて 1 泊 40 ドルで売り出される等して[12]、ホテル料金が暴落した。ホテル料金の値下げによって人件費や施設維持費の捻出が困難になり、サービスが悪化して悪循環に陥り、比較的大きな規模のホテルも含め、閉業に追い込まれたホテルも少なくなかった。

　ホテル産業の地理的発展状況を見てみよう。国内外の交通の結節点であるカトマンドゥにツーリストが集中することになり、そのためにツーリズム産業に経済機会を求める「企業家」もカトマンドゥに集中することになった。1970 年代以降政府によって構想されてきた地方分散化計画[13]を受けて、1985 年から 1995 年にかけてカトマンドゥ外でホテルが著しく増加し、カトマンドゥへの一極集中が大幅に緩和された（図 6-1）。また、地方分散化の背景として、晴れた日にカトマンドゥを取り囲む山に少し登って空を仰げば雪を頂いたヒマラヤを眺望できるが、見下ろせば排気ガスが滞留して輪郭がぼやけたヒマラヤ南斜面最大の盆地が目に入り、その薄曇りの中に戻ることを躊躇したくなるよ

表 6-2　等級別ホテル数推移（軒）

	1985		1995		2005	
	カトマンドゥ	カトマンドゥ外	カトマンドゥ	カトマンドゥ外	カトマンドゥ	カトマンドゥ外
5星	4		4		7	1
4星	3		8		7	0
3星	4	1	1	1	13	5
2星	6	2	22	2	30	6
1星	15	6	23	11	29	12
ツーリストスタンダード	2	0	0	0	0	0
その他	35	25	196	252	248	245
登録済み・工事中					165	238
合計	69	34	254	266	499	507

Nepal Tourism Statistics 1985、1995、2005 より作成

うな現実も、併せて考えなければならない。

　しかしながら、2000年代に入ってから再びカトマンドゥにおけるホテル数の割合が増加している。カトマンドゥ外ではその他に分類されるホテルが2005年にかけて減少しているのに対し、カトマンドゥでは増加している（表6-2）。このことは、2002年以降に外国人ツーリストが増加したことに加え、出稼ぎで海外を往復するネパール人が増加したことも無関係ではない（図4-5）。それは、海外に渡航するネパール人が増加するにつれて、カトマンドゥに新たなホテル需要が生じ、外国人ツーリストと棲み分けるかのようにネパール人用のホテル街が創出されたからである。

　カトマンドゥに増加したのは、その他に分類されるホテルだけではない。表6-2によると、2005年の時点でリゾートタイプの5つ星ホテルがカトマンドゥ外にも現れたが、それは1ホテルのみである。これに対し、カトマンドゥでは5つ星と4つ星クラスのホテルは1985年に7ホテル、1995年に12ホテル、2005年に14ホテルというように、少しずつ増加している。ネパールにおけるホテル産業は、地方分散化が進んでいるとはいえ、ほぼ半数がカトマンドゥに集中し、高級ホテルに関しては依然カトマンドゥへの一極集中が見られ、カトマンドゥとそれ以外の地域との間で不均等発展が進んでいる状況にある。

2．2．カトマンドゥにおけるホテルの地理的分布

　前項で 1960 年代から 1990 年代にかけて、ホテル産業における「企業家」の参入動向をネパールの社会変化に関連付けて概観し、ホテルの地理的分布状況をカトマンドゥへの一極集中の観点から検討してきた。地方分散化が進められてきたものの、依然として高級ホテルはカトマンドゥに集中し、またその他に分類されるホテルもカトマンドゥにおいて再び増加している。このような過程で、カトマンドゥではどのようにホテル産業が展開してきたのだろうか。ここでは、3 節以降で記述する具体的事例の背景として、カトマンドゥにおけるホテルの分布状況を概観しつつ、研究対象地域タメルのホテル街としての特徴を他地域と比較しつつ大まかに把握する。

　カトマンドゥにおけるホテルの分布状況を示した図 6-2 は、職業別電話帳ネパール・ビジネス・イエロー・ページ 2000 を参照して作成したものである。産業省などに登録していないホテルでも、他地域よりも通信状況の整っているカトマンドゥであれば電話番号をイエロー・ページに掲載していることが想定されることから、公的資料よりも実態により近い分布状況を示していると考えられる。この図 6-2 から、ホテルが数カ所にまとまって集積していることが分かる。主要なホテル集積地について、ツーリズムの歴史やツーリストの属性を対照させながら、それぞれの特徴をみていこう。

　カトマンドゥのナラヤンヒティ（旧）王宮[14]前に延びる大通り、ダルバール・マルグには高級ホテルが多く集積している。ダルバール・マルグのホテルは平均部屋数が 115 部屋あり[15]、他地域に比べて規模の大きなホテルが集中している。規模が大きいだけでなく、ダルバール・マルグには、カトマンドゥに 4 ホテルある 5 つ星ホテルのうち 2 ホテル、11 ホテルある 4 つ星ホテルのうち 3 ホテルが集積していた（2000 年時点）。そのため、他地域に比べて宿泊料は高い。公表されていた料金設定ではシングルで 120 米ドルであり、300 米ドルの部屋もあった（2000 年時点）。ダルバール・マルグは、高級ホテルに加えて銀行や外国の航空会社が立ち並び、外国人ツーリストにとって必要な施設が集まっている場所でもあった。その上、ナラヤンヒティ（旧）王宮[15]や警察署がある

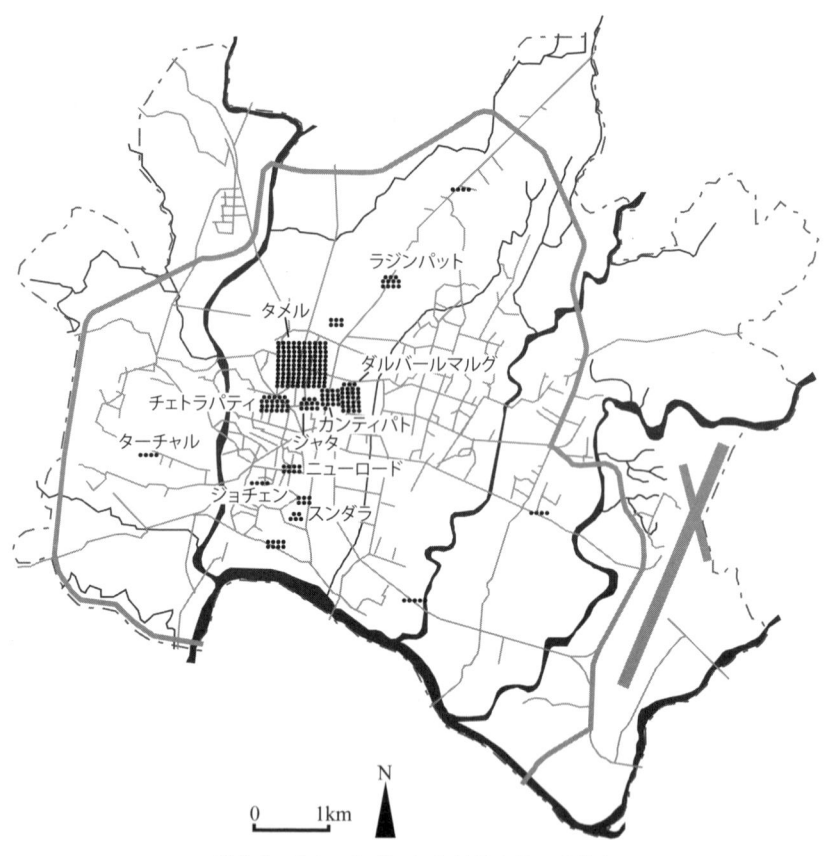

図 6-2　カトマンドゥにおけるホテルの分布
●：ホテル 1 軒
Morimoto（2007b）より作成

のので治安面で不安が少ないことから、ツーリズム空間として好適な条件が揃っていたといえる。

　ダルバール・マルグの西側に平行に走るカンティパトには、1950年代半ばに開業したロイヤル・ホテルがあった。その北東に続くラジンパットは高級住宅街で知られ、そこにも高級ホテルが集まり、ダルバール・マルグに次いで平均部屋数は 74 部屋と多い[16]。ホテルの他に、各国大使館やかつてのラナの

邸宅等立派な建物が立ち並ぶ。これらの通りに集積しているホテルは、ネパールのツーリズムの発展初期に開業したものが多い。これらの高級ホテルは、カジノを楽しむインド人ツーリストを含め、快適で安心できる滞在空間を求める外国人ツーリストが主な宿泊客である。

　他方、カトマンドゥの商業地区であるニューロードに集積しているホテルには、第4章で述べたように買物を楽しむインド人ツーリストが好んで宿泊する。これらのホテルはインド人によって経営されることが多く、ダルバール・マルグに比べれば規模は小さく、平均部屋数は44.5部屋となっている[17]。また、ニューロードにはインド料理屋[18]が集まり、インド人ツーリストが買物する店もインド人による経営が少なくない。

写真6-2　タメルのレストラン街（1998年）。イタリア料理のレストランやベーカリーがある。

　1980年代以降増加したトレッキング目的等で訪れるツーリストが宿泊先を求めるタメルでは、平均部屋数は35部屋と更に規模が小さくなり[19]、タメル内で最も高い料金設定をしていたインド人経営のホテルには公表価格で145米ドルの部屋があったが、タメルの特徴でもある安宿について、筆者が同時期に確認した中で最も低料金であったのは60ルピー（当時約120円、1米ドル）であった（2000年時点）。タメルの魅力は、数百ルピーの安価な部屋だけでなく、クロワッサンを売っているベーカリーや、本格的なパスタやピザの食べられるイタリア料理、フランス料理、タイ料理、中華料理、和食等様々な料理が楽しめる豊富なレストランと、洋楽やネパール民謡の音楽演奏を聞きながら洋酒を楽しめるバーの存在が大きい（写真6-2）。その他に、トレッキングやジャングル・サファリに行く手配をする旅行代理店、近年ではATMに変わりつつあるが換金屋、土産物屋、トレッキングで疲れた体をほぐすマッサージ屋、ツーリスト

が売っていく中古の洋書を扱う本屋、夜のエンターテインメント等、ツーリストに必要なファシリティが、安価なものから高価なものまで多種多様に揃っている（写真 6-3）。

写真 6-3　24 時間開いている ATM（2008 年）。扉の前には警備員がいる。マッサージ、エアカーゴ、旅行代理店、レストラン等色々な店が軒を連ねている。

タメルよりも小規模で安価なホテルが数軒残るジョチェンは、1960 年代から 1970 年代にかけてヒッピーを惹きつけ、別名フリーク・ストリート Freak Street と呼ばれてきた。カトマンドゥ市街地の中心部に位置するネワールの集住地域であるジョチェンは、1960 年代にヒッピーが集まるようになると、住人達は自宅の一部を開放して民宿のような形態でツーリストを泊めていたという。しかし、第 4 章で述べたように麻薬禁止令が出てからヒッピーの足が遠のき、他方でヒッピーを避けるツーリスト向けにタメルにホテルが開業し始めると、ジョチェンの宿の多くは元の住居に戻っていった。民宿の中には、ロッジとして改装して、その後も営業を続けている宿もある（写真 6-4）。サイケデリックな絵が描かれていたという喫茶店の壁から絵が消え、麻薬を売る店はコーラやマルボロを売る店になった。

写真 6-4　ジョチェンのホテル（2011 年）。この 1 階に、1970 年代初頭まで公営の麻薬販売所があったという。

ここまでカトマンドゥにおける外国人ツーリスト向けの主たるホテル街を概観したが、近年ニューロードの南側にあるスンダラにホテルが集積するようになってきた。先述した急増する出稼ぎ者をはじめネパール人を対象としたホテル街であり、2000年前後から急増し始め、約10年の間で200軒近くに達したという[20]。スンダラには中東行きの航空会社の看板を掲げる旅行代理店やヴィザ申請に必要な手配をする代理店、国際電話やファクスサービス、ネパール人向けのドホリ・レストラン[21] dohorī restaurant や、ダルバート[22] dāl bhāt 屋が軒を連ねる（写真6-5）。洒落気のない直方体の高さのある建物が小道をはさんで立ち並ぶため、通りには昼間でも陽が射さず薄暗い（写真6-6）。看板の多くがネパール語で書かれており、先述のホテル街と一見して景観が異なる。

　以上が、カトマンドゥにおけるホテル産業の地理的分布状況の大まかな概要である。次節から詳しく見ていくタメルは、第5章で述べたように、ツーリズム空間になる以前は鬱蒼とした林や竹藪が広がっていた。ここで確認しておきたいことは、既に

写真6-5　スンダラの代理店街（2011年）。送金サービスや、中東方面の航空券の手配の案内が多い。ネパール語表記が目立つ。

写真6-6　スンダラのホテル街（2011年）。6～7階建てのホテルが隣のホテルと隙間なく立ち並び、道の幅員が狭い為路地はいつも薄暗い。

外国人のたまり場となっていたジョチェンが、なぜそのままツーリズム空間として発展しなかったのかということである。まず、ジョチェンは住宅密集地域であった上に、その西をビシュヌマティ川が流れ、地理的に拡大することに限界があったことが挙げられる(図5-2)。それに加えて、麻薬をはじめとしたヒッピー文化を嫌うツーリストがヒッピーの聖地と化したジョチェンを避けたことも、ジョチェンがツーリズム空間として発展しなかった理由として挙げられよう。これに対し、タメルはカトマンドゥの中心地であるナラヤンヒティ（旧）王宮や、高級レストランやバーのある高級ホテルが揃い、インフラストラクチュアが相対的に整備されていたダルバール・マルグに隣接していた。また、この当時タメルにはラナの大邸宅をはじめ、中小の邸宅が点在し、それぞれの広大な庭には木々が鬱蒼と生い茂っていた。これらの地理的に有利な条件が、タメルがツーリズム空間として発展していく契機となった (Shrestha 1995)。ダルバール・マルグのように高級でなく、ネパールを訪れる主たるツーリスト層である低予算ツーリストに適した価格設定のツーリズム空間が、ダルバール・マルグのファシリティを借用しながら発展することになったと言える。次に、この過程を詳しく見ていくことにする。

3. ツーリズム空間タメルの創出

3.1 ツーリズム以前

　第5章で検討したが、タメルとは数十メートルの通りを指示する地名であった。タメルはネパール語ではなく、ジャタ、タヒティ等と同様に、地名の語源になっているのはカトマンドゥに古くから居住してきたネワールの人々の言語である。これらの地名がある場所をはじめ、現在のタメルの南側には、ネワールの集住地域が広がっていた。このネワールの集住地域、即ち旧市街地を避けて、19世紀から20世紀前半にかけてラナの邸宅が建造されてきた。建物の建築様式に限らず、早くからヨーロッパの文化を取り入れてきたラナは、タメルに、ナルシン・キャンプ、JPスクールといった英語の地名を残した。図6-3に記されているラナの建物は、1975年に発行された2,000分の1の地図[23]に

第 6 章　ツーリズム空間タメルの創出　127

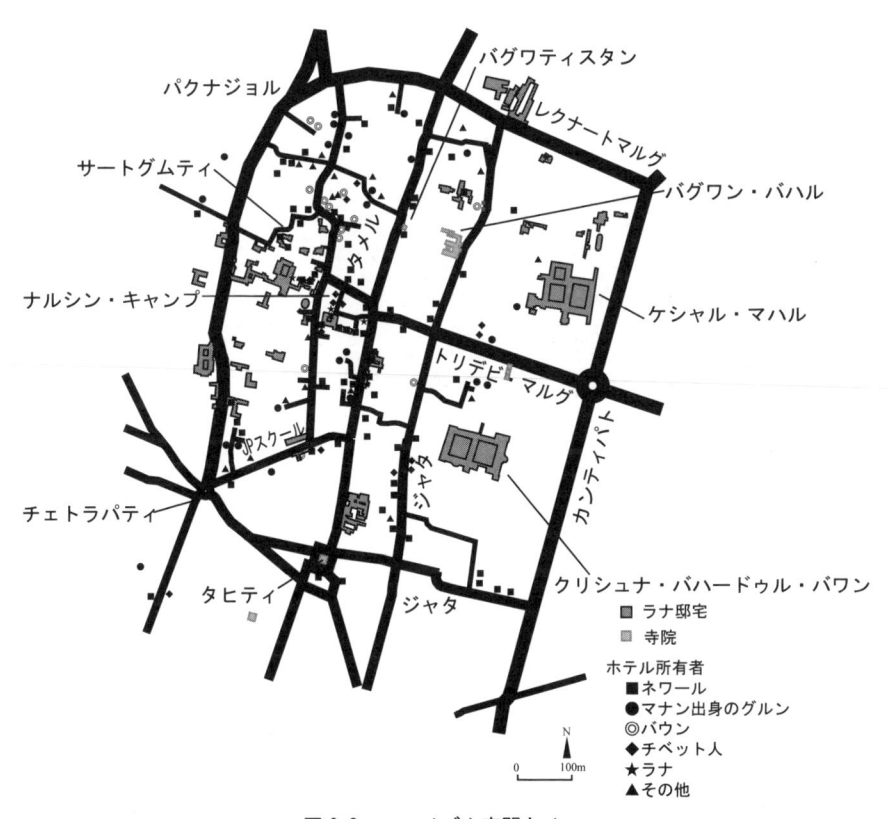

図 6-3　ツーリズム空間タメル
Morimoto（2007b）より作成

基づき、1999 年 12 月から 2000 年 1 月にかけてタメルを歩いて可視的にそれと判断できた建物である。大きな木々や花壇、噴水を配置した広い庭園と、贅を凝らした天井の高い 2 階建て以上の欧風建築がラナの建物の特徴である。手入れされずに蔓草が絡まり、置物は倒壊し、荒れるに任せたところもあるが、再開発をして瀟洒な高級レストランに転用されたものもある。原図上にそれらしい原形がなく、また大幅に増改築されてラナの建物とは外観上判断がつかなくなって筆者が見落としたものや、取壊されてなくなった建物はこの図には記されていない。したがって、1960 年代には図 6-3 に記したよりも多くのラナ

写真6-7 タメルを上から眺めると、ところどころに高木が伸びているのが分かる（1996年）。白漆喰で塗られた、または赤く塗られたモダンな佇まいの建物が、ラナの邸宅である。

の邸宅があったと考えられる[24]（写真6-7）。今でこそカトマンドゥの中でもとりわけ賑やかな繁華街になっているタメルは、カトマンドゥの旧市街地を築いたネワールの集住地域と、19世紀以降に権勢を振るうようになったラナの邸宅が散在する、いわば20世紀半ば頃の市街地と郊外の境界域に位置していたことが分かる。

　第5章で見た図5-1及び図5-3に示されたカトマンドゥにおけるラナの大邸宅は、ラナ専制体制が崩壊した1951年以降、政府に接収され、その後ホテルや学校、役所として利用されているものが多い。タメルにはそのように政府に接収されたラナの大邸宅が二つある。第5章でも述べたが、その一つがケシャル・マハルであり、現在教育省として利用され、西翼は私設図書館として一般公開されている（写真5-6～写真5-8）。ケシャル・マハルが所在する区画にある相対的に小さな建物がいくつかあるが、女性福祉省やホテル[25]として利用されている。また、1920年代にケシャルがヨーロッパ庭園に模して造営したという、1990年代後半には噴水が倒壊し大麻草が繁茂し、廃墟の雰囲気を醸していた庭は（写真6-8）、2000年から2007年にかけて外国援助を受けて再開発され、美しいガーデン・カフェとなった。タメルの北の通り、レクナートマルグを挟んで広がるラナの古い建物には、明かり取り用の窓がいくつか並び、建物内には長机と長椅子が並べられ、学校の教室として利用されている。その昔、ラナの馬を飼育する小屋であったという。タメルの範囲内にあるもう一つのラナの大邸宅は、現在選挙管理委員会が利用している（写真5-9）。

　現在のタメルという地名で指示される範囲[26]には、これら二つの大邸宅以

外にもラナの土地と建物が点在していた
が、規模が小さかったため、政府の接収の
対象とならなかった。具体的事例で述べる
が、1960年代、ネワールの人々をはじめラ
ナ以外の人々が、これらのラナの邸宅を買
うようになった。かつては白亜で美しかっ
たであろう壁に蔦が這い、高い天井に大き
な部屋、美しい木々が茂り噴水のある素晴
らしい庭園のあるラナの邸宅は、当時のカ
トマンドゥの人々にとって憧れの的であっ
た。他方、ヒッピーが屯していたジョチェ
ンをはじめ、ネワールの人々が住んでいた
のは、外国人ツーリストが天井に頭をぶつ
けたことが言い伝えられるような、天井が
低い住居が密集している市街地で、かつて
のラナの権勢が偲ばれる西洋風の広大な邸
宅が散在するタメルと対照的であった。裕
福で近代的で上層階級を象徴するラナの豪

写真6-8　ケシャル・マハルの庭の様子（1996年）。置物や池が草に覆われている。かつては自由に入れたが、ガーデン・カフェの庭になった現在は、高い壁で囲まれて庭に入るだけでも入場料を取られる。

奢な住居に、地元の人々が憧れるのも想像に難くない。やがて、住居が密集す
る旧市街地に住む経済力のあるネワールの人々が、北に接するタメルに点在す
るラナの住居を自宅用に購入し、移住するようになった。他方で、人が住まな
くなって朽ちるにまかせたラナの建物もある。これらのラナの邸宅と庭が、開
発の余地のあった空き地とあわせて、ツーリズム空間タメルが創出されるきっ
かけとなったといえる。

3.2　ホテル産業の展開

3.2.1　概観

　表6-3は、1996～1997年の調査時点にタメルで営業していたホテルを、ホ

テル所有者について開業年ごとに示したものである。右列は、それぞれの年に開業したホテルの平均部屋数である。古いホテルほど部屋数が大きい傾向が見られるが、このことは、これから見ていくように開業当初から規模が大きかったわけではなく、タメルが拡大していく過程でホテル規模を拡大した結果である。記号一つにつき一ホテルを示している。●はホテルの所有者とその経営者が同じホテル、〇はホテル経営者がその所有者からホテルを何年間か借りる契約を結び、賃料を支払って経営するホテルを意味する。後者のような経営形態のホテルを、ここではレンタル・ホテルと呼ぶことにする[27]。1975年にもレンタル・ホテルが開業していることから新しい形態とはいえないが、1990年以降著しく増加している。

　表6-3には示されていないが、1996～1997年の調査時点までに少なからぬホテルが閉業しており、このことが資料の限界となっていることを確認しておきたい。どういうことかというと、あるホテルが閉業しても大抵すぐに別の経営者によって再開業されるため、時代をさかのぼるほど表6-3にあらわれているよりも多くのホテルが存在していたこと、したがってホテルの建物自体の増加は表ほど急激ではなかったということである。このようにホテル産業をめぐって「企業家」[28]が入れ替わることはタメルの特徴でもあり、この状況を生み出す要因として143ホテル中73ホテルがレンタル・ホテルで占められていることが考えられる。このようなミクロな動態的変化は表6-3に示されていないという点で資料に限界があるが、この資料に依りつつタメルにいかにホテルが集積していったのか、以下で概観していく。

　表6-3に示したタメルにおけるホテルの展開過程を、第4章で検討したネパールのツーリズムの展開過程と照らして、次のように便宜的に時期区分した。すなわち、1960年代から1970年代にかけて、登山・ヒッピーブームによる来訪者が現れるようになり、タメルにホテルがまばらに開業されるようになった包摂期、1980年代から1990年の民主化前夜にかけて欧米に限らずアジアからのツーリストが増え、常にホテルが開業されるようになった発展前期、そして民主化達成後の1990年代、ツーリスト数が右肩上がりで急増し、経済の自由化を受けてホテルの開業が急増していく発展後期（1990年代以降）の3区分で

表 6-3　タメルにおけるホテルの集積

	年		平均部屋数
包摂期	1968	●	120.0
	1969		
	1970		
	1971		
	1972		
	1973		
	1974	●	54.0
	1975	○	26.0
	1976	●●	34.5
	1977		
	1978		
	1979		
	1980		
発展前期	1981	●○○○○	38.6
	1982	●●	23.5
	1983	●○	42.0
	1984	●●○	28.0
	1985	●	18.0
	1986	●●○○	29.3
	1987	●●○	28.7
	1988	●○	20.0
発展後期	1989	●●●○○○○	21.1
	1990	●●●●●●○○○	32.4
	1991	●●●○○○○	21.9
	1992	●●●●●●○○○○○○○○○	20.4
	1993	●●●●○○○○○○○○○○	20.4
	1994	●●●●●●●●●●○○○○○○○○○○	21.6
	1995	●●●●●●●○○○○	25.8
	1996	●●●●●●●○○○○○○○○○○	20.8

凡例
　●　ホテル所有者と経営者が同一
　○　ホテル所有者と経営者が異なる
Morimoto（2007b）より作成

ある。

　次に、1996〜1997年時点でタメルという地名で指示される範囲に開業していた143のホテル[29]について、地理的分布状況を概略する（図6-3）。土地の

所有状況を示すために、ホテル経営をしているか否かを問わず、ホテルの所有者について示した。それぞれの記号は、ホテルの所有者のジャートを示す。カトマンドゥを故地とするネワールはバグワン・バハルとジャタの周辺に古くから居住し、現在でも集住地区があるが、ネワールの所有するホテルはこれらの集住地区に限らず、タメル全体に分布していた。ネワール以外にも様々な文化的社会的背景を持ったホテル所有者が存在している。その分布状況を見ると、ジャタとナルシン・キャンプの一郭にチベット人が、ケシャル・マハルとタメルの北西部[30]にマナン出身のグルン[31]が集中するなど、地域ごとの特徴が指摘できる。先述したように、ツーリズムが展開する以前から現在のタメルに邸宅を構えて住んでいたラナは、ナルシン・キャンプにあるラナの邸宅をはじめ、住宅として建てられた邸宅を転用したホテルを所有していた。タメルの北西部は、ツーリズム空間になる以前にバウンとチェトリが土地を購入し、バウンが所有するホテルが集中している。

　タメルにホテルを所有する「企業家」について更に詳しく見るために、その社会文化的背景から特徴を検討しよう。まず、カトマンドゥの人口構成（1991年）を確認しておこう（表6-4a）。バウンやチェトリ（ラナを含む）が37.2％を占め、ネワールが38.2％、グルンが2.7％、その他が21.9％となっている。このことから、カトマンドゥを故地とするネワールの人口割合が、全人口に占める割合（5.6％）に比してかなり高いことが特徴として指摘できる。表6-4bに示したタメルのホテル所有者のジャート別出身地を見てみると、タメルのホテル所有者の約半数をネワールが占めていたこと、及びネワールのホテル所有者70人中68人がカトマンドゥ出身であったことは、カトマンドゥにおけるネワールの人口構成比に照らして多いといえる。但し、この人口構成比に加えて、本章第1節で取り上げたように、Zivetze(1992)がネパールにおける代表的な「企業家」集団としてネワールを取り上げていたこと、つまりタメルの住人の中には地価上昇を受けて土地を売って郊外に移住した人々がいた中で、それらのネワールがタメルでツーリズムをめぐる経済機会をうまくとらえる才覚があったことを考えれば、ネワールが相対的に高い割合を占めるのも納得できる。タメルにホテルを有するバウンやチェトリ（ラナを含む）は22人であり、カトマ

表 6-4a　ネパール、カトマンドゥにおけるカースト／エスニック人口構成（1991 年）

	バウン*	チェトリ	ネワール	グルン	その他	計
ネパール（人）	2,388,455	2,968,082	1,041,090	449,189	11,644,281	18,491,097
割合（%）	12.9	16.1	5.6	2.4	63.0	100.0
カトマンドゥ（人）	130,765	120,047	258,280	18,488	147,761	675,341
割合（%）	19.4	17.8	38.2	2.7	21.9	100.0

* 統計上の Brahman（hill）で示されている項目
1991 年センサスより作成

表 6-4b　タメルにおけるホテル所有者のジャート別出身地（人）

ジャート	カトマンドゥ	カトマンドゥ外	小計	合計
ネワール	68	2	70	70
グルン	1	3	4	26
マナン出身のグルン	0	22	22	
バウン	12	2	14	22
チェトリ	2	1	3	
ラナ	5	0	5	
チベット人*	12	0	12	12
シェルパ	1	2	3	3
タマン	1	2	3	3
その他	3	4	7	7
合計	105	38	143	143

*　チベット生まれのチベット人も含む
Morimoto（2007b）を加筆修正

ンドゥの人口比からすれば多くない。22 人中 19 人がカトマンドゥ出身者であり、そのうちラナは 5 人ともタメルがツーリズム空間になる以前からの住人で、邸宅を有していた。一方、ネワールに次いで多く見られるグルンやチベット人がホテル産業に多く参入しており、この二つのジャートの関与は、Zivetze（1992）がその二者をネパールにおける代表的な「企業家」集団として取り上げていたことの証左となろう。

　出身地別にみるとどのような傾向が見られるのだろうか。ホテル所有者のうちカトマンドゥ外出身者は 143 人中 38 人にとどまり、そのうち 26 人がグルンであった。グルンといっても、そのうち 22 人がマナン出身のグルンであり、先述したように他のビジネスを興してカトマンドゥに移住し、1980 年代にタメルをはじめカトマンドゥで土地を購入していた。カトマンドゥ外にアイデン

ティティを表明するマナン出身のグルンに対し、タメルのチベット人は全員がカトマンドゥに出自を求めていた[32]。1950年代に難民として移住してきた人々も含まれるが、二世が多い。いずれにしても、ホテルの所有者の多くはカトマンドゥ出身、あるいはカトマンドゥ在住の「企業家」や資産家であった。このことは、カトマンドゥにゆかりのある人が積極的にタメルのツーリズムに参入していたこと、逆にカトマンドゥ外の人にとっては参入機会へのアクセスが限られていたことを示唆している。

　ホテル所有者から、今度はホテル経営者に注目してみよう。表6-5は、ホテルの展開過程を、経営者のジャート別に、それぞれの出身地とホテルの経営形態が分かるように整理したものである。記号一つにつき1ホテルを示している。黒はカトマンドゥ出身者、白抜きはカトマンドゥ外出身者、丸（●○）は所有者と経営者が同じホテル、四角（■□）はレンタル・ホテルを示している。包摂期に開業したホテルの経営者は、全員がカトマンドゥ出身者であったが、時代を経るにつれてカトマンドゥ外出身のホテル経営者が増えてくる。カトマンドゥ外出身者によるホテル経営は、レンタル・ホテルか否かを問わず、143ホテル中57ホテルにのぼり、タメル全体の約40%に相当する。ホテル所有者のうち38人（約27%）がカトマンドゥ外出身者、そこから既に移住していたマナン出身のグルンを除いて23人（約16%）がカトマンドゥ外出身者[33]であることを考えると、カトマンドゥに基盤のない「企業家」が土地を購入してホテルを建てることは困難であっても、レンタル・ホテルの経営者としてホテル産業に参入することは、カトマンドゥ外の「企業家」にとって比較的容易であったことが推察される。

　タメル全体の143ホテル中73ホテルを占めるレンタル・ホテルは、ホテルを借りる際に頭金としてまとまった資本が必要であるが、建物や水道や電気・電話等の基本的なインフラストラクチュア、調度などのホテルに不可欠な設備への投資の負担がそれほど大きくない為、ホテル産業に相対的に容易に参入することが可能である。これにより、カトマンドゥに土地を持たないカトマンドゥ外出身者が、ホテル産業に参入しやすくなると考えられる。第4章で検討したように、この背景には、民間の「企業家」の活動を促進するための企業関連法

表 6-5 タメルにおけるホテル経営者のジャートと出身地

	年	ネワール	バウン	チェトリ	ラナ	グルン	チベット人	その他	
包摂期	1968	●							
	1969								
	1970								
	1971								
	1972								
	1973								
	1974	●							
	1975			■					
	1976	●●							
	1977								
	1978								
	1979								
	1980								
	1981	●■■□						■□	
発展前期	1982				●			○	
	1983	●■							
	1984	●		□		○			
	1985	●							
	1986	●■				○	□		
	1987	●●							
	1988			●					
	1989	●●■■	●	□		○		■	
	1990	●●●■		■○		○○	●	○■	
	1991	●●■				□		○○	
発展後期	1992	●●■■■■	□	■	●●	○○□		●□□□	
	1993	●●■■	●■□□			●●		□□□□	
	1994	●●●●■■■□□	●■○□□	●		○	●●●●	●■■■○	
	1995	●●■○	□				○○	○□□	
	1996	●●●●□□	●■■■□□□	□□		○		●□□□	
	R	25	15	8	0	3	1	21	73
	計	59	20	10	3	14	8	29	143

凡例
● カトマンドゥ出身ホテル経営者
○ カトマンドゥ外出身ホテル経営者
■ カトマンドゥ出身レンタル・ホテル経営者
□ カトマンドゥ外出身レンタル・ホテル経営者
グルン　マナン出身のグルン
R　レンタル・ホテル
1996-1997年現地調査より作成

写真 6-9　給水車（1996 年）。水道水が不足するため、個人で定期的に水を購入し、貯水槽に蓄えておく必要がある。

の制定の影響があると考えられる。初期投資に関しては、ホテル所有者と経営者の交渉によって、場合によっては経営者がホテルの調度などを一新したり、乾季に必要な量の、かつ安全な水を確保するための設備投資を負担することもある（写真 6-9）[34]。

1996〜1997 年の調査時点で閉業していたホテルも約 10 軒あったが、新しくホテルを建てて新規開業したホテルが 42 軒、名前を変えて再開業したホテルが 19 軒あり、双方合わせると全体の 34％を占める。中には 2 軒分のホテルが 1 軒のホテルとして再開業した例もあった。2004 年にかけて閉業するホテルが増加した理由に、第 4 章で確認したようにツーリストの激減が挙げられる。このような増減はあるが、全体としては高級化が進んでいるといえる。

　以上が、1996〜1997 年時点で、タメルで開業していたホテルの概観である。以下では、包摂期、発展前期、発展後期に便宜的に区分した時期ごとに、それぞれの状況を説明し、各時期に開業したホテルの事例からどのように「企業家」がホテル産業に参入し、タメルをツーリズム空間として構築していったのかを具体的に記述する。

3. 2. 2　包摂期：1960-1970 年代

　タメルを代表するホテル、カトマンドゥ・ゲストハウス[35] は 1968 年に開業した（写真 6-10、写真 6-11）。その後、開業したホテルのうち、3 軒がネワール、1 軒がチェトリによるものであった。後者のチェトリのホテルはレンタル・ホテルであり、いずれもホテルの建物の所有者はネワールであった。その他に

第 6 章　ツーリズム空間タメルの創出　137

2 軒のホテル[36]）がカトマンドゥ・ゲストハウス周辺にあり、これら 7 軒のホテルのうち 4 軒がラナの建物を利用したものであった。また、1997 年時点で、タメルで最も有名なレストランのうちの 2 軒は、この時期にできたものであった。1 軒は、チェトリがラナの建物を部分的に賃借して 1975 年に開業した K.C. レストランの前身、エヴェレスト・スナック・バーであった。K.C. レストランの経営者[37]）は、タメルにレストランを開業する前に、ダルバール・マルグに位置する 4 つ星ホテルのホテル・アンナプルナ[38]）や、5 つ星ホテルのソルティ・オベロイ[39]）で給仕の仕事をした経験があった。もう 1 軒のレストランは、後述する 1971 年にチベット人

写真 6-10　カトマンドゥ・ゲストハウスのゲート（1996 年）。ネパールのホテルの中で、最も有名なホテルの一つになっている。ゲートの向こうには庭が広がり、タメルの喧騒から少し離れられる。

写真 6-11　カトマンドゥ・ゲストハウスの建物（2004 年）。ラナの邸宅であった建物をホテルに転用した。

が開業したウッツェ・レストランであり、1997 年にカトマンドゥ・ゲストハウスと共にタメルの発展に貢献したことから、タメル・ツーリズム開発委員会 TTDC[40]）により表彰された。これらのホテルやレストランの殆どが、この当時、図 6-3 にあるカトマンドゥ・ゲストハウスの周辺のタメルの沿道に並んでおり、

僅か数十メートルの沿道がツーリズム空間としての様相を呈するようになった。

当時、タメルでもユーラシア大陸を西から横断してきたドイツ製のミニバス等が見かけられたという。欧米人がヨーロッパから乗り合い、アフガニスタンのカーブルやインドのゴアを経由して、最終点のカトマンドゥまで陸路を辿ってきたバスである。バスはカトマンドゥで売られ、ツーリストは飛行機で自国へ戻っていった。筆者がカトマンドゥを訪れるようになった1990年代前半でも、使い古されて錆や傷が目立つドイツ製のミニバスがカトマンドゥの路上を走っているのを目にすることがあった。

この時期のタメルは、第2章で検討したButler（1980）のツーリズム空間の発展仮説における包摂段階といえる（図2-1）。この段階の特徴は、地元の人々の参入である。タメルでは、ここで事例として取り上げるタメルの住人であったカトマンドゥ・ゲストハウスの経営者のように、自宅用に購入したラナの邸宅の一部をツーリストに提供することでホテルを始めている人が多い。そのため、投資額が大きくないこと、あるいは投資する必要がない範囲で設備を提供したこと、ツーリストが宿泊してもしなくても生活には困らない状況であったことが、特徴として挙げられる。他方で、ツーリストとの金銭のやりとりがあったという点で、この時点でグローバルな資本主義経済に組み込まれていったといえる。

以上が包摂期の概観であるが、この時期に開業したホテルの具体的な展開状況をカトマンドゥ・ゲストハウスの事例に基づいて記述していく。1996年に筆者の調査に対応してくれたカトマンドゥ・ゲストハウスの経営者は、タメルのホテル「企業家」の中では数少ない女性であった[41]。その当時、長髪を結う女性が多い中で、彼女は短髪にパーマをかけていた。以下は、彼女によるカトマンドゥ・ゲストハウスの歩みを通してみたタメルについての語りを、筆者が要約再構成したものである。

■事例①：カトマンドゥ・ゲストハウス（1968～）[42]
カトマンドゥ・ゲストハウスの開業

タメルが住宅地であった1960年代よりも前、1890年頃にタメルに造営されたラナの邸宅をヨゲンドラ・サキャの祖父が住居用に購入し、家族でアサンから引っ越してきた。その当時、ネワールの集住していたアサンは過密で、人々は小さな家に住んでいたから、バンガローbungalow（庭のある広い家）に住みたがった。ヨゲンドラ・サキャの祖父の買ったバンガローが、その息子、つまりヨゲンドラ・サキャの父バサンタ・バハードゥル・サキャと、カルナ・サキャ兄弟の財産になってから、大家族joint familyでゲストハウスを経営するようになった。1968年頃だったか、空き部屋をツーリスト用に開放したけれど、サキャ・ファミリーの職業としてスンsun（金）のビジネスがあったから、ツーリストが来ても来なくても構わなかった。宿泊代は5～10ルピー位であっただろうか。その頃、サキャ（ジャート）の主な職業は、宝飾品等のスンの加工と売買であった。

　1960年代のタメルは道も舗装されていなかったが車は来ていた。当時は居住地だったから、人も少なく、人殺しやブート（幽霊）が来ると言って5時以降外を歩くのを怖がっていた。1970年代にタメルに電気が普及するようになったのではないか。その頃、タメルは居住空間だった。

　ゲストハウス開業当初、ツーリストを泊めたのは13部屋だったけれど、1980年に35部屋、1982年に65部屋、その後も増築を重ねて1996年には120部屋を擁するようになった。ラナの邸宅内にあった天井の高い大広間は、パーティー会場等として1日3,000ルピーで貸し出している。ホテルの部屋数は180部屋まで拡大できるだろうけれど、サービスの水準が維持できなくなるからやらない。1995年から新築の建物に空調施設（AC）付の60米ドルの部屋を4つ、本館にも40米ドルの空調施設付の部屋がある。その他の全ての部屋に扇風機と温風器を置いて、シーツも毎日交換している。あなたのような学生が3カ月でも6カ月でも住めるような2米ドルの部屋も2つある。

　毎年利益を上げて、それを再投資して、例えば部屋に空調施設をつけたり、維持管理している。ホテルは維持管理をするのが一番大切、格上げしていくだけではいけない。例えば、昔学生で来た人がPh.D.をとって就職してから来ると、2米ドルの部屋ではなくて40米ドルの部屋に泊まりたくなる[43]。でも2

米ドルの部屋も必要。カトマンドゥ・ゲストハウスは、かつて泊まったツーリストがいつでも昔懐かしいカトマンドゥ・ゲストハウスに泊まれるように、需要に応じてサービスを多様化し、ツーリストの選択肢を多くしている。

フリーク・ストリートからタメルへ

　タメルのツーリズムを創り出したのはカトマンドゥ・ゲストハウスである。開業した頃、タメルには、ホテルの他には小さな小さな家しかなくて、店も何もなかった。ヒッピー時代はフリーク・ストリート（ジョチェン）にツーリストが集まっていたけれど、せいぜい1975年までで、それ以降は衰退していった。他方で、タメルにツーリストが集まるようになった。フリーク・ストリートにもホテルが沢山あって、ネワールの経営者が多かった。なぜなら、そこに元々住んでいたネワールが自宅の一部を宿として提供していたからだ[44]。ドラッグやブラック・マーケットが蔓延っていたフリーク・ストリートを避けて、タメルにツーリストが来るようになった[45]。ツーリストには安いホテルが必要だった。フリーク・ストリートが小さくなったからタメルにツーリズム空間が拡大したというわけではなくて、フリーク・ストリートの維持管理が十分でなかったから、タメルにツーリストが来るようになった。最後には悪評が立ち、フリーク・ストリートに泊まるといえば「なんて所に泊まるのかしら、良くない人じゃないかしら」と思われるけれど、タメルに泊まるといったら「問題ない no problem」。もちろんヤク・アンド・イェティ（ダルバール・マルグにある5つ星ホテル）に泊まれたらもっといいけど、金持ちじゃなきゃ泊まれない。確かにタメルに泊まるといえば、「安さを求めた」と思われるかもしれないが、「悪くはない no bad」。ヒッピーでもなく、金持ちでもないツーリストがタメルに来るようになった。

ホテル経営とその変化

　ツーリズムがネパールに興ったのは1950年のこと、その頃はホテルを開業するのにギャン gyān（知識）は必要ではなかった。資産（土地や邸宅）を持っていた人がホテルを開業した。それに、1960年代頃は投資をしなくても良かっ

た。ギャンは、やりながら経験を積んでいけば良かった。偶然カトマンドゥ・ゲストハウスのサキャ・ファミリーがホテル経営を始めたらうまくいって、ホテル経営をすると良いらしい、ツーリストが来るらしいという噂が広がって、あちこちでホテル経営に乗り出す人が出てきた。1996年になっても、たくさんの人々がホテルを開業している。1千万ルピー、2千万ルピー、3千万ルピーを投資してホテルを造って、中にはギャンがなくても成功しているホテルもある。どんな人がホテルを開業したかというと、資産のある人だ[46]。しかし、ラナは資産を持っていても何もしていない。もちろん、皆がツーリズムに興味があるわけではないので、興味のない人は人に家を貸したり売ったりして出ていく。今、20部屋規模のちょっといいホテルを開こうと思ったら、3〜4千万ルピーはかかるから、ローンを組まないといけない。ローンを組んだら利子が16〜18%位だから、非常に高額な投資になる。しかし、ツーリストはホテルの数に比べて少なく、回転率は50%もないだろう。タメルにはホテルが多すぎる。今でも50ルピーから3,000ルピーの部屋があるけど、もう飽和状態。あとは維持管理が大事だ。

　自分はトゥクチェ出身のタカリーで、私の実家の家族と一緒にトゥクチェからカトマンドゥに移住した。父親はカトマンドゥ・ゲストハウスが開業したちょっと後に、タメルから北へ徒歩10分ほどの距離にあるラジンパット沿いのラナの邸宅に、ホテル・ラリグラスを開業した[47]。登山隊がよく泊りに来ていて、日本の有名な女性登山家も泊りに来た。タカリーは、かつて交易街道沿いのバッティ（簡易宿泊施設）を経営していた。いわば17〜18世紀のホテル。その頃から人に食事を作って出して、部屋を清潔にしてきた。トゥクチェに交易[48]で人が来ると、「いらっしゃい、ご飯を食べていって。泊まっていって」という感じで声をかけていた。

　兄が父のホテルの経営を継いだ。それで私がインドのデリーにホテル経営を学びに行ったら、留守の間にツーリズムの嫌いな兄がホテルを廃業してしまった。留学先でやはりホテル経営を学びに留学していたヨゲンドラ・サキャと出会い、恋愛結婚した。彼の父親バサンタ・バハードゥル・サキャも、ホテルを経営していた。夫はホテル経営を勉強し、他の兄弟はビジネスを勉強していた。

その後、夫はイタリアにホテル経営を6カ月間学びに行き、今ではホテル経営のプロフェッショナルになった。開業当初はギャンがなくても良かったが、近頃のツーリストは「ほんとに要求が多い ekdam demanding」から、お金だけ投資してもうまくいかない。プロフェッショナルでなければ、現在のホテル産業の競争の中では生き残っていけない。サキャ・ファミリーは、1970年代後半にホテル・アンバサダー、1990年代初めにマルコ・ポーロ・ビジネスホテル、1996年にクラブ・ヒマラヤを開業してきた[49]。

ネパールにおけるホテル経営の特徴として、タカリーやグルンは自分で部屋を掃除したり、調理したりするが、バウンやチェトリは経営するホテルが小さくても使用人を置く傾向がある[50]。ネパールには色々な人がいるけれど、モンゴリアンの顔をした人達は友好的だといえる。バウン・チェトリの文化は学問や公務員に向いているが、客をもてなしたり喋ったりということにはあまり向いていない。でも、ビジネスをしていた人達（ネワールやタカリー）はそうではない、人々を楽しませなければ仕事にならなかったから。チベット系の人々は特にホスピタリティに溢れている。決まったかたちはないけれど、みんなそれぞれのやり方がある。

カトマンドゥ・ゲストハウスの従業員は65人いる（1996年時点）。そのうち10人が女性で、掃除係は全員女性。各部署にそれぞれの制服があって、掃除係の女性はみなバクタプル・スタイルのサリーを着ている[51]。月々1,200ルピーから2,000ルピーの月給を払っているけど、たいてい実家でドカン dokān（店）を経営していたり、本人がゲストハウスの仕事とは別の副業を持っている。だからインドみたいなひどい貧乏人はいない。どんなに貧しいといってもご飯は食べられるし、村には小さくても自分の土地や畑、雨露をしのげる家がある。

1990年の民主化以降、変わったことといえばスタッフとの関係が大変になったことだ。以前はマリク mālik（経営者）を神様のように尊敬して、怖がっていた。何を言っても言うことを聞いていたけど、今は皆が主義主張するようになった。良いマリクの所ではスタッフの態度が悪くなっていった。「一番下」の従業員と話をするのも気をつけなければならない。コミュニスト達があれこれするように言って人々をおかしくしたのだ。マリクにとって、民主化以降の経済変化

や政治的な問題の深刻化が大きな問題となっている。ツーリストが少ないのにホテル開業のライセンスを賄賂を貰って次々と出している。特にロイヤル・ネパール航空 RNAC（当時）は大問題で、ツーリストを乗せる飛行機がない。パンチャーヤット時代の方が統制されていた。最大の問題は、安定した政治が欠如していることだ。民主化の影響でいいことといえば、以前は、女性は夫にお金をいちいち貰わなければならなかったのが、人々が自立して、お金を持ってビューティー・パーラーにも行くし、レストランやお店にも行けるようになったことだ。■

　当時のカトマンドゥ・ゲストハウスの経営者は、ホテル経営を嫌がる兄が実家のホテルを廃業してしまったが、彼女はその前にホテルマネジメントを学ぶためにデリーに留学していた。女性が勉強を続けること、更に一人で外国へ留学することが可能であったのは、1970年代のネパールの一般的な状況とはいえまい。また、留学経験があるとはいえ、夫が HAN の会長を務めて多忙な時は家業であるホテル（しかも交易街道沿いの小さな宿屋ではない、ネパールの中でも屈指のホテル）を任されているという状況も、HAN の名簿における女性名が極めて少ないことから珍しい状況であることを確認しておきたい。ただし、「うちの嫁」と当時のカトマンドゥ・ゲストハウスの経営者を紹介してくれた HAN の役員も女性で、ヨゲンドラ・サキャ氏の親戚であった。
　ヨゲンドラ・サキャ氏の企業活動は、13部屋のカトマンドゥ・ゲストハウスから始まり、1996年に開業したリゾートを含めて、1999年現在大家族で4つのホテルを経営するグループを形成していた[52]。ヨゲンドラ・サキャ氏の叔父や兄弟がそれらのホテルの経営に当たっている。ヨゲンドラ・サキャ氏の叔父もまたツーリズム業界の重鎮として、その方面でビジネスだけでなく政策提言も行ってきた。このような一大勢力を築く以前はスン（金）のビジネスをしており、タメルの包摂期にツーリズム産業になんとなく関わるようになった。ツーリズム参入時期が早かったためにギャンがなくても、タメルがツーリズム空間として発展する過程で経験を積み重ね、利益を再投資することで成功したといえよう。

また、包摂期にホテル産業に参入した「企業家」は、周囲にホテルを経営する親族が存在したことが伺える。先述したカトマンドゥ・ゲストハウスの経営者の従兄弟は、その父にホテル業を勧められタメルでラナの建物を借りてホテル、トゥクチェ・ピークを経営し、その後、タメルの別の場所にホテルを借りて開業、さらにカトマンドゥの新興住宅地にホテルを開業し、規模拡大させて成功している。更に、そのホテルの敷地内に、兄が別のホテルを開業していた。また、このタメルから質や規模を発展させてきた「企業家」は、ポカラに1970年代に開業したタカリーのホテルの経営者達と親族関係にあり、お互いに客を送りあったりしている。これらの「企業家」達は、ネパールのツーリズムの発展と共に経験を積み重ね、親族をはじめ仲間で経験を共有し試行錯誤しながら、ホテル産業を通して「企業家」となり、成長した例といえる。

3.2.3　発展前期：1980年代

タメルにホテルを所有しているラナやネワールは、タメルがツーリズム空間になる以前からそこに居住していた場合が多い。市街地と郊外の境界域にあり、空き地がまだ残っていたタメルでは、1980年代に入ってカトマンドゥの地価が上がると、ネワールに限らずマナン出身のグルンやチベット人が、20世紀後半から蓄えてきた資本で将来何に使うのか特に考えずに土地を買い求めていた（Spengen 1987：242）。

タメルにおけるラナの邸宅について何度か言及してきたが、タメルに住んでいたラナの人々の中には、土地と建物を売却、あるいは貸し出して新興住宅街に引っ越していった人々が少なくない。既に言及したような巨万の富を有す資産家のラナばかりではなく、事例①の語りで触れられていたように、元手になる資産があっても何もせずにそれを消尽させていくラナもいる。壮麗だったであろうラナの邸宅に手入れをせず、生い茂る雑草にゴミが吹きだまり、屋根は陥没して鳩が出入りしているような屋敷にそのまま居住している人もいる。事例①はタメルの特徴でもあるラナの邸宅を元手にツーリズムに参入した例であったが、ツーリズム空間になる以前、祖父の代にタメルにラナの邸宅を構え、そこに住みながらタメルの変化を見てきたロッジ経営者の語りを通して、1980

年代の様子とその後のタメルの変化を見ていこう。

　カトマンドゥ・ゲストハウスに隣接したラナの邸宅に、1982年に開業したD. ラナ氏のロッジはある。邸宅の一部には家族が居住している。1メートル程の厚みのある壁が白く塗られ、かつて先祖が仕留めたのであろう見事な角のある鹿の頭部の剥製が飾られ、円形に組まれた数多くのククリ[53]、鉤槍、十文字槍などが掛けられている。ロッジの経営者、D. ラナ氏は手入れのいきとどいた口髭をたくわえた30代半ば（1998年時点）の男性である。カトマンドゥ郊外の丘の上にあるナガルコットにも1990年にロッジを開き、普段は環境の良いナガルコットでロッジを管理している。週末になるとカトマンドゥに下りて来て、タメルのロッジに住む家族と共に過す。以下の記述は、ホテル産業に参入した経緯と近年のタメルの変化についてのD. ラナ氏の語りを筆者が要約・再構成したものである。

■事例②：ラナの経営するロッジ（1982～）[54]
タメルとラナ
　自分が住んでいる家は、シンハ・ダルバール[55]が造営された時の余材で母方の祖父が設計して建てたものである。インテリアの刀等もみなその当時のものである。維持管理しているので今でも壊れていない。その当時、ラナの邸宅はタメルに10～15軒あったと思われる。ラナの邸宅が一番集中していたのはタメルだった。ナルシン・ゲートの内側、ナルシン・キャンプには祖父の兄弟が住んでいて、それぞれ5人ずつ位の家族が住んでいた。ラナが移住するようになったのは200年前くらいから、自分はタメルで生まれ育ったけど、祖父母はカトマンドゥの外からタメルに移住した。タメルにはそんなに家は多くなく、古い家ばかりだったが、電線は1960年代には引かれていた。ラナ時代には水道管の水を利用して、道端のあちこちにダーラ dhārā（水場）が設けられていて、タメルの住人の分は足りていた。政府が管理していて、毎晩5時から7時までの2時間は水が十分来ていた。タメルには政府関係者が古くから住んでいたから[56]、電話線の普及も早かった。

　カトマンドゥ・ゲストハウスができてしばらくすると、他にもホテルが開業

するようになり、タメル（ツーリズム空間）になった。カトマンドゥ・ゲストハウスは古いラナの家を安く買って、15〜25ルピーという安い部屋をツーリストに出すことで、ゲストハウスを始めた。このロッジの裏の建物は今ではカトマンドゥ・ゲストハウスのものになっているが、カカ kākā（父の弟）がヨゲンドラ・サキャの祖父に売った家で、売却後3年してカトマンドゥ・ゲストハウスが開業された。カトマンドゥ・ゲストハウスは更に新しい建物を造って、50〜100ルピーの部屋を出すようになった。この近くにある洒落たタイ料理レストラン Ying Yang Restaurant[57]の建物は、トゥロブア ṭhūlābā（父の兄）が所有している。

昔は大きな家といえばラナの家しかなかった。タメルからビムセン・タワー[58]が見えたし、ガンターガル[59] ghaṇṭāghar（時計台）の時を告げる鐘の音が聞こえたし、逆に遠くにいてもタメルのラナの白い建物が見えたものだ。それが今では、新しい高い建物が乱立しているために鐘の音は聞こえないし、ラナの建物も見えなくなった。ここ10年から15年の間（1980年代以降）にタメルは大きく変わった。人口が増えて、スビダ subidhā（設備）が悪くなった。人口が増えてから水も来なくなった。それで、7〜8年前（1990年頃）に井戸を掘った。75％のホテルに水が来ていないだろう。ネパールのようにヒマラヤがある国でも水はないし、電気もない。ネパールは電気を売って稼がなければならないから、ネパール人は電灯をともすことも出来ないんだ。今（1998年）は週に1回、タメルでは毎週日曜日の午後5時から8時まで停電になる[60]。

自分は週の4〜5日間をナガルコットで過すが、タメルに来ると喉が痛くなり、鼻がつまって、具合が悪くなる。環境汚染のせいだ。ひどいインフレで、学校の経費がものすごく値上がりした。自分が子供の時は、近くのJPスクール[61]のような公立学校に通って勉強すれば、パイロットにも、医者にも、エンジニアにもなれた[62]。授業料は、1年生は1ルピー、2年生は2ルピーというように上っていき、10年生では10ルピーだった。それが今は、学校に入学する前にも何年か私立のボーディング・スクール[63]に通わせないといけないから、小さな自分の子供に月々900ルピーかかっている。そんな学校に通わせても、将来何になれるか分からない。

第 6 章　ツーリズム空間タメルの創出　147

ロッジの開業と経営

　父が王室の護衛所 security office を退職した時、長兄はパイロットなので頻繁に国外に行って留守がちで、次兄はオーストラリアで家族と一緒に暮らしていた。自分は政府関係の仕事に就きたくて軍隊 Nepal Army に入隊しようと思ったけど、両親と妹をみなければならなかったので外には行けなかった。その頃、1982 年に兄弟 3 人でホテルを始めた。実際には父が始めたホテルだが、自分が最初から経営をみてきた。ヨゲンドラ・サキャが「ホテルを開くなら、2 〜 3 カ月うちで勉強したらいい」と言ったので、カトマンドゥ・ゲストハウスで毎晩 6 時から 9 時まで 6 カ月間、レセプションで働いてホテル経営を学び、政府のトレーニング・コースを 3 カ月間受講した。当時、タメルにはホテルが 20 軒位あった。それまではジョチェンにあるネワール・スタイルの土で造られた古い建物にツーリストは泊まっていたけど、小さいし、天井が低く、床に座らなきゃならなかった。一方、タメルには新しいスタイルのホテルができていた。

　ロッジの受付係の男性は、かつてカトマンドゥ・ゲストハウスの近くにあったホテル、トゥクチェ・ピークで働いていた。トゥクチェ・ピークの大家が別の店子（先述のインド系本屋の Tiwari Group：筆者補足）と賃貸借契約を結んだので、そのホテルを立ち退かねばならなくなった。しかしその時、受付係の男性は村に帰って暫く留守にしていたため、戻ってきても移転先のホテルで雇ってもらえず、うろうろしていた。丁度、自分がロッジを開業するのに必要だったので、トゥクチェ・ピークでの経験を生かしてうちで働くように勧めた。それ以来、現在に至るまで働いている。その受付係が 1 人、掃除係が 1 人、トイレ掃除係に 1 人、ドビ dhobī[64] に 1 人をこのロッジで雇っているが、いずれも開業当初から従業員が殆ど替わっていないことが誇りである。なぜなら、タメルにおいて「企業家」はもとより、従業員はより良い待遇と給料を求めて頻繁に職場を替わるため、移らないということは待遇と給料が良いこと、つまり経営者の人徳の証となるからである。

　古い母屋の方には大きな部屋が 4 〜 5 部屋しかなく、ホテルのために新しい

建物を建てた。15 部屋あって個室にトイレ・シャワーは付いていない。共同トイレとシャワーを使えるようにすれば良い。浴室付の部屋を一つ造るのに、5 万ルピー（約 10 万円、1998 年時点）かかるけど、タメルには水が充分に供給されていない。浴室を造ったらそれなりの施設を造らないといけないし、そうしたら 500 ルピー（約千円、同）位の料金を取らないと採算が合わない。でも水が来なければ浴室は役に立たないし、ツーリストは文句を言うし、投資は無駄になる[65]。温水を使える浴室はないけれど、そんなものを造っても水や電気がなければ役に立たない。もしホットシャワーの出る浴室があって、床にカーペットを敷いて、テレビを見られる部屋にするなら、500 ルピーの料金を設定しなければならないが、そんな料金設定にしたらツーリストは来なくなってしまう。タメルの中にはそのような贅沢な部屋のあるホテルもあるが、それらの中には料金設定を最初○○ルピーと言っておきながら、チェックアウトするときにはネパール・ルピーではなくインド・ルピー[66]であったと言って、最初の見せかけを安くしようとするホテルもある。そんなことをしたらツーリストは困るだろう。ツーリストにはバスタブや温水等は必要ない、きれいで静かなところを提供すれば良い。ここでは、古くからの客には 1 泊 100 ルピー（200 円）の宿泊料金で泊めている。

　開業当初は 1 泊 100 ルピーの部屋代を要求していたが、インフレもあって今では元が取れない。古い客には今でも 100 ルピーの部屋代を要求するが、150 ルピーまで値上げをした。しかし、ここのロッジ・ビジネスは良くないし、カトマンドゥ自体良くないので、1990 年頃にナガルコットにホテルを開業した。そこに泊まりに来るツーリストからは 1 泊 300 ルピーとっている。その当時はナガルコットに 7〜8 軒しかホテルがなかったが、今では 40 軒くらいある。ピクニック客が谷間にゴミを捨てるので、環境が汚染されてしまった。カトマンドゥから初めてナガルコットに行けばきれいな場所に見えるが、ナガルコットにずっと住んでいる人にとっては汚染されたと感じる。

タメルの人々
　タメルには古い家が沢山あって、土地も広くて、畑もあって良い場所だった。

バウンもチェトリもいたし、ネワールもバグワン・バハルやチェトラパティの古い家に住んでいたという話だ。タメルの畑でジャプ[67]に仕事をさせて、収穫した米や野菜の半分はジャプが取って、残り半分は地主であるラナの収入になった。それが時代の移り変わりと共にジャプが強くなり、政府が税金を取り立てるようになって、地主の取り分が減っていった。それでもラナは良い食事をとり、良い服を着て、楽しいことをしているうちに資産がなくなってしまった。一方のジャプ達は、たいして食べないし、働いていたので資産を築いていった。ジャプはタメルに土地を持っていなかったのに、そのうち耕作地の所有権を認められて土地を持つようになった。かつては藁や野菜を背負って売り歩いていたジャプ達が、地価が上昇した時に土地を売ってタメルの外に移住し、父親の世代は相変わらずだけど、その子供達の世代は良い車を乗り回し、そのまた子供の世代はボーディング・スクールに通っている。

　カトマンドゥには学校や病院があるから、村から人々が大勢来るようになった。ネパール人に加えて、タメルにはチベット人とカシミール人[68]が随分増えた。昔、チベット人は、裸足で逃げてきた難民だったのに、今はホテルやビジネスを展開して金持ちになった。難民なのに、こんなホテルやビジネスを始める金がどこにあるのだ？　逃げてくる時に財産を担いできたわけでもないのに。外国人は、チベット人はチベットの自由を求めている難民だから信用するんだ。だから、チベタン・カーペットを買うし、チベット人の店ならネパール製でもインド製でも買っていく。それに加えて、政府は難民といって保護をする。中にはネパールのナガリクタ nāgariktā（市民権）を取得したチベット人もいる。カシミール人も同じように謎だ。毎月4万〜5万ルピーもテナント料を払って、土産物屋を開くようになった。こんな高いテナント料をどうやって払うというのか。カトマンドゥできっと別のビジネスをしているのだ。チベット人と同じように、金は外から来るのだろう。

　タメルで経済的な利益を得ている他の人々として「マナンギ」も挙げられる。ビレンドラ国王の父親のマヘンドラ国王の時代に、マナン[69]があまりに貧しいのでそこの人々に特別に外国貿易をする特権をお与えになった。「マナンギ」達は、「モンゴリアンの住んでいる地域」[70]に、ネパールからモノ[71]を運ん

写真 6-12　タメル、ナルシン・ゲート内にあるラナの邸宅（1996 年）。建物を縦割りにして切り売りするため、手前と奥の白い建物は繋がっているのだが、その間にある赤いレンガ積みの建物は、購入した人がラナの邸宅に増築したものである。

で行ってビジネスをするようになった。それにならって他の「マナンギ」達もビジネスを始め、「マナンギ」達が金持ちになるのを見たネパール人達が遅れてビジネスに参入するようになって、競争が激化していった。貿易で成功した「マナンギ」の中には、スン（金(きん)）の違法ビジネスで財産を築いた人もおり、タメルにもそういう「マナンギ」のホテルが何軒かある。■

　D. ラナ氏の話から、1980 年代にタメルが急速に変化していった様子が伺える。タメルにおいて、彼の語りに出てくるラナの栄華の象徴であった白亜の邸宅は、新たにできた建物によって目立たなくなり（写真 6-12）、あるいは他人の手に渡るか、朽果てていくとともに、ラナでも落ちぶれていく人々が出てきた[72]。その一方で、土地無し小作であったジャプが経済力をつけていく。ジャプは地価が高騰したタメルの土地を売ってそれを資本に郊外に家を建て、良い暮らしを手に入れた。ツーリズム空間としてタメルが発展していく過程でビジネス機会が増加し、外部から流入して成功をおさめる人々も出てくるようになった。外部から流入する人とは、カトマンドゥに住む彼にとって遠くのヒマラヤやその向こうから来た「マナンギ」やチベット人、それからカシミール人である。ネワールをニャール nyār と発音し、チベット人やカシミール人、「マナンギ」についての負のステレオタイプを強調する D. ラナ氏の語り方から、自分達ラナよりも経済的に豊かになっていく人々への嫉妬、資産を食い潰して零落していくラナの如何ともしがたい焦燥感が伺える。そして、氏は自身の生

まれ育ったタメルの他にも生きる場所を獲得しようと模索し、別の場所を求めてその当時開発が進められていなかったナガルコットにホテルを開業した。

　彼にタメルの外に目を向かせたのは、ホテル間の競争だけでなく、環境の劣化もあった。タメルにおける人口増加に伴い、かつてはラナが独占的に利用していた電気や水道の供給量が不足するようになった。この最大の原因はツーリストの増加であるが、ネパールの全国的な人口移動と、さらにチベット人やカシミール人の流入といったネパールの国境を越える人口移動も看過できない。

　ツーリストをはじめとした人口移動に伴い資本の国際移動が起こり、タメルにおいてホテルをはじめとしたツーリズム関連の産業が展開されていく。同時に、このタメルの変化は、人口過密や産業化による環境汚染を招来したカトマンドゥの都市化において生じていることでもある。第4章で開発の桎梏になっているとして指摘したこの都市化の影響は、ネパールの「近代化」の一側面でもある。ツーリストは、タメルに自分達のスタンダード、といっても灯りや安全な水、温水シャワー、流れるトイレといった設備を求める。基本的インフラストラクチュアが十分に整備されていないタメルでは、ホテル経営者が水をどこからか調達してきたり、土地と経済的余裕があれば井戸を掘ったり、調理場で湯を沸かして温水を盥に汲んでツーリストにサービスしたりすることで、「戦術的」にこの環境的制約に対応しようとしてきた。また、水不足の間は利用困難になる水洗トイレの対処や、照明に代わる蝋燭の準備やジェネレーターの設置は、ツーリストにとってはあって当たり前と思っているサービスであっても、カトマンドゥのインフラ整備が十分ではないことを考えると、「企業家」の負担をますます重くする。

　このような環境的制約はあるが、タメルは、主としてカトマンドゥ出身者、乃至カトマンドゥ在住者が「企業家」として経済機会を求めることが可能な、開放的な場所となった。1990年代は「24時間温水シャワー」「国際電話」という看板が目立っていたが、最近では通信環境の発達から、インターネットや電子メールはあって当たり前で、インターネット電話やスカイプ、CDやDVDの焼き付けというものにとって換わられていった（写真6-13）。その他、水不足から洗濯サービスも多い。ツーリストの要望に応える「企業家」の創意工

写真6-13 インターネットやスカイプ等のサービスが目立つ（2011年）。

夫の選択肢が増えたと考えられよう。このように「企業家」が需要に応じて、新しいものを取り入れていく過程で、D. ラナ氏が社会的に差別意識を有してきたジャートの人々が、タメルのラナよりも経済的に豊かな生活を手に入れるようになった。この一例だけで断言することは控えねばならないが、生活に関わるサービスを向上させないかわりに低価格で部屋を提供してきたD. ラナ氏の目には、つまり投資を抑えた分、利益も少ない「企業家」の目には、多様な人々が流入して機会を獲得していくようになった1980年代以降のタメルの状況は、惰性で続いてきたラナにとって諸機会へのアクセスが有利な状況にあった20世紀半ばまでの社会経済体制――ヒンドゥー的価値観が卓越していた社会――が、これまでとは別の資本主義的価値観が卓越する社会に移行する過渡期として映っていたのではないだろうか。

3. 2. 4 発展後期：1990年代

1990年代には、本章第2節で検討したように、民主化が達成されると同時に経済の自由化が進められ、ホテルの登録が急増するようになった（表6-1）。タメルにおいては、多様な社会文化的背景を持つ人々がホテル産業に参入するようになった（表6-5）。その代表的な人々として、D. ラナ氏が言及していたマナン出身のグルンとチベット人が挙げられる。前者を、彼に限らず、タメルの多くの人々は「マナンギ」と呼ぶが、その呼称には、ネパール北西部のマナン出身者という意味に加えて、彼／彼女らが過去に独占的に行ってきた国際貿易に関連して密輸入で蓄財した金持ちというステレオタイプ的な他者認識が含まれる。具体的には、マナン出身のグルンは、カトマンドゥから時空間的に遠

く離れた「ヒマラヤの山村に住むガリーブ garīb（貧しい）人々」だったのに、国王の特恵を受けて優先的に東南アジアで国際貿易に携わるようになり、1960年代から「飛行機に乗って麻薬や武器、スン（金）のベパール bepār（商売）」をして、「カトマンドゥに家を持つダニ dhanī（金持ち）」になったというような語りが聞かれる。もちろん全てのマナン出身のグルンがこのような商売をしていたとは考えられない。しかしながら、このようなイメージがステレオタイプ的に語られるため、マナン出身のグルンはカトマンドゥにおいてより尊敬されるような地位を獲得しようと、1980 年代に既に購入しておいたタメルの土地で、ホテルや雑貨店、宝石店等を開業し、新たにビジネスを始めるようになった（Watkins 1996：89-90）。タメルでも、敬虔な仏教徒であるマナン出身のグルンの家にはお祈り部屋が設えられていることがあり、朝夕に勤行の声が聞こえることがある。その声を聞くと近所の人々は、「かつてパープ pāp（悪業）をしたから、お祈りしているのだ」と噂し、どのようなパープをしたか想像をめぐらす。聴き取り調査をしたマナン出身のグルン達が、筆者に対して「マナンギ」を自称しなかったのは、上記のような「マナンギ」という呼称に染みついたステレオタイプを忌避するためと考えられる。しかし、名刺にあるように○○ Gurung と名乗っても、必ず「マナンのグルン manāṅ ko guruṅg」と付加えることから、アンナプルナ山群の南斜面に広く分布しているいわゆるグルンとは一線を画す意識が明確に伺える。ここで事例として取り上げるマナン出身のグルンである KC. グルン氏も、これから見ていくようにかつて家族で国際貿易に関わっており、名前に「グルン」と記した名刺を筆者に渡す際に「マナンのグルン」と名乗っていた。彼のホテルは、事例①で取り上げた 13 室で始まって 120 室を擁するようになった 2 つ星ホテル、カトマンドゥ・ゲストハウスに対し、開業当初から 3 つ星ホテルで、タメルで最初の「高級ホテル」と自負している。

　他方、1959 年以降、ネパールにチベット人が亡命するようになり、1960 年代に難民のための授産事業としてカーペット産業が興った。その製造や貿易でチベット人は成功をおさめ（Hagen 1996：216-224）、1980 年代にはネパールにおける重要な輸出産品となった。D. ラナ氏が語るように、彼／彼女らを保

護するためにネパールに難民キャンプが複数設営され、諸機関から援助を受ける機会に恵まれ、また難民であることから外国人ツーリストが積極的に土産物を購入したり個人的に支援したりすることで、地元のネパール人よりも裕福になっていくチベット人もいる。それを元手にして、「チベットの骨董品」やタンカ thaṅka（仏画）等の土産物を売る店を開いたりしているが、その土産物の多くはネパールで作られている（Strauss 1992 : 90）という。このようなネパール産の「チベットの土産物」が売れることに乗じて、ネパール人がチベット・タンカを描くようになったり、その生産に関わるようになってきた（Bentor 1993 : 128）。第4章で検討したように、このようなネパール人によるチベット文化の商品化は、ネパールにおいてチベット・イメージが定着する過程で生じたことである。ここでもう一つの事例として取り上げるウッツェ・ホテルの経営者も1959年にチベットを脱してきた一人であり、1970年代からタメルのツーリズムに関わりながら、1991年に当時としては規模の大きな49部屋を擁するホテルを開業した。

　これらのマナン出身のグルンとチベット人のホテルに共通していることは、比較的規模の大きいこと、外観がタメルの安宿とは異なる少し高級そうな雰囲気を漂わせていたこと、内装に仏教色が色濃く反映されていることである。すなわち、1990年代のタメルの安宿には見られない広くて明るい豪華な雰囲気のあるエントランス部分には、高い天井から煌びやかなシャンデリアが吊り下げられ、その一方で壁面にマンダラが掛けられたり、天井に緑と赤を基調にした寺院にあるような模様が描かれていたりする。そして、受付に立つと目に入るところに、ポタラ宮殿やダライ・ラマ十四世の写真、チベットの地図が掛けられていたりする。その隣にビレンドラ国王夫妻[73]の写真が掲げられていることもある。また、ホテルの名前には、チベット、ポタラといったチベットを表象する地名や、シャンバラ、ニルヴァーナといった仏教文化に因んだ名前が採用されている。マナン出身のグルンであれば、マナン、マルシャンディ、ティリチョー、ピサンといった彼／彼女らの出身地の地名に因んだホテル名をつけることが多い。

　以下では、タメルで最初の「高級ホテル」を経営する KC. グルン氏と、同

様にタメルにおいては相対的に大規模なホテルを建てたチベット人「企業家」とその妻の語りを要約・再構成したものから、発展後期のタメルの特徴を見ていくことにする。なお、後者の前身は、事例①で触れた1971年にカトマンドゥ・ゲストハウスの近くで開業したウッツェ・レストランである。また、タメルにおいて多くの「企業家」が参入する機会を拡大することになったレンタル・ホテルに着目し、経営者として関わってきたポカラ出身のグルンと旅行代理店で働いてきたその妻の語りの要約・再構成から、その実態を考察する。

■事例③：マナン出身のグルンが経営するホテル（1990〜）[74]
ホテルの開業

　1975年頃に村からカトマンドゥに移住した。ホテルを開業する以前は、家族で香港やシンガポール、バンコクで貿易を行っていたが、あまりうまくいかなかった。今でも少しやっているが、昔ほど熱心には行っていない。なぜなら、かつては我々しかこのビジネスをしていなかったのに、今ではいろんな人が貿易に参入してきて、競争が激しくなったからである。1980年代にタメルに土地を買った。

　1988年頃、タメルで荷物を抱えたツーリストが部屋を探して歩いているのを見かけて、ホテルを開業しようと思った。きょうだいでホテルを開業した。現在、自分がホテルの経営を担当しているが、きょうだいは、金融業や航空会社等、それぞれ別のビジネスを担当している。重ならないように別のビジネスを行っているが、お互いに助け合えるところでは助け合っている。親戚のホテルはタメルに5軒くらいあるだろう。今は閉めてしまったが、随分前、ポカラの市街地にカカ（父の弟）のホテルがあった。

　ホテルを開業した当時、タメルには小さなゲストハウスやロッジしかなくて、うちのような「高級ホテル」はなかった。最初の頃のホテルは、ラナの邸宅を使っていた。人が住むために建てられた建物の一部を、ツーリストに提供してきたようなものである。タメルにある多くのホテルは10〜12部屋位しかなく、もともとホテル仕様に造られていなかった。このホテルは最初からホテル仕様に造り、開業当初から55部屋あった。この位の規模が丁度良いので、増築し

ていない。1990年にホテルを開業してから1～2年間は、凄く良かった。それからあとは、急に増えたホテル間で競争が激化して大変だ。

　自身は、ホテル産業はよく分からないので、ホテルの設計はインド人の建築家に任せ、ホテル経営は5つ星ホテルで働くマネージャーを、5つ星ホテルよりも高い給料で雇って仕事を任せている。自分はそのマネージャーについてホテル経営を勉強している。コックも高級レストランのコックを高給で引き抜いて来た。給料をたっぷり支払えば、従業員は他のホテルに移ったりしない。■

　KC.グルン氏のホテルは、エントランス部分の天井が高く、明るく開放感がある。ホテル産業に参入した背景には、外国貿易をする中で得られた知識や経験がある。その結果、それまでタメルになかったような新しいスタンダードを、タメルにもたらすことになった。もちろん、マナン出身のグルンであれば、全員が「高級ホテル」を開業するわけではなく、中には多額の投資が必要ではないキッチュな土産物や骨董品、雑貨を扱う店を経営するなど、それまで行ってきた国際貿易の延長上で始められるビジネスに従事している人もいる。他の人々に先駆けて国際貿易に参入していたのは、D.ラナ氏が指摘したようにマヘンドラ国王から貿易に関する特権が与えられたからであり、その結果、1976年に公的に特権が廃止されるまで東南アジアを中心とした国際貿易を独占的に展開してきた。マナン出身のグルンは麝香や薬草を商品とし、コルカタやデリー、ムンバイにも販路を拡大していた。

　KC.グルン氏と同じようにかつて国際貿易を行って現在ツーリズムに関わっているマナン出身のグルンの中には、1960年代からマレーシアやタイのビーチ・リゾートの周辺で、欧米からのツーリスト相手にアクセサリー類を引き売りし、既にツーリズムを経験していた人もいる。第2章で見たように、折しもツーリズムが第三世界を包摂していく時期であり、東南アジアではタイ航空の国際線が就航を開始した時期でもあった。この時期に、仲間と数人単位で、いわばグローバルな世界経済を経験していたと言える。

　マナン出身のグルンが国際貿易を展開させつつ段階的に移民していった過程を明らかにしたSpengenによると、1960年代に故郷のマナンにまず家を建て、

それから移住先のポカラに家を建て、カトマンドゥにも家を建て、更にはバンコクや香港にアパートを購入することもあった（Spengen 1987：243）。この過程で、1980年代にカトマンドゥで空いている土地を購入したところ、そこが当時畑が広がり、木々が生い茂るタメルであった。ツーリストが来るようになり、1980年代から1990年代にかけてホテルを建てるようになった。

　事例①と②から、ツーリズム空間が形成される包摂期から発展前期にかけて、タメルでは長期的展望に基づく投資が行われてこなかったことが指摘できる。1990年代になると、K.C. グルン氏の事例のように、他産業で経験を積み、資本を蓄えたマナン出身のグルンの参入によって、タメルにおけるホテル産業に質的規模的な変化が部分的に生じ、それが広がっていった。しかしながら、マナン出身のグルン達が1980年代にタメルに土地を購入した時には、その利用目的は考えていなかった。たまたまそこがツーリズム空間になったことを受けて、偶発的にツーリズム産業に参入したのだが、その際に専門家の知恵を借りて、戦略に基づき少なからぬ投資をしている。これらのマナン出身のグルンのビジネスについて、コミュニティの結束が固いことが成功の一要因とされている（Zivetz 1992：123）。事例③は、タメルに親戚のホテルはあるが、きょうだいは男女とも金融業や航空会社を経営するなど、助け合えるように、業種が重ならないようお互いの利益を考えて「戦略的」にビジネスを展開していることから、このZivetz（1992）の議論に通じる。

■事例④：チベット人の開業したホテル（1991～）[75]
ネパールにおけるチベット人

　1959年、14歳の時にチベットからダライ・ラマと一緒に移動する人々の後ろについて歩いていたらインドに着いた。もともとラサの近くのギャンツェに住んでいた。ダージリン、デリー、ダラムサラのチベット人居住区を転々としていたが、親兄弟もなく、1人では入植地 settlement に住めなかったのでカトマンドゥにやって来た。この時約8万人のチベット人がインドやネパールに流入して、そのうち2万人がネパールに来た。今でもチベット人はネパールに流入し続けている。現在カトマンドゥに住むチベット人は8千人から1万人で、

タメルにはその内の約千人が住んでいる。タメルに住んでいるチベット人は、みなツーリズムビジネスに関わっている。タメルの外にいるチベット人は、カーペットや「チベットの土産物」を作っている。リュックの縫製もネパール人に教え、シェルパと共に The North Face[76] の偽物を製造している。1996年から1997年にかけて、ネパールからアメリカ合衆国に渡ったチベット人は約2千人にのぼる[77]。女の子をアメリカに送ればそこで働いて、2～3カ月に1度、約1千米ドルを送ってくるが、男の子はタメルで働かずに浪費してばかりいた。仕事をせずにタメルをふらついていたチベット人少年を、アメリカに送りだすことができてほんとに良かった。

現在（1998年時点）、息子と娘はインドに留学している。ホテルは娘に任せるつもりなので、ネパールにいる間はカウンターに座らせて仕事を覚えさせている。そのうちオーストリアに1年間留学させて、ホテルマネジメントを勉強させる予定である。

タメル以前

カトマンドゥに来た当初、ツーリストにカーペットやバッグを売るビジネスをしたが、うまくいかずに2年間でやめた。バサンタプル[78]で何をしようかと考えながらヒッピーと喋っているうちに、レストランを始めることを思い立った。デリーで知り合ったチベット人と一緒にレストランを開いたが、店番が必要になり友人の勧めもあって結婚した。バサンタプルはテナント料が高かったので、当時、カトマンドゥ・ゲストハウスしかなかったタメルで開くことにした。タメルにレストランを開くことにしたもう一つの理由は、ツーリストがガンジャ[79] gājā とハッシッシの煙や大音量の音楽に邪魔されない、静かな寛げる場所を必要としていたからである。当時のバサンタプルでは、レストランのテーブルの上にも床の上にも外国人が座り込んでガンジャやハッシッシを吸って煙が立ち込め、大音量の外国音楽が鳴り響いてうるさかった。それで、ガンジャとハッシッシと外国音楽を禁止して、静かに物を書いたりお喋りしたりできる場所をタメルに構えることにした。その頃のタメルは、小さな土で造られた家があって畑が広がり、灯りもなくてブート（幽霊）が出るような場所

であった。

ウッツェ・レストランの開業

　1971年、カトマンドゥ・ゲストハウスの斜向かいにチベット料理を出すウッツェ・レストランを開業した。場所を探している時、カトマンドゥ・ゲストハウス内にレストランを開くよう勧められたが、テナント料金が月々500ルピーだったので断った。自分で探した場所のテナント料金は、月々250ルピーであった。外国人は背が高くて天井に頭をぶつけるので、屈まなくてもすむように、会計をする場所の天井を高くした。1993年にそこを引き払う頃には、150人入れる大きなレストランに拡大しており、テナント料は月々35,000ルピーであった。

　レストランを開業した頃、カトマンドゥ・ゲストハウスの前にアメリカのピースコー[80] Peace Corps（平和部隊）の研修所 training center があったので、アメリカ人が30〜40人、毎日ランチを食べに来てくれたし、その他韓国人やロシア人も来てくれ、知り合いになった。少しずつ建物を借りて、レストランを拡張していった。一緒にビジネスを始めたチベット人のコックは、他の人に何か言われて8年後に辞めて行った。彼が辞める時、それまでの利益を折半するよりも多く彼に渡した。その時、15人いたスタッフはみなウッツェに残った。辞めたコックのそばで8年間仕事をし、後半はコックの監督下で実際に調理をしていたネパール人の男がコックになった。辞めたコックは独立してレストランを開いたが失敗し、2年後アメリカへ渡った。しかし、行ったもののあちらでもうまくいかずに戻って来て、今はボーダ[81]に住んでいる。アメリカで働く彼の妻からの送金で暮らしているらしい。

　開業当初、モモ[82] 1皿が4ルピー（1971年の換算率で143円）、今は50ルピー（1998年同104円）位する。1980年代中頃は、ビール1本28ルピー（1985年同389円、原価18〜19ルピー）であったのが、1998年現在では120ルピー（1998年同250円、原価65ルピー）する。付加価値税を35%とるようになって、更に値段が高くなった。

ウッツェ・ホテルの開業とツーリズムの課題

　現在ホテルのあるジャタの土地は、1983年頃に銀行から400万ルピーをローンで借りて10アナ[83]の面積の用地を購入したものである。1991年にそこにホテルを建てて、ネワールのホテル経営者に任せてホテルを開業した。タメルの土地は一時期1アナ200万ルピーに高騰していたのが、1998年現在では150万ルピー位に値下がりした。いずれにしても、今は数千万ルピーないと土地を買えない。レストランを賃料を支払って25年間経営していたが、その支払いは大変だった。最初に開業した場所に愛着はあったけど、契約更新がうまくいかず、1993年にその場所を引き払って、ウッツェ・ホテル内にレストランを移転した。その頃、1階部分は18,000ルピー、2階部分は17,000ルピーを月々賃料として要求されていた。ウッツェ・レストランがホテルに移転するまでは、ホテルに35人のスタッフ、キッチンには5人のスタッフがいて、ツーリストには朝食だけを出していた。その後、ホテルでレストランを再開業して、キッチン・スタッフを11人にした。

　ホテルの競争がひどくなったのは1992年頃からだろうか。その原因の一つは、ホテルガイドの存在である。空港でホテルガイドがツーリストを待ちうけていて、既にホテルを予約してきたツーリストでも他のホテルに連れて行って、ホテルから宿泊料の50%を手数料として要求する。ホテル料金を不当に安くしてツーリストを連れて行きながら、その半分をガイドが取るんだ。ウッツェでは専属ホテルガイドを1～2人雇用して、予約客を空港に迎えに行かせたりするのだが、ウッツェに予約済みの客を他のホテルに回して、そのホテルから手数料を取ったり、送迎込みの料金で宿泊の予約を受けているのにタクシー代と称して初めてネパールに来たツーリストから法外なお金を取ったりするガイドがいた。これまで6年間で10人のガイドを辞めさせた。ホテルに着いたら妻がツーリストに確かめるのだけど、悪行がばれて妻が叱ると走って逃げていく。「安くしないでサービスを向上しよう」と周りのホテルに訴えているのだけど、5つ星ホテルに20米ドル[84]で泊まれたりする。ホテルガイドの他に、タクシードライバーにも問題がある。いつだったか、タメルの入口で車が壊れたといって客と荷物を降ろし、空港からのタクシー代としてツーリストから

25 ポンド（2〜3 千ルピー）[85] を取ると、壊れた筈の車で走り去ったということもあった。ホテル間の競争が不健全になっている。

　ネパールのツーリズムは、民間部門は努力してよく働いている。しかし、ネパール政府は食料品価格の値上がりや不健全な競争を統制しない。税金を取っても公衆トイレ一つ造らない[86]。ツーリストの語るトイレにまつわる話は聞くと笑ってしまうが、深刻な問題である。VNY1998 だというのに、飛行機も足らない。インドのように大きな国であれば国内に金持ちもたくさんいるからツーリストはいるが、ネパールでは外国人ツーリストに来てもらうしかない。ツーリストは歩いて来るわけにいかないのだから、飛行機を飛ばさなければならない。

　1995 年のフード・フェスティバルではウッツェのチベット料理を出して、最優秀賞に選ばれた。1997 年には、カトマンドゥ・ゲストハウスと共に、タメルにおける長年の貢献が認められて TTDC に表彰された。ネパール・テレビがどうやってホテルが成功したのか、成功の秘訣を取材しに来たことがあった。成功の秘訣は、努力である。スタッフの質が悪くて成功しないことがあるから、朝 6 時から夜 10 時、11 時まで自分で見回っている。スタッフに任せきりにしていたらうまくいかない。今でもレストランで使う肉や魚は、自分があちこち市場を回って買って来る。スタッフに行かせると、高いのを買ってきたり、お金をくすねたりするから。

　問題はスタッフだけではない。宿泊代や食事代を支払わずに逃げていくツーリストもいる。そのやり方が巧妙で騙されるのだ。以前、4 人組で来たツーリストが 15 日間宿泊し、飲食も全てつけで済ませていたことがあった。ある日、「仲間の 1 人が体調を崩して部屋で寝ている」と受付に声を掛けて、3 人が出ていった。暫くして心配になって部屋を覗くと、人がベッドで寝ている。大丈夫かと思ってみてみると、人が寝ているように見せかけた丸められた布団であった。毛布まで持ち去られていた[87]。

　その他のタメルの問題として、景観が外国みたいになってしまったことが挙げられる。伝統的なネパール、チベットの文化を出すべきだ。外国音楽ばかり鳴らしているから、ツーリストは寺院に出かけて初めてネパールに来たと分か

るのではないか。店をネパールらしくすればツーリストも喜ぶし、それなら多少汚くても良い。ただ、チベットらしさを追求すると寺院みたいになってしまって重苦しくなるので、ウッツェ・ホテルは少しだけチベット風にしてみた。■

　チベット人がネパールに亡命した頃、ネパールを訪れるツーリストも少しずつ増えていた。彼がバサンタプルで経済機会をうかがっていたということは、外国人ツーリストの存在に何らかの可能性を見出していたからであろう。カトマンドゥ・ゲストハウスの開業後、3年してからレストランを始め、規模を拡張し、その過程で得られた資本を1980年代にタメルの土地に投資、1990年代になって専門的な知識を借りながらホテル産業に参入した。タメルの発展と共にツーリズムを通して資本主義的な活動を拡張、多角化し、自身も「企業家」として成長してきたと言える。しかしながら、このような地道な努力を重ねてきた「企業家」の前に立ちはだかる障害は少なくない。ホテル間競争が激化するようになった時期は、「企業家」の参入が増加しただけでなく、ホテルガイドが介在することによってホテル料金の過度な値下げが進み、採算の合わないような不健全な競争が助長された。更に、「企業家」を騙そうとするツーリストの存在も看過できない。そして第4章で指摘したように、VNY1998だというのにRNAC（当時）と政府の無策により航空機が不足、民主化以降民間資本を誘致するための制度を整備したものの、「企業家」の努力を有効に後押しするどころか、虚しさに変えたのも政府であった。そうはいっても、統制のとれなくなった過当競争を生き残るために、「企業家」は努力を怠ってはいられない。ホテルを継続させるために、娘をインドやオーストリアへ留学させて後継者として育成しようとしている。ヨーロッパにおけるホテル経営の知識を習得させ、同時に外国で経験を積ませることは、ウッツェの更なる発展のための布石に他ならない。

　ウッツェの経営者の妻や娘のように、レストランやホテルを経営する場に女性が積極的に関わっているのは、チベット系、チベット・ビルマ語系の社会においてしばしば観察される。この時も、はじめ経営者が筆者に応対してくれていたが、筆者の問いに対して記憶が曖昧なところを妻に尋ねるうちに、話の主

導権は妻に移っていった。妻は受け答えしながらも忙しなくスタッフに指示を出し、ツーリストと遣り合ったりしていた。この一例で断じてはならないが、このことは、チベット系やチベット・ビルマ語系社会では女性が比較的自由に社会的経済的活動を行ってきたというZivetz（1992）の指摘に通じよう。

　事例③、④とも、ホテル産業に参入する前に別の産業で資本主義的な経験を積み、資本を蓄積してきた点、土地は1980年代に購入してあったがそれまでタメルに見られなかったホテル仕様の「高級ホテル」を建てるために少なからぬ投資をしている点、③は5つ星ホテルから有能なマネージャーを高給で引き抜いて、④は本人達が同時に別の場所でレストランを経営していたこともあるが専門のホテル経営者に任せて、ホテル経営にあたらせている点で共通している。1980年代までの、ツーリストが来たから自宅の空いている部屋に泊めて、何か欲しいと言われたところで可能ならその要望に応えるというような形態のホテルとは違う、最初からホテルとしての物理的環境とサービスを提供する「高級ホテル」であろうとしてきた努力が、この時期のホテル産業の特徴と言える。他方で、競争に耐えられずにタメルを去る「企業家」も少なくない。その温床となっているレンタル・ホテルに注目して、その経営者の実態を次にみていくことにする。

■事例⑤：ポカラ出身のレンタル・ホテル経営者[88]
タメル以前
　1970年代、ポカラにあるペワ湖に浮かぶ小島にある4つ星ホテル、フィッシュ・テイル・ロッジで働いたのが、ホテル業界で働いた最初だった。2年間その高級ロッジで働いた後、カトマンドゥのダルバール・マルグにあるホテル・アンナプルナ、同じくヤク・アンド・イェティ、タメルに隣接したレクナートマルグにあるマッラ・ホテル、カトマンドゥの南にあるラリトプルにあるサミット・ホテル[89]で仕事をした。いずれも公募に応募した。転職するたびに昇進し、給料も上がっていった。最後に勤めたサミット・ホテルで経営者と喧嘩して、その職場を辞めた。
　職を失ってから、日本人の友達に日本に出稼ぎに行きたいと手紙を出したが、

日本でも仕事はないと断られた。従兄弟のいるアメリカに妻が出稼ぎに行ってと頼むのでどうしようか迷ったが、幼い子どもを置いていくのが忍びなくて、それまでのホテルでの経験を生かして、タメルでホテルを開業することにした。

レンタル・ホテル経営

1992年に、タメルのジャタにあるホテル、ホワイト・ロータスを月々60,000ルピーで借りて経営することにした。ホテル所有者は「マナンギ」で、おそらくスン（金(きん)）のビジネスで金を儲けてホテルを建てたのだろう。ホテル所有者がこのホテルをカトマンドゥ市役所にしか登録しておらず、観光省に登録していなかったので、TTDCのメンバーに登録できなかった。

タメルでは、高級ホテルと違ってネクタイを締めなくてもいいし、半ズボンをはいていても構わないので楽。ホテルの1階部分を家族の住居用にしていたので、ホテルに朝から夜までずっといる。レンタル・ホテルを借りる時には、毎年最初に1年分の賃料を支払わなければならない。ホテルを始める時、香港にいるバンジャ bhānjā（姉の息子、甥）から15万ルピー借金をしたので、年利約25％の利子を払わなければならなかった。開業後、2〜3年間は景気が良くて利子も払えていたが、そのうち経営が苦しくなって妻の親から貰った金も使い果たし、香港にいるバンジャから無利子で金を借りた。このホワイト・ロータスを出て行く時に、全部で10万ルピーの赤字が残った。でも、その間、家族皆が食べて暮らせて、子ども3人を学校に通わせられたから、良かったと思わないといけない。

1992年前に開業した時にはホワイト・ロータスの周りにホテルはなかったが、今（1996年）では4軒のホテルがある。それらのホテルの賃料は月々40,000ルピーから55,000ルピーなのだが。ホワイト・ロータスには25部屋あって、回転率はせいぜい55％位か。近所のガジャル・レストラン[90] gajal restaurant が夜遅くまでうるさいことと、近所に5階建て位のホテルがいくつも建っていて日当たりが悪いのが難点だ。10〜11月のツーリストシーズンだというのに、4〜5室しか埋まらない日がある。

自分のホテルでは掃除のために女の子を2人、夜番や買物をするために男の

子を1人雇っているが、それぞれ月々900ルピーを支払っている。かつて2回逃げ出した男の子が、「もう間違いをしません」と言って戻ってきたので、また雇ってやったが、使用人を使うのは大変だ。親戚が連れてきた使用人の中には、ツーリストに外国に行くヴィザを手配してもらいたいから私に英語で通訳してくれと言う人もいる。そんなことをツーリストに頼めるわけがないので断ったが、それに、使用人がツーリスト用のコーラやファンタを飲んだり、牛乳をたっぷり入れて茶を沸かして自分で飲んでしまうので不要な出費がかさむ。夜番なのに起きないから自分が起こしに行かなければならない使用人もいる。箒をかけるのも下手だし、ベッドメイキングを何度教えてもうまくできない使用人もいる。自分は高級ホテルで働いていたから、レセプションの仕事からベッドメイキング、お盆の持ち方、給仕の仕方も知っているので教えるのだが、なかなかうまくならない。

　ホテルガイドは、例えば1泊200ルピーするホテルであれば、ガイドに100ルピーを、2泊する客を連れてきた時には200ルピーを渡すが、3泊以上であっても200ルピーなので、ホテルにとっては3泊以上泊まるツーリストが来れば儲かる。ただ、インド人の多くは2泊しかしないので、はじめから1泊分の手数料を要求する。もしホテルガイドにツーリストを連れてきた手数料を渡さないと、例えばカトマンドゥ・ゲストハウスに予約している客でも、カトマンドゥ・ヴュー・ゲストハウスといった似た名前のホテルに連れて行って手数料を取ったりするんだ。タメルには、似たような名前のホテルが多い。タメルのチェトラパティの方にホワイト・ロータス・ゲストハウスというホテルがあるが、ホテル・ホワイト・ロータスに来るつもりの客が時々間違えて行ってしまう。

　変なツーリストにも困っている。ある時、子供を3人連れた女性ツーリストが200ルピーの部屋に2カ月ほど泊まって、飲食もホテルでしていた。やがて宿泊費や飲食費を支払わずに出て行くというので、警察を呼んでパスポートを預かり、ツーリストの家族に送金を頼んで支払ってもらった。彼女が他のホテルに泊まるようになると、そのホテル経営者が「警察沙汰になったって本当か?」と心配して訪ねてきた。また別の男性ツーリストは15日間滞在していたが、1週間位して彼に金がないことが分かり、ツーリストの出身国の大使館

に通報した。やがてその大使館から男性ツーリストの宿泊費、飲食費がホテルに支払われ、その男性には帰国用の航空券が渡され、国に帰されたということもあった。

ホワイト・ロータスからカリフォルニアへ

　1999年4月にホテル・ホワイト・ロータスの賃借契約が切れる時に、所有者がホテルを自分で経営すると言ってきたので、他のホテルに移ることにした。その際にタメルにあるいくつかの目ぼしいホテルを見て回った。バグワン・バハルのそばにある新しいホテルと月々50,000ルピーの賃料で契約しようと思ったけど、部屋に網戸がなく、ベッドにブランケットもないのでやめた。JPスクールにある新しくないホテルを見に行ったら、スビダ（施設）は整っているが塗装がはげかかっていて、月々70,000ルピーかかると言われた。レストランは儲かるから、レストランのスビダのあるホテルに移ることも考えた。メキシコ人の友達が、メキシコ料理の店を一緒に開こうと言ってくれ、少しなら出資してくれるとのことだった。候補に挙がったホテルはタメルの路地の少し内側に位置しているので静かだし、庭が広く、ダイニングルームも付いている。ただ、レストランを開くと人手が必要になる。例えば、コックには最低でも月々4,000ルピー、キッチン・ヘルパーには1,000ルピーで良いとしても2人は必要だろう。給料だけでコックに年間48,000ルピー、ヘルパー2人に24,000ルピー、合わせると72,000ルピーの出資になる。あるいは自分がキッチン・ヘルパー2人分の仕事をしたらどうだろうか。料理の品目を少なくして、食材の在庫をできるだけ少なくして、ネパール人用にダルバートを安く出して、ツーリストにはフライドライスやスープ、サンドイッチを出せばいいと考えている。

　1999年4月にシェルパが所有するホテルに移って開業した。ホテルの名前は、アメリカ人の友達に勧められて、ホテル・カリフォルニア（口絵5）とした。アメリカ人の友達はホテルを改装するのに5,000ドル出資すると言ってくれた[91]。月々43,000ルピーの賃料がかかるが、隣のピラミッド・ホテルは月々50,000ルピーした。隣のホテルの方がスビダは断然良かった。経営者がインド人なので、大型バス仕立てでよくインド人が泊まりに来る。1台のバスに生徒

を80人位詰め込んで、玉葱、米、小麦、ジャガイモまで積んで来る。1部屋（2人部屋）に4人泊まらせて、1,000ルピー位宿泊料金を取っていた。

　カリフォルニアでは、マッサージ・パーラー、コミュニケーション・オフィス、コールドストアにそれぞれ1部屋ずつ貸し出し、自宅用に3部屋と倉庫を使い、それ以外は客室にした。ホテルの屋上にある貯水タンクに、HOTEL CALIFORNIAという文字を看板がわりに書いた（写真6-14）。自分で金属板にペンキを塗り、字を書く作業を娘にやらせてもよかったのだけど専門家に頼み、500ルピーを支払った。日当たりの悪い部屋には悪臭が染みついていたので、絨毯を取り払って窓を暫く開け放してきれいにした。各部屋の細かいところまで全て自分一人で見て、問題ないか確認した。以前住んでいたホワイト・ロータスは日当たりが悪かったが、カリフォルニアは日当りが良く、隣のピラミッド・ホテルと共同で地下水を利用できるので、水の問題もない。問題はホテルの隣にある仕立屋で、朝6時からインド人が仕事で使うミシンの音がうるさく響き渡ることだけだ。

　カリフォルニアも最初の2年間はタメルに来るツーリストが多くて良かったが、次の1年は赤字でも黒字でもなく、その後の2年は赤字で、あちこちから借金をすることになった。開業から約5年後、カリフォルニアを閉業して、ホテル経営から身を引き、タメルの外に引っ越すことにした。その後、スンダラで旅行代理店を新たに開業し、ネパール人を対象に航空券を手配する仕事を始めることにした。自分は社長だが、実際には旅行代理店に長年勤めていた妻が采配していた。

写真6-14　ホテル・カリフォルニアの屋上と看板（2004年）。

妻から見たツーリズム

　ダルバール・マルグにあるホテル・アンナプルナ[92]と塀で仕切られていた隣のラナの邸宅に住んでいた。ホテル経営者がホテル・アンナプルナに9年間勤めていた間に知り合い、親に反対されながらも18歳でインター・カースト結婚をした。結婚後は塀の向こうのホテルの宿舎に引っ越した。結婚を機に学校をやめて暇になり、夫の勧めもあって英語とタイピングの学校に通い、アメリカのプロジェクトで職を得た。やがて、ラナの親戚が旅行代理店を開業したので、その代理店で働くようになった。1996年の時点で7,000ルピーの月給を稼いでいた[93]。自分が稼ぐようになってから、諸般の事情でラナの邸宅を出ることになった父母の面倒を経済的に見るようになり、酒で肝臓を壊した父[94]の最後を看取った。夫に金を欲しいと言ったことはない。自分の稼ぎから毎月6,000～7,000ルピーは離れて暮らす母親に渡さなければならないし、子供達がノートやペン、服が欲しくなったら父親に言わず、母親に頼みに来るので出費がかさむ。娘2人は最初サルカリ sarkārī（公立）スクールに行っていたが近所の私立学校に転校させ、息子は最初から外国人が通うような年額8万ルピーの私立のボーディング・スクールに通わせている。これらの子供の学費は旅行代理店からの月給とその副収入がなければ支払えない。家族旅行も自分の収入から支出する。日々の野菜や肉も自分の収入から支出する。

　夫は毎朝、近所にお茶に入れる牛乳を買いに行く。ホテルやうちの台所仕事や掃除を率先してやるので、息子も父親にならってよく家事を手伝い、台所の床拭きもしてくれる。ラナの男なら家事をしないので、グルンと結婚してよかった。勤め先の旅行代理店へは夫がバイクで時々送り迎えしてくれた。そのバイクも自分が買ってあげたものである。ホワイト・ロータスからカリフォルニアに引っ越した頃、勤めていた旅行代理店を辞めて、タメルのジャタに知り合いと一緒に旅行代理店を開いた。

　カリフォルニアには、そのうちツーリストがあまり来なくなった。来ても年頃の娘達の教育に悪いことを公衆の面前でしているし、昼間からマッサージに男達が出入りして、酔っ払いの喧嘩も多く、深夜に女の子を連れて泊まりに来る地元の客もいたので、早くカリフォルニアを閉めてタメルの外に引っ越した

かった。ホテルを開いているだけで赤字が 20 万ルピーにまで増えたので、ホテルをやめることにした。

　スンダラには夫の親戚（グルン）のホテルや代理店が既にいくつかあったので、その伝手を頼って旅行代理店をスンダラに開業した。その頃、出稼ぎに行くネパール人や飛行機を使うネパール人客が急増しており、スンダラにホテルや代理店が次々と開業していた。しかし、夫はパソコンを覚えようとしないし、旅行代理店の仕事ができず、オフィスに来てもすることもなく座っているだけなので、「グルンの息子 guruṅg ko chorā なんだから外国に出稼ぎに行って」と頼んだ。夫が嫌がったので内緒でホワイト・ロータスの常客だったアメリカ人の友達に手紙を書いてヴィザの手配を頼んだところ、幸いヴィザが発給されたので、2005 年にアメリカに送り出した。

　夫が出稼ぎに行って、旅行代理店を廃業したが、たまに夫から送られてくる数百米ドルでは生活ができなくて困った。それで自分が旅行代理店の元同僚の伝手を頼って「ビジネス」[95] を始めた。外国に出稼ぎに行くネパール人に色々な手配や世話をした。最初はそんなにお金を貰わなかった。外国に人を送ると言うと悪い仕事のようだけれど、自分は感謝されているから、次第に謝金を多く貰うようになって、かなりお金を稼いだ。それを元手に土地を買おうと考えている。夫には言っていないけれど。今は子供達も学校を卒業して仕事に就いたし、ネパールも落ち着いたので帰ってきてというのに、夫はアメリカから戻って来ない（2011 年 3 月時点）。■

　タメルにあるホテルのほぼ半数をレンタル・ホテルが占めている。ホテル所有者と経営者の関係や取引内容は一様ではない。ここで紹介した事例⑤では、ホテル賃貸借料と契約期間をホテル所有者と経営者の間で決めた後は、所有者はホテル経営に関わっていなかった。1999 年までは、ネパールを訪れるツーリスト数が右肩上がりに増加していた時期であり、これに伴いタメルでもホテルが増加した。この好況を背景に、ホテル所有者が更なる利益を求めて賃料の値上げを求めたり、自ら経営に乗り出したりすることがしばしば起こる。こうして、経営者は賃貸借契約を更新できずに他のホテルに移ることになった。そ

して、ホワイト・ロータスは名前を維持したまま所有者が経営を始め、常客に多かった欧米のNGO関係者やトレッカーの中には、その後もホワイト・ロータスの常客であり続けた人もいたという。近隣の人々に尋ねて経営者の移転先、カリフォルニアを探し出す人もいるが（筆者もその一人である）、それまでの常客をホワイト・ロータスに置いて、新しい場所で、新しい看板を掲げ、新たなスタートとなった。

　経営者がタメルで借りられそうなホテルを探してみると、複数の候補がすぐに見つかった。なぜならば、ホテルが次々と建てられ、乃至再開業する一方で、閉業するホテルも少なくなかったからである。それに、タメルでのツーリズムの発展を背景に、上記のようにホテル所有者と経営者の契約更新がうまくいかなくても、高額で借りる「企業家」が次々と現れた。事例⑤のように、資本をあまり持たない経営者は、より賃料の安い物件を探そうとする。賃貸借料にはこのような「企業家」間の駆け引きの他に、ホテルのロケーションや規模、水回り、施設の充実度や劣化度、日当たり等様々な条件が反映される。

　ホテル・カリフォルニア開業後の最初の2年間は、タメルでもホテルが増加していた時期に相当し、経営は順調であった。食材の無駄を減らすためにダルバートを主要なメニューにしたレストランをホテル内に開業した。レストランに専門のコックを置かず、主に経営者がスタッフに指示を飛ばしながら切り盛りし、手が空いていれば妻が台所で調理をし、一家が夕食のダルバートを食べるのは夜の9～10時頃になっていた。しかし、経営者がツーリストの要求に応じて色々な料理を出すようになって、食材管理や切り盛りが大変になり、赤字になってレストランは閉じた。やがてツーリストの減少に伴い宿泊客が減り、設備投資や経費の捻出が困難になった。ツーリストの減少の背景にあった政情不安はますます深刻化し、ネパリ・バンダ bandha（ストライキ）が実施されるとタメルの通りに面した店のシャッターは閉ざされ、ツーリストの影もまばらになった（写真6-15）。経営者はツーリストが来なくても繁盛していたマッサージ・パーラーから定収入を得るべく、他の部屋も貸し出すようになった。

　経営者は、然るべき訓練を受けたスタッフは給料も高くなるので非熟練のスタッフを安く雇用し、サービスが行き届かない分は自らの経験を生かして補填

しようと努力していた。他方でツーリストを少しでも多く確保するために屋上にドミトリーを造り、安価な宿泊料を売りにしてツーリスト確保に努めた。しかしながら、ホテルの公共空間で淫らな行為をしたり、屋上で奇声を発したりする品行に問題のあるツーリストが増え、マッサージ・パーラーのある階では酔っ払い

写真 6-15　ネパリ・バンダ（2004 年）。店はシャッターを下ろし、人影もまばらになっていた。

の喧嘩や、客として入った夫を探しにその妻が乱入する等の騒ぎが常態化し、さらに地元の若者が深夜に女性を連れ込むようになった。

カリフォルニアを閉業する頃には、ホテル1室を100ルピー以下で出す安宿になっていた。裂けて埃っぽいカーテン、灰色に変色したシーツ、脚が折れたりフレームが割れたりして横たわると揺れて沈むベッド、顔を洗うどころか触れるのも躊躇う茶色い水が出てくる水道、流れないトイレ、鍵のかからない窓等衛生や治安の観点から全く快適ではない状態になっていた。経営者はホテルの賃料を払うために借金を重ね、そして家族を取り巻く生活環境がいよいよひどくなったため、タメルを離れることにした。

　事例①の語りが示すように、今日の「ほんとに要求が多い」ツーリストにサービスを提供するには、ホテル経営の専門的知識や、施設の維持管理や拡張の為の再投資が必要になってきた。ツーリストの要求に応えるようにして、事例③④のような「高級ホテル」がタメルに登場することになった。他方、事例②のように自宅の一部を宿として開放している場合、ツーリストが来なくても賃料を支払うために借金をする必要がないため、ツーリスト減少に伴い収益が減っても、直ちに撤退を考えなくても良かった。事例⑤は、景気が良い時にホテル

所有者が経営に乗り出してきたため、他のホテルに移らざるを得なくなり、移転後暫くしたらツーリストが激減、ホテルの賃料を工面するために、宿泊者数が減少したからと言って宿泊料金を上げるわけにもいかず借金を重ね、サービスも低下し、ホテル間競争を生き抜こうと試行錯誤したものの裏目に出て経営破綻し、タメルを去ることになった。

　土地を買ったりホテルを建てたりといった初期投資をしなくても、当座の賃料を事前に支払うことでホテル産業に参入するレンタル・ホテルの経営者は、効率よく短期間で収益を上げることが可能である。しかし、ツーリストの減少に伴い収益の少ない期間が長びくと、タメルに不動産を持たないレンタル・ホテルの経営者は、契約更新に必要な資本を準備できず、ホテル経営から身を引く決断をすることになる。経営者がホテルを去っても、すぐに別の「企業家」が現れるため、変化が激しい[96]。

4. 「企業家」の誕生と成長

4.1. ホテル経営

　タメルにおける143人のホテル所有者のうち、ネワールが際立って多く、次いでマナン出身のグルン、チベット人と続く（表6-4b）。ネワールが多いのは、もともとタメルに住み、あるいは1960年代以降に移住が始まっていた為、タメルにツーリストが訪れる前から土地を持っていたことがその理由として考えられる。後二者が多い理由として、マナン出身のグルンやチベット人は、1980年代、市街地と郊外の境界に位置していたタメルの土地が空いていて、地価が比較的安かったことから、カトマンドゥに移住する過程でタメルの土地を購入していたことが指摘できる。

　カトマンドゥで都市化が進み、他方でタメルがツーリズム空間として機能を集積していくにつれ地価が上がり、土地を高く売って転出する人がいる中で、ある人々はツーリズムビジネスに参入するようになった。包摂期のホテルは、既存の建物の一部をツーリストに開放した小規模な形態で始まったものが多かったのに対し、1990年代以降の発展後期になって、ツーリズム産業に積極

的に投資する「企業家」が見られるようになった。マナン出身のグルンとチベット人である。参入時期による差異も考慮しなければならないが、ネパールの多民族的状況を背景に、タメルのホテル産業をめぐる「企業家」の活動に民族的特徴[97]が顕れていることを、ホテル経営状況から詳しく見てみよう。

ホテルの規模：ホテルの高級化

　表6-6は、ホテル所有者のジャート別にホテルの規模を示したものである。1996～1997年時点で、ラナの所有するホテルの平均部屋数は12.6部屋となっており、タメルで最も規模が小さい。自宅をホテルとして利用していることから、ホテル経営の初期の形態、即ち1968年に開業した、ラナの邸宅を一部開放して13部屋でホテル経営を始めたカトマンドゥ・ゲストハウスの当時の形態が、今も継続されていることが分かる。これに対し、3ホテルしかないので平均を取る意味はあまりないが、シェルパの所有するホテルの平均部屋数は38.7部屋となっている。1990年代になって建てられたホテルが48部屋と大きく、1980年代に開業したホテルの一つはラナの邸宅を利用したものであった。次いで、チベット人32.9部屋、グルン28.3部屋となっており、カトマンドゥに移住したジャートの「企業家」が所有するホテルが、相対的に大規模であることが分かる。

　ホテル規模が大きくなると、初期投資も大きくなる。第4章で取り上げたように、シェルパはヒマラヤ登山に関わり、ツーリズムから経済機会を獲得してきた人々である。マナン出身のグルンやチベット人は先述したとおり、タメルでホテル産業を始める以前に、他の資本主義的活動で資本を築いていたため、初期投資が可能であった。もちろん資本があってもホテルの高級化に投資するとは限らない。1990年代の時点で高級化が図られたきっかけは、事例③で取り上げたタメルの「高級ホテル」の先駆けとなったマナン出身のグルンの例から、次のように考えられる。国際貿易によって資本と外国経験があり、たまたまカトマンドゥに移住するためにタメルに土地を購入しておいた。1980年代にネパールを訪れるようになった、登山家でもヒッピーでもないツーリストに、既に彼や彼の仲間が東南アジアで出会っていた、つまり、ツーリストとはどの

表 6-6　タメルにおけるホテル所有者のジャート別ホテル規模

ジャート	ホテル数（軒）	部屋数（部屋）	平均部屋数（部屋）
シェルパ	3	116	38.7
チベット人*	12	395	32.9
グルン	26	737	28.3
ネワール	70	1,669	23.8
バウン	14	234	16.7
チェトリ	3	50	16.7
タマン	3	48	16.0
ラナ	5	63	12.6
その他	7	247	35.3
合計	143	3,559	24.9

* チベット生まれのチベット人も含む
Morimoto（2007b）より作成

ような存在であるのかを知っていた。折しもネパールで新しいビジネスを探していた。タメルで荷物を抱えて宿を探すツーリストを見て、その当時タメルになかったという「高級ホテル」の需要を察知し、「高級ホテル」を造ることにした。彼の成功を見て、マナン出身のグルンをはじめ資本を既に蓄えていたチベット人が、「高級ホテル」を建てるようになった。このように、タメルの「高級ホテル」増加は、「企業家」の個人的な経験に基づく「ビジネス戦略」から偶発的に起きたといえる。

レンタル・ホテル：社会関係の利用

　タメルのホテルの半数はレンタル・ホテルである。ホテルを借りる際に、ホテルの施設やロケーション等の条件の他に、契約を左右する要因があるのだろうか。ホテル経営者のジャート別に、契約相手の相関を示した表 6-7 を見てみよう。ホテルを貸し出しているネワールは、レンタル・ホテルを貸し出す所有者 73 人のうち、半数の 36 人となっている。このことから、賃貸借契約がネワールのホテル所有者に集中していることは不思議ではない。なお、バウン・チェトリのホテル所有者はホテルを貸し出す率が高く、自身のホテルを経営する率が高いのは、ラナ、チベット人、グルン、ネワールであった。

表6-7 タメルにおけるホテル経営

ホテル経営者のジャート	ホテルを経営しているホテル所有者数 (人)	(%)	ホテルをレンタル・ホテルとしているホテル所有者 (人)							計(人)
			ネワール	グルン	バウン	チェトリ	チベット人*	ラナ	その他	
ネワール	34	57.6	17	1	2	0	3	1	1	59
グルン	12	60.0	2	6	0	0	0	0	0	20
バウン	5	25.0	7	2	4	0	1	0	1	20
チェトリ	2	20.0	4	0	3	0	0	0	1	10
チベット人*	7	87.5	1	0	0	0	0	0	0	8
ラナ	3	100.0	0	0	0	0	0	0	0	3
その他	7	34.8	5	5	0	1	1	1	3	23
計	70	54.4	36	14	9	1	5	2	6	143

* チベット生まれのチベット人も含む
Morimoto（2007b）より作成

　契約相手としてネワールが多くなる他に、グルンの経営者はグルンの所有者から、バウンの経営者はバウンの所有者から借りる傾向が見られる。全体数が少ないので、あくまでも傾向としてしか指摘できないが、安くはない賃貸借料であるから貸す方も信用できる人を探す。中には甘えて賃料を踏み倒したり、強引な値下げを要求したりするから親族には貸さないという所有者もいるが、ホテルを貸す相手として、乃至借りる相手として、親類縁者や同じジャートの人が選ばれることが多い。

　このような社会的関係が重視される例として、マナン出身のグルンは、ホテルを始める等新規事業を興す際に、仲間内の頼母子講で元手となる資本を準備することがある。仲間が事業に失敗すると、自らに影響が及ぶこともあって、どれだけ、どのように投資するのかを相談し合い、事業に失敗した際には支援する。このような社会関係が、ホテルの賃貸借関係にもある程度反映されているといえよう。

　他方、ホテル経営者の中で、他人からホテルを借りて経営するラナは、タメルには見られなかった。先祖から受け継いだ邸宅に住み、周りにホテルが建ち

並び始めたので、空いている部屋にツーリストを泊めるようになった。いずれも安宿で、大きな初期投資も再投資もしないため、ラナの経営するホテルの規模は小さい。ラナの中には、地価が上昇した際にタメルの邸宅を売って転出した人、邸宅を「企業家」に貸し出す人もいるが、タメルでは他ジャートの「企業家」に比べて活躍しているとは言えない。

　ホテルを借りてまでホテル経営をしないという選択は、堅実とも考えられる。先述したように、ホテル経営がうまくいっていたら契約更新の際に所有者が賃料を値上げしたり、その評判を利用して経営に乗り出したりすることもあり、契約更新に至らないことがあるからだ。このような不確かな将来を考えると、経営者が借りているホテルに設備投資をすることに躊躇するのは当然であろう。他方、ホテルを高く貸し出すために、設備投資をする所有者もいる。しかし、ツーリストが少なくなると、高い賃料を支払うことを目的にツーリストから高い宿泊料をとることもできず、開業しているだけで赤字となり、借金を残して夜逃げする経営者もいることから、貸す方も慎重になる。その点、親類縁者であれば、逃げることが困難なので信頼しやすい。このようなリスクを考えると、レンタル・ホテルの賃貸借契約に、ある程度既存の社会関係が重視されることは当然であろう。

ホテルにおける雇用：ローカルの人々にとってのタメル

　ホテル経営者のジャートによって、ホテルの部屋数とスタッフ数、換言するとホテルの質について特徴が見られる（表6-8）。マナン出身のグルンが経営するホテルの部屋数の平均が最も多く、34.5部屋となっている。次いで、チベット人29.8部屋、ネワール26.3部屋と続く。最も少ないのはラナの11.3部屋であった。

　143のホテルで雇われているスタッフは、男女あわせて1,687人であり、1ホテルあたりのスタッフ数は平均で15人であった。スタッフ数をジャート毎に見ていくと、マナン出身のグルンが35.9人と際立って多い。次に多いのがチベット人の16.5人であった。マナン出身のグルンが経営するホテルの部屋数とスタッフ数を、チベット人のものと比較したところ、部屋数1.16倍に対

表 6-8 タメルにおけるホテルの部屋数及びスタッフ数

ホテル経営者のジャート	ホテル数	部屋数（部屋）				スタッフ数（人）				
		計	平均	最多	最少	男	平均	女	平均	計	平均
ネワール	59	1,553	26.3	120	3	610	10.3	149	2.5	759	12.9
バウン	20	359	18.0	28	10	158	7.9	45	2.3	203	10.2
グルン	14	483	34.5	48	18	391	27.9	111	7.9	502	35.9
チェトリ	10	191	19.1	32	10	73	7.3	17	1.7	90	9.0
チベット人*	8	238	29.8	25	2	100	12.5	32	4.0	132	16.5
ラナ	3	34	11.3	15	9	8	2.7	3	1.0	11	3.7
その他	29	701	24.2	95	10	347	12.0	99	3.4	446	15.4
計／平均	143	3,559	24.2	51.9	7.7	1,687	11.8	456	3.2	2,143	15.0

グルン：マナン出身のグルン
* チベット生まれのチベット人も含む
Morimoto（2007b）より作成

して、スタッフ数は2.18倍となっている。サービスの質に部屋数とスタッフ数がある程度比例すると考えられ、マナン出身のグルンが経営するホテルの規模の大きさとスタッフの多さから、タメルにおいて突出した「高級ホテル」であることが分かる。マナン出身のグルンは、もちろん「高級化」に投資する元手を確保できることが前提であるが、外国で実際にホテル・サービスを経験していることや、専門知識を導入していること、マナン出身のグルンの子供達がカトマンドゥの学校を卒業した後、暫く親戚のホテルで働く経験をしたりすることから、スタッフ数が多くなると考えられる。

　スタッフの男女構成にも大きな差異が顕れた。男性スタッフ数が平均11.8人であるのに対して、女性は3.2人にすぎず、タメルでは、ホテル産業におけるスタッフは男性が多いことがまず指摘できる。男女構成をジャートについて見ていくと、マナン出身のグルンのホテルで女性スタッフが平均7.9人雇用されているのが一番多く、次いでチベット人の4.0人であった。女性スタッフ数が最も少ないのは、部屋数もスタッフ数も少ないラナの1.0人であり、またバウン、チェトリ、ネワールも少ない。マナン出身のグルンやチベット人の経営するホテルでは、1990年代の時点で女性がホテルのレセプションやレストランの給仕として働いており、他のジャートの「企業家」に比して積極的に女性

写真 6-16　夜になると賑わいを見せるタメルのダンス・レストラン（2008 年）。

を雇用してきたといえる。このことは、チベット系やチベット・ビルマ語系社会では、女性が比較的自由に社会的経済的活動を行ってきたというZivetz（1992）の指摘に通じる。また、掃除は全て女性スタッフが担うカトマンドゥ・ゲストハウスのように、性別による分業も見られる。

　タメルのホテル産業で働く女性スタッフが少ない理由として、先述したタメルのレストラン経営者であるテジェンドラ・シュレスタ氏は、次のように語る。

「タメルに来ない地元の人にとって、タメルは『いかがわしい場所』であり、そんな場所で働くような若い女性は、売春婦だと思われる可能性があるため、自分のレストランでは敢えて雇わないようにしている。」

　1990 年代、地元の良家の娘やその親達は、タメルに足を踏み入れたことが理由で娘の縁談が壊れることを恐れ、タメルに近寄らないようにしてきた。筆者自身も、当時お世話になっていた人々の中に、調査の為でもタメルに拠点を構えることに強く反対され、それを振り切ってタメルに住むようになってから疎遠になってしまった人がいた。何をしているのか、何を考えているのか分からない見知らぬ人達（ツーリストも含む）が多いという点で、タメルは危険なイメージをまとっていた。また、売春を含め夜賑わう店が多くあり、昼間でも麻薬の売人がうろついているし、夜には酔っ払いの喧嘩が殺人事件に発展することもあり、風紀や犯罪の面でも問題があるとされた。このようなタメルについてのイメージが地元の女性を遠ざけ、また「企業家」も悪い風評が立つこと

を恐れて、女性を雇用してこなかった。

　他方で、地元の若者の中には、「モダン・カルチャー」と呼ぶタメルの文化に惹きつけられて来る人々がいる。世界各地のエスニック・フードやディスコ、近年では先述した The North Face のような本物のブランド品に惹かれ、またダンス・レストランやマッサージ・パーラーで文字通り「いかがわしい」遊びを含む夜の娯楽を楽しむために、地元の人々がタメルに集るようになった（写真6-16）。この傾向はますます強まってきており、かつて忌避すべき「いかがわしい」場所に感じられたタメルが、自分達に馴染のない様々な文化、消費文化に惹かれて、新中間層の人々が遊びに来る場所になった。

4.2.「企業家」の誕生と成長

　タメルのようなツーリズム空間は、Liechty の言葉を借りると、「ただ単にツーリストが集まる『ツーリスト・ゲットー』、つまりツーリストの、ツーリストによる、ツーリストのための空間ではなく、寧ろトランスローカルな性格を有し、多様なネパール人や外国人が、意識するとしないとにかかわらず、相互作用的にそれぞれの役割を果たす場所であり、そして『他者』others をめぐる様々なイメージが交わり合う場所である」(Liechty 1996：101)。「企業家」が、ツーリストはもとより、ツーリズムに関わる人々とタメルで出会い、様々な経済的機会を見出し、試行錯誤を繰り返す過程で創出されたのが、ツーリズム空間タメルである。

　近年のネパールにおける産業の発展は、社会的に周縁化されたコミュニティやマイノリティとされてきた人々によって担われてきた (Zivetz 1992：190)。この近代化によって、ネパールの経済的資源や政治における、チェトリーブラーマンーネワールの歴史的一枚岩的権力構造が、少しずつ崩されることになった (Zivetz 1992：228)。ネパールにおいて、ツーリズムは20世紀半ば以降になって導入された為、既存の社会構造に政治分野のようには組み込まれていなかった。したがって、一枚岩的権力構造がそれほど強固ではなく、様々な人々がツーリズムに参入する余地があった。本章の事例では、少数民族のマナン出身のグルンやチベット人が、それぞれの社会文化的資源を活用しつつ、タメルにおい

て新たなツーリズム産業に参入し、成功してきた。ここで明らかにした、資本主義経済の発展と共に生まれ、成長していった「企業家」の活動自体は、その背景としてのネパールの社会的状況、グローバルなツーリズムの展開との関連において、ネパールの「近代化」、産業化の一側面として捉えられる。既存の社会構造では虐げられていた人々の活躍は、ネパールの「近代化」の新しい一側面と言えよう。

　他方、新しい動きとして、1989年にタメルの「企業家」によって設立されたTTDCの活動がある。TTDCは、タメルのツーリズムを活性化させることを目的に、環境改善を図り、クリスマスや新年、フード・フェスティバル等様々なイベントを企画し、ツーリストに限らず地元の人々をタメルに巻き込んできた。このように、彼／彼女らは自身の社会文化的な資源や紐帯を利用し、他方で必要を感じたら、ジャートを越えたTTDCのような組織を通して協力し合う。Zivetz（1992）が指摘するネパールの産業の「近代化」を支える周縁的なジャートが既存の権力構造を揺るがすと同時に、ホテルの賃貸借契約において他ジャート間での契約が少なからずあったことからも、ジャートを越えた新たな社会関係が構築されていることが見出せる。これらの変化は、民主化以降、積極的に民間資本の誘致を図ろうとした開発計画と、それに伴う諸制度の整備と連動している。

　ツーリストの来訪を前提に成り立つツーリズムは、ツーリストが激減すれば、いかなる努力や協力をもってしても、経営が困難になる。1999年を頂点にツーリストが激減してから、ホテルやレストランの経営が苦しくなり、「企業家」の中には当時ネパールからの輸出が増大していたパシュミナの工場を開設したり、国際貿易で新市場を開拓したり、マンパワー・ビジネスを始める人が現れるようになった。マナン出身のグルンが、1990年代に国際貿易からホテル産業に活動の重心を移したように、ホテル産業は、「企業家」としての彼／彼女らの人生において選択肢の一つであって、収益が上がらなければ他に可能性を求めることは不思議ではない。

　「企業家」は流動的に活動を展開する過程で、グローバルなツーリズムという資本主義的な文化に自らを適応させつつ、同時に、意識するとしないとにか

かわらず、自身の文化的アイデンティティをツーリストはもとより、ネパールの人々にも提示してきた。また同時に、人々が抱くイメージを想像しつつ、意識的、無意識的に操作してきた。第4章で論じたように、18～19世紀に西洋人の旅行者によって記された書物を通して、シャングリラ・イメージが構築され、チベットに重ねられ（Bishop 1989）、それはやがて、ネパールに重ねられることになった（Shrestha 1998：12）。西洋からのツーリストはネパールにシャングリラ・イメージを求め、あるいは殆どのネパールの人々にとって馴染のない、遠く離れたチベットの知 wisdom を求めた（Gellner 2003：5）。そして、近年のカトマンドゥについての仏教イメージも、カトマンドゥでチベット人に出会ったヨーロッパからのツーリストを通じて構築されており、ネパールとチベットが取り違えられてしまうことがしばしば起こる（Moran 2004）。実際にカトマンドゥには複数のチベット仏教寺院があるし、チベット人も多い。

　このようにチベットのイメージがネパールに重ねられるようになったことで、チベット人やマナン出身のグルンが自らの文化的背景を生かして、「ツーリストのまなざし」（アーリ 1995）のもと、ツーリズムに参入しやすくなったといえる。このことは、シェルパが仏教徒としての文化的背景を生かして、欧米の登山家によるヒマラヤ登山から経済機会を獲得して成功した事例（Ortner 1999）に通じる。このような中で、マナン出身のグルンやチベット人の「企業家」が、ホテルの内装や調度にチベット仏教を持ち込むことは、ツーリストにとってネパール文化の提示であると同時に、彼／彼女ら自身の文化やアイデンティティの提示ともなる。

　他方で、「企業家」が仏教徒でなくても「ツーリストのまなざし」を意識して、内装にチベット仏教らしさを取り入れることもあれば、土産物屋に必ずコーランを掲げ、大抵の場合ヒンドゥー教も仏教も持ち込まないカシミール人の「企業家」もいる。もちろん、ツーリストにとってこれらの宗教の違いに注意しなければならない理由はなく、自身とは文化的にも物理的にも遠く離れたオリエンタルなもの、即ちチベット的なるものとして認識されていてもおかしくない。このようにして、タメルは、外国人によって想像され、ネパール人自身によって操作され、表象された多様なネパールのイメージが交わり合い、提示される

場所となった。

　国内外の人々が往来するタメルは、様々な人々に機会が開かれた場所でもある。そこで「企業家」は、「企業家」として活動し続けるために、常に国内外の動き、ツーリズムやネパール社会と連動しながら、自らの文化を再定義しつつ、変容し続ける。

　ツーリズム空間タメルは、このように「企業家」を生み出し成長させる場となり、同時に「企業家」をはじめタメルの人々によって、トランスナショナルに、そしてトランスローカルに、目まぐるしく変化し続ける空間となった。

[注]
1) 企業家とは、しばしばリスクを負いながら資本主義的活動を行う人を意味する。本章で取り上げるのは、特別な技術を必要としない小規模な資本主義的活動を行い、そこから成長した「企業家」artisan entrepreneur である。このような「企業家」の活動は第三世界における経済活動を特徴づけるものであり、一般に大規模で革新的な資本主義的活動を行う企業家と区別する必要がある。「企業家」を指すネパール語に、ビャバサイ byabasāyī とベパリ byāpārī/bepārī がある。タメルでは、何らかの産業を経営するビャバサイと、商品を売買するベパリとは区別される。例えば、ホテルやレストランの経営者はビャバサイと呼ばれ、他方タメルの路上でタイガーバーム等の安価な土産物を売る人でも、店を構えて高価な宝石を売る人でも、ベパリと呼ばれる。本章では、「企業家」とは前者のビャバサイを指すことにする。
2) 本章は主として博士論文の第7章、及び Morimoto（2007b）をもとに作成した。これらの分析資料は、1995年10月から1997年1月にかけて、当時タメルで開業していた143のホテルに対して行った聞き取り調査、及びその後1998年から2004年まで毎年行った補足調査によって得られたものである。なお、その後の調査で得られた情報で加筆・訂正するべき点は適宜加味した。また、ネパール観光局 Nepal Tourism Board やネパール・ホテル協会 Hotel Association Nepal（HAN）、タメル・ツーリズム開発委員会 Thamel Tourism Development Committee（TTDC）をはじめとしたツーリズム関連機関で統計資料等を収集した。
3) Zivetz は、カトマンドゥを故地とするチベット・ビルマ語系民族ネワール、インドのマールワール地方にアイデンティティをもつ商人集団、ネパール北西部を故地とするチベット・ビルマ語系民族のタカリー、エヴェレストの南麓を故地とするチベット系民族シェルパ、1959年以降ネパールに亡命してきたチベット人、アンナプルナ山群南麓を故地とするチベット・ビルマ語系民族グルン、ネパール北

西部マナン郡にアイデンティティを持つチベット・ビルマ語系民族マナンギ（本章ではマナン出身のグルンを自称する人々）の7つのジャートを主に取り上げて分析した（Zivetz 1992）。
4) ラナは、チェトリに属すジャートで、19世紀半ばから20世紀半ばにかけてネパールの国政を掌握し、専制政治を行ってきた。
5) ネパールのヒンドゥー的カースト社会において1番上の階層に属するジャート。
6) ネパールのヒンドゥー的カースト社会において2番目の階層に属するジャート。
7) 統計資料にホテル hotel accommodations とあるため、ホテル産業と表記しているが、この数値にはゲストハウスも含まれる。なお、第4章で触れた交易する人々を対象に交易街道沿いに開業しているようなバッティや、長距離バスターミナルでネパール人を対象に経営しているホテルは含まれない。
8) 表6-1のもとになったデータは、筆者が産業省の情報局から直接入手した非公開データであり、新規にコンピューター・システムを導入したばかりであった為、データの不足があった。不足はあっても、大まかな傾向を見る分には差し支えないと考える。なお、この後で検討する観光省のデータとは登録先が異なることから、数値は一致しない。
9) タクリ thakurī は（旧）王族やラナが属すジャートで、チェトリの中でも上位に位置づけられる。
10) Nepal Tourism Statistics 1998。
11) ここで取り上げる数値は、主として集中的に調査をした1995年から1997年にかけてと、比較のために調査以前の1985年、調査後の2001年、2005年の6時期である。2006年以降のデータは統計項目が変更され、比較が困難なため割愛した。
12) 2004年春の聞き取り調査時に確認した料金。
13) 第4次5カ年計画（1970-1975）。
14) 2008年に公式に王制が廃止されると、王宮であったナラヤンヒティは2009年に博物館として開放されるようになった。
15) HAN（1998）の資料を参照した。会員費がかかるHANに登録している比較的規模の大きなホテルのみが取り上げられる為、実態よりも平均部屋数は多く見積もられている。
16) HAN（1998）の資料を参照。
17) HAN（1998）の資料を参照。
18) ネパールはその当時ヒンドゥー王国であったが、インドに比べて肉食に関する禁忌が緩いため、厳格な菜食主義者用の食事を提供するインド人経営の店に人気が集まった。
19) HAN（1998）の資料を参照。
20) 2011年3月にスンダラでホテルを経営している「企業家」に聞いた話による。

21) 第7章で述べるが、男女のドホリ（歌垣）や、客が歌をリクエストできる音楽ステージが楽しめるレストランのこと。スンダラのホテルを利用する客が多いため、出稼ぎに関する歌が多く歌われる。
22) ダル（豆汁）とバート（ご飯）におかずや漬物が数種類つく、ネパールで食される家庭料理・「定食」。
23) 1960年代に撮影された航空写真をもとに作成され、1990年代半ばに地図作成のために航空写真が撮影されるまで、地図の原図として利用されてきた。
24) ラナの建物を確認する際に、目印にしたのは高木であった。19世紀半ばから20世紀半ばにかけて造られた邸宅の庭に植えられた木々は、亜熱帯の気候に育まれ、時には5階建ての建物を凌ぐ高さに成長している。タメルに建物が乱立しているとはいえ、5階建ての建物が高く感じられる状況だったので、これらの木々は一際目立つ目印となっていた。
25) このホテルは1970年代に開業した4つ星ホテルである（1996年時点）。安宿街として名を成したタメルと一線を画すかのように、タメルと接する境界を高い塀で囲い、住所をタメルではなくレクナートマルグと記すので、本章で取り上げるタメルのホテルの中には含めていない。
26) タメルという地名で指示される範囲というような回りくどい表現をしたのは、第5章で述べたように、ツーリズム空間としてのタメルは、1960年代は距離にして数十メートルの通りに過ぎなかったのが、1997年1月現在、1キロメートル四方ほどの範囲にまで拡大してきたからである。
27) レンタル・ホテルは、ホテル所有者によって契約期間や賃貸借料、契約形態が多様で、その在り方は一定ではない。所有者がホテル経営に無関係であることもあれば、経営者に経営上の指示を出すこともあり、またホテルの施設維持を経営者が自己負担で行うケースもあれば、所有者に要求するケースもあり、また両者で分担することもある。これらの取り決めは、所有者と経営者の交渉によって決められ、同一の所有者でも場合によって状況によって方針が変わることがある。
28) タメルのホテル産業をめぐって活動する「企業家」は、ホテルを貸し出すホテル所有者、借りたホテルを経営する経営者、自分が所有するホテルを経営する所有者兼経営者の3通りに分類できる。但し、複数人による共同経営や、ホテル所有者が専門的知識のある経営者を導入して経営にあたらせる場合や、家族間であってもホテル経営者が交替する場合もあり、ホテル産業をめぐる「企業家」としての関わり方は複雑である。本章では便宜的に所有者と経営者を分けているが、レンタル・ホテルとした中には所有者が経営者を雇って経営に介入している場合もある。
29) 1997年1月にタメルにホテルが143軒あったが、それから3年後、179軒に増加していた（2000年1月）。2004年8月の調査時点では、2000年から4年間で30

以上のホテルが閉業していたが、20ホテルが新規開業、30ホテルが再開業し、全部で165ホテルが開業しているのが確認された。

30) 広島大学のケシャブ・ラル・マハラジャン教授によると、都市化以前は、この一帯はネワールの（元）不可触カーストに位置付けられてきた掃除を生業とするチャメ cyāme やポデ pode が小さい家屋を建てて住んでいた。タメルが拡大して地価が上昇すると、これらの職業カーストの人々は土地を売り、さらに郊外に土地を求めて移住していったという。

31) チベット・ビルマ語系民族のアンナプルナ山群の南斜面に広がって住むグルンと一線を画し、ネパール北西部マナン郡に出自のアイデンティティを有し、グルンを自称する人々を、ここではマナン出身のグルンと記す。Zivetz（1992）が代表的な「企業家」集団として取り上げたマナンギに相当する人々である。自らをポカラ等のグルンとは一線を画してマナン出身のグルンと名乗り、グルン語を母語と考えていないが、基本的に自己申告に基づいて統計がとられるセンサスにはそれに相当する分類項目がないため、表6-4aにどのくらい数えられているのかは不明である。

32) 20世紀半ばに亡命してきたチベット人の二世の多くは、カトマンドゥで生まれ育っている。また、亡命してきたチベット人でも、ネパールの市民権を有するチベット人は、文化的にはチベット人 Tibetan を名乗るが、地域的な出自はカトマンドゥ（ネパール）と考えるようである。

33) マナン出身のグルン以外にもホテル産業に参入する以前にカトマンドゥに移住していた人もいるため、カトマンドゥ外の「企業家」による参入割合はこれよりも少なく見積もられる。

34) 水不足により、給水車から生活用水を定期的に購入しているホテルは少なくない。ホテル個々の努力で設備投資を行い、安全な地下水を確保しているところもあるが、公共の社会資本では水は十分に供給できていない状況である。

35) カトマンドゥ・ゲストハウスはネワールの所有・経営であるが、その当時の経営者自身は、ネワールと結婚したタカリーの女性であった。彼女の親族にはカトマンドゥやポカラでホテルを経営している人が複数いる。タカリーとは、Zivetz（1992）がネパールの代表的「企業家」集団として取り上げたチベット・ビルマ語系民族である。

36) 2軒ともタカリーが経営し、その後タメルの外に出ていった。1軒はやがてホテルをやめて既製服産業に参入し、東京恵比寿にオフィスを構えている（1998年時点）。もう1軒は後で触れるトゥクチェ・ピークというホテルで、カトマンドゥ・ゲストハウスの経営者（1996～1997年調査時点）の母方叔父の息子、つまり従兄弟が経営していた。カトマンドゥ・ゲストハウスの経営者の従兄弟は、アンナプルナのトレッキング街道沿い、かつての交易街道沿いの町、トゥクチェでロッ

ジを手伝い、そこで宿の経営を修得したという。カトマンドゥに来てから、その当時既にホテルを経営していたカトマンドゥ・ゲストハウスの経営者の父の勧めにより、タメルにラナの建物を借りてホテルを開業した。しかし1980年代に入って書籍に関する商売を精力的に展開していたインドのティワリ・グループ Tiwari Group の拡張に伴い移転を余儀なくされ、タメルの西方に一旦移転したが、1991に当時は新興住宅街であったナヤ・バネスワルに自身のホテルを建設し、1997年時点で30部屋を擁するホテルに成長した。

37) K.C. レストランの経営者は、筆者の質問に対して、レストランを開業した日を1975年9月24日金曜日午前8時とスラスラと答えた。1975年9月24日は水曜日なので、9月24日水曜日か10月24日金曜日の間違いであろう。多少の齟齬があるかもしれないが、〇年から×年にかけての△カ月間、どこで何をやって、いくら投資して、何をいくらで売ってどうであったかというようなことを、極めて詳細に語ってくれた。事前に K.C. レストランの経営者のライフ・ストーリーを聞かせて欲しいと筆者が頼んだので直前に見返しておいてくれたのかもしれないが、順を追って、分かりやすく語ってくれたことから、自身の歩んできた道のりを繰り返し振り返り、ツーリストをはじめとした人々に語ってきたことが想像される。このホストとゲストの関係の親密さもまた、小規模のホテルやレストランが多いタメルの特徴といえる。

38) ホテル・アンナプルナは、その当時はヒルトン系列ホテルで、その後、インドのタージ・グループ Taj Group 系列に経営が変わった。

39) 現在のホリデイ・イン Holiday Inn Crown Plaza。当時はインドのオベロイ・グループ Oberoi Group の系列ホテルであった。

40) タメルで活動を展開する一部の有志の「企業家」達が、1989年に非政府組織である Thamel Tourism Development Committee (TTDC) を設置した。この組織の意図は、ツーリズム空間タメルの治安維持や衛生状況改善、環境保全等、共有空間のより良い維持・管理にある。

41) 女性でありながらホテル経営者であった理由の一つに、彼女の夫、ヨゲンドラ・サキャ氏が、ネパール・ホテル協会（HAN）の会長としてネパールのツーリズムの発展のための社会活動に専念して忙しくしていたことがある。また、彼女の父親はラジンパットでホテルを経営し、それを受けて彼女自身もホテル経営を学ぶためにインドに留学した経験があった。先述したように従兄弟もホテルを経営しており、彼女の親戚にはホテル経営者が少なくない。それから婚家であるサキャ家はツーリズム産業において多角的に事業を展開してきただけでなく、夫ヨゲンドラ・サキャ氏は叔父カルナ・サキャ氏と共にツーリズム政策等の意思決定過程にも大きな影響を及ぼしてきた。このような、ツーリズム産業において革新的な活動を行う家族環境にあったことも、彼女が女性経営者として活躍する場を得る

ことになった理由と考えられる。
42）1996年12月に聴き取り調査を行った。
43）彼女の語りの中で外国から学生がPh.D.を取りにネパールに来ることが想定されているが、必ずしも筆者を念頭において語ったのではなく、ネパールに調査に来る外国人学生がカトマンドゥ・ゲストハウスの2米ドルの部屋に長期滞在し、やがて本国で学位を取得し、職を得てからも、カトマンドゥでの滞在先として利用している経験がもとになっている。
44）先述したように、自宅の一部をツーリストに開放するかたちで宿泊業を営んでいた。宿といっても土塗りの床にござを敷いて、寝床を提供するものであったという。
45）ネワールの商人が店を構えているバサンタプール周辺では、その当時、沿道がサイケデリックな絵で壁面を覆われた麻薬カフェが軒を連ねていたが、ヒッピーが去ってからもとの金物屋等の商店に戻ったという。
46）ギャンや経験のない人でも、経済的余裕があれば経験豊富で有能なマネージャーを雇用し、経営にあたらせている場合もある。
47）タメル以外でラナの建物がホテルとして利用されたのは、建物が大きいことの他に、登山遠征準備などのできる広い庭があったことが重要な理由となっている。その当時のツーリストは、ヒッピーか登山関係者であったことから、タメル創出の背景にはその両者とは異なる目的を持ったツーリストが来るようになったことが挙げられよう。ただし、同時にトレッキング代理店のサービスが拡充されたことと、装備の軽量化などにより登山準備が簡便化された為、作業をする場としての庭が現在ではそれほど必要ではなくなっている。
48）古くからヒマラヤを越えるチベットとの塩の交易で、人々が往来していた。
49）ホテル・アンバサダーはラジンパットにある比較的高級なホテルであった。マルコ・ポーロ・ビジネスホテルは当初インド人ビジネス客を対象としていた。クラブ・ヒマラヤは、1990年代に増加したリゾートタイプのホテルの一つで、カトマンドゥ郊外のナガルコットに位置する高級リゾートである。なお、その後サキャ・ファミリーは二つに分かれ、元経営者側のファミリーは、先述したようにカトマンドゥ・ゲストハウスから手を引き、これら3ホテル・リゾートの他に、ナガルコットにティー・ハウス、地方都市ポカラにホテル、ジャングル・サファリで人気のチトワンにリゾートの計6軒のホテル・リゾートを経営している（2011年3月現在）。
50）ホテルの大小にかかわらず、使用人を置くのは、バウン・チェトリが浄・不浄の観点から汚れものに触れることを忌避してきたことと無関係ではない。他方、ヒンドゥー化されても非ヒンドゥー的な文化規範を持つ人々は、汚れものの片付けや、肉の調理に比較的抵抗が小さいことから、このような差が生じると考えられる。もちろん、このような文化的規範に由来する実践は、状況に応じて変わる

可能性がある。先述の K.C. レストランの経営者のように、チェトリでもトイレ掃除をしたり、牛肉ステーキを焼いたりするようになる人もいる。
51) ネワールの故地の一つであるバクタプルの女性が着用する、黒地に赤い裾がついているサリー。
52) Sakya and Sakya Group of Hotels。ホームページを開設して、4 つのホテル（カトマンドゥ・ゲストハウス、アンバサダー・ホテル、マルコ・ポーロ・ビジネスホテル、クラブ・ヒマラヤ）の予約をインターネットで受け付けていた（2000 年現在）。
53) 第 3 章で述べたが、ネパールを表象する山刀のこと。
54) 1998 年 3 月に聴き取り調査を行った。
55) 第 5 章で触れたように、1903 年に造営されたネパール最大規模のラナの大邸宅。
56) ラナには政府関係の仕事をする人が多かったことと、タメルに多くのラナが住んでいたことを意味する。
57) このレストランの経営者のテジェンドラ・シュレスタ氏は、ラナの邸宅を赤色系統で塗り直して改装し、タイ料理を出すレストランとして転用している。テジェンドラ・シュレスタ氏はタメルで他にもレストランやベーカリーを経営し、更にチトワンでリゾート経営もしている。また、TTDC の会長を務めるなど、タメルのツーリズムの発展にビジネスだけでなく社会活動を通しても貢献している（1997 年時点、2010 年に再任）。ツーリズムが低迷してからは中東や東南アジアにネパールから労働者を送り出すマンパワー・ビジネスに手を広げ、同時に学校経営や高級アパートメント開発も手掛けている（2011 年時点）。タメルのツーリズムと共に成長した代表的な「企業家」の一人といえる。
58) タメルにある D. ラナ氏のロッジから、ビムセン・タワー（ダラハラ dharaharā）まで直線距離で約 1.7 キロメートル南にある。1825 年の時の宰相ビムセン・タパにより望楼として建てられ、1934 年の地震で倒壊したが再建された。
59) タメルにある D. ラナ氏のロッジから、ガンターガルまで直線距離で約 1 キロメートルである。初めて日本でエンジニアの技術を学んだネパール人のナルシン・ラナが、1920 年年代半ばに建立したものだが、現在のガンタガールは、1934 年の大地震後に再建されたものである。
60) この状況は年々悪化し、2000 年代では雨季でも毎日規則的に停電し、ある年の乾季には、カトマンドゥで毎日 6 時間程度しか通電しない深刻な電力不足に陥った。
61) ラナ専制時代の 1938 年に建てられた学校で、彼のロッジから南に少し行った所にある。
62) JP スクールに通うのは殆どがラナの子弟であり、したがって、その当時パイロットや医者、エンジニアになるのもラナが多かったということになる。実際に彼の兄弟や親族には、そのような職に就いている人が多い。

63) 寄宿学校を意味するが、一般に公立の学校よりも質の良い教育が英語で受けられるために人気がある。しかし学費が高いため、金銭的余裕のある人々でなければボーディング・スクールに子供達を通わせることは難しい。
64) ドビは衣類の洗濯を行う職業カースト。先述したように、チベット系やチベット・ビルマ語系民族の場合、この規模のホテルであれば家族で仕事を分担することが多いが、ラナのように浄・不浄のヒンドゥー的な文化規範に則って行動する場合、掃除や洗濯に職業カーストを雇うことが多い。このロッジの場合、近所に住む決まった女性が、数日おきに御用聞きに訪れていた。洗濯物があればその場で頼み、あるいは日時を指定して来てもらっていた。D. ラナ氏が古くからの住人であったことから、このような関係が築かれていたと考えられるが、近年では機械で洗濯をする近代的なランドリーが増え、このような関係が減少していることが推察される。
65) 浴室付きの部屋を維持するために、つまり大量の水を確保するために、タメルのホテルでは井戸を掘ったり、水道管に違法であるが工作したり、給水車から水を買ったりしなければならない。また、温水を提供するためには、太陽熱温水器では雨季には十分温水にならないために、電力が不可欠となり、電力供給が不安定なタメルではジェネレーターを備えなければならなくなる。
66) 1ネパール・ルピーは1.6インド・ルピーに固定されている。
67) ネワールの農業を生業とするジャートの人々。タメルの一郭に多くのジャプが住んでいたという。
68) 近年、カシミール紛争を背景にネパールに流入するカシミール人が増加するようになった。タメルには、カシミール人が経営する手工芸品を土産物として売る店が多くある。
69) ネパール北西部、アンナプルナ山群に位置するマナン郡。D. ラナ氏はマナン出身のグルンを「マナンギ」と呼ぶので、ここではそのままの呼称を用いた。
70) ここではミャンマーやタイ、シンガポール、香港のこと。
71) ヤクの尻尾（払子）、薬草、虎の爪、宝石・原石、骨董品等の商売を行っていた（Spengen 1987、Zivetz 1992、Clint 2004）。
72) 調査当時、タメルのナルシン・キャンプの住人に、酒と麻薬に耽溺して表に出てきて道に座り込んではラナの少年達に保護されるラナの年配男性をよく見かけた。正気の時に繰返し語っていた本人やラナ時代の栄華と、その時の彼を取り巻く現実とのギャップに、心を麻痺させずにいられないほどの耐え難さがあったと想像される。Zivetz（1992）が指摘するように20世紀半ばまでに蓄財した資産を元手に新しい時代でも「企業家」として成功しているラナがいる一方で、時代の変化に置いていかれ、深酒によって寿命を縮めることになったラナもいる。
73) 調査時はビレンドラ国王夫妻が存命中であったが、2001年の王宮虐殺事件で崩

御後、ギャネンドラ国王即位後も、ビレンドラ国王夫妻の写真が諸所で見かけられた。
74) 1998年に聴き取り調査を行った。
75) 1998年に聴き取り調査を行った。
76) アウト・ドア用品のブランド。The North Face をはじめ、他にもアウト・ドア用品のブランドのロゴをつけた似て非なる商品が安値で出回っていた。2003年に、ダルバール・マルグに The North Face の店舗が開かれ（口絵写真4）、バングラデシュや韓国で生産された「オリジナル」の製品が入るようになり、その後拡大してタメルに移転した。登山やトレッキング目的のツーリストが多いためトレッキング用品やジャケット、フリース等の需要があるが、近年ネパール人の若者を対象にジーンズやシャツ等のカジュアルな衣料品も置いている（Pandey 2006）。
77) 筆者が聴き取り調査をした頃、ダラムサラの亡命政府からの指示で彼がネパール及びカトマンドゥにおけるチベット人の人口調査をしていたことから、これらの数字は大雑把ではあったが単なる推量ではないものと考えられる。
78) フリーク・ストリートの入口に広がる旧王宮前広場。その当時多くのヒッピーがたむろしていた。
79) インド大麻から作られる麻薬性物質。
80) J.F. ケネディが、第三世界の開発計画に貢献することを目的として発足させた活動機関で、ネパールにも1960年代から隊員を派遣してきた。
81) 世界最大といわれる仏教寺院、ボーダナートの周辺の地域を指し、チベット人やシェルパなどのチベット仏教を信仰する人々が集住している。
82) 小麦粉を練って丸く延ばした生地に、香辛料で味付けした肉や野菜の具を包んで蒸した食品。チベット人の作るモモは半円に折って縁を閉じ、餃子型に包む。
83) 1アナは約31.8平方メートル。
84) 5つ星ホテルが20米ドルで部屋を出していたのか、筆者には確認できなかったが、4つ星ホテルが40米ドルで出していたことはあった。いずれにしても、タメルのホテルに限らず、高級ホテルにおいても採算割れする過度の値下げが生じていたことが観察された。
85) 1998年頃の空港からタメルまでのタクシー代は、150～200ルピーが相場であった。
86) タメルの問題点の一つに、トイレの問題がある。ツーリストが安心して用を足せる清潔なトイレが少ないことに加え、ホテルやレストランで働く従業員、小さな店舗や路上で活動する多くの人々が用を足すトイレ数が限られている。そのために、建物の裏やちょっとした空地で用を足す人が多く、衛生上の問題が生じている。また、下水道の整備が不完全で、マンホールから汚水が逆噴出するようなこともあった。

87）丁度この話をしている時に、凄い剣幕で英語をまくしたてるスキンヘッドの西洋人女性ツーリストと、普段は温厚な経営者の妻が丁々発止と渡り合っていた。そのツーリストはカバン一つ持たずにやって来て数泊し、食事も請求書にサインをするだけだったので、逃げられるのではないかと心配してそれまでの支払いを妻が要求したところ、喧嘩になったという。
88）1996年以降2011年にかけて断続的に聴き取り調査を行った。
89）いずれも1960〜1970年代に開業した高級ホテルである。
90）ガジャルとは歌曲を意味し、主にインドの歌曲を歌うライブ・ステージのあるレストランを意味する。窓を開け放していることもあり、演奏や歌が深夜まで近隣に響き渡る。
91）そのアメリカ人の友達は、ホテル・カリフォルニアに、タメルのホテルには必需品の蝋燭立てをいくつか寄付していた。
92）ホテル・アンナプルナのある一帯はかつてラナの土地で、その後も暫くラナの人々が住んでいた。妻の父親もその一人であった。
93）その当時の換金率でおよそ14,000円。その他にツーリストやビジネス相手から心付けを貰う等副収入があり、また旅行代理店の特典で航空券を貰って外国旅行をすることもあった。
94）父は複数いた妻の中で最年少であった彼女の母と一緒に暮らしていた。異母きょうだいが他に5人いたが、彼女が母と同居していた父の面倒を見ることになった。父は、かつて王宮関係の仕事をして羽振りが良かった。彼女が子供の頃には食べるに事欠く暮らしぶりであったが、酒や香水など奢侈品を消費する父母の生活は変わらず、ラナの邸宅にある骨董品や土地を少しずつ売って、生活費の足しにしていた。やがて、市街地に部屋を借りて移住し、父は酒びたりになって体を壊したという。
95）代理店を構えずに、知人を介して外国渡航をするネパール人のヴィザや航空券の手配を行うようになった。
96）1997年1月から2000年1月調査時点にかけて、新しくホテルが建てられて新規開業したホテルが42軒、名前を変えて再開業したホテルが19軒あり、これらを合わせると当時のホテル総数（174ホテル）の34％に当たる。2004年8月には2000年1月より同様に20ホテルが新規開業、30ホテルが再開業していた（165ホテル中約30％）。2004年時点では、ツーリストの減少を受けて34ホテルが閉業しており、一時ホテル数が減った。
97）このようなカースト・民族的特徴は、ネパール全国から人口が流入するカトマンドゥの地域的特徴を反映していると考えられる。例えば、筆者が1990年代半ばに調査をしたポカラの風光明媚なペワ湖の湖畔に形成されたツーリズム空間ダムサイドでは、その当時、45ホテル（1996年時点）あったうち、11軒がバッティ

経営経験のある、乃至そのような親戚がいるタカリーによって、また22軒がグルン（殆どが退役グルカ兵）によって営まれていた。山地から人々がポカラに移住するようになった当初、人の住んでいなかった湖畔のダムサイドに、その時までに築いていた資本で土地を買い、大きな家を建てて暮らしていた。1970年代になってツーリストが来るようになったため、タカリーがバッティ経営の経験を生かしてツーリストを泊めるようになり、やがてツーリストを泊めるための部屋を複数備えたホテル仕様の建物が建造され、ツーリズム空間が創出された。タカリーとグルンによって多くが占められるダムサイドの「企業家」は、ホテルの一隅に住み、家族がその経営にあたっていた（森本1998）。タカリーやグルンが卓越していたのは、ポカラとその後背地で生活を営んできた地理的状況による。ツーリズム空間の創出の契機のように共通する点もあるが、タメルと大きく異なる点として、民族的な特徴の他に、1990年代末頃からツーリストが減少してホテルの閉業が相次いだ後、ツーリストの姿がまばらに見られる住宅街の様相を呈すようになったことが指摘できる。色褪せたホテルの看板が当時の名残を留めているが、ホテルの所有者はそのままホテルに暮らしていることが多い（2009年時点）。

第7章 文化の商品化
－ツーリストに出会ったガンダルバ－

1. ツーリズムと文化の商品化

1.1 タメルの路上活動

　1960年代、林や竹藪が広がっていたタメルは、今ではホテルやレストランが林立し、国内外から人々が常に往来して賑わうツーリズム空間になった。第6章で検討したように、この過程で、ホテル産業に関わる「企業家」の果たしてきた役割は、ツーリズム空間の主要な建造環境を創出してきた点で、最も重要であったと言える。本章では、このような「企業家」とは対照的に、主としてタメルの路上で活動を展開する人々に注目する。タイガーバームを売る少年、子供を腕に抱いて布袋を売る女性、果物の盛られた籠を乗せた自転車を押しながら売り歩く男性等、路上でツーリストに声をかけて何かを売ろうとする人々は少なくない。物売りの他に、（自称）ガイドが市内観光やトレッキングに勧誘し、リキシャやタクシーが声をかけ、ヨギが喜捨を請い、また、麻薬売買や売春の手引きといった犯罪行為が行われることもある。

　これらの活動は、「特に第三世界においてツーリズムの展開に伴って現れる、無免許ガイド、路上商人といった定賃金収入のない非公認の企業的活動、いわゆるインフォーマルな経済活動」（Harrison 1992b:25）と称される。インフォーマルな経済活動[1]は、開発政策において無視されるか、発展を阻害するものとして排除の対象とされてきた点で、第6章で取り上げた政府の民間資本誘致策によって参入が推進されてきた「企業家」の活動と、対極を成す。

　タメルの路上でこのような活動を行う人々の中に、ネパールの楽師カースト、ガンダルバ[2] gandharba が、彼らに特有の四弦弓奏楽器サランギ[3] sārangī を売る「ビジネス」機会を窺ってツーリストを観察している姿がある[4]（写真7-1、

写真 7-1　タメル（1996 年）。サランギを肩にかけ、肩かけカバンに小型サランギを入れて売り歩く。サンチャイ・コース・ビルの中庭で休憩中。

写真 7-2　タメル（2009 年）。路上でサランギを鳴らしながら興味を持ちそうなツーリストを探す。

写真 7-2）。彼らの「ビジネス」、あるいはベパール（商売）とは、サランギをはじめとしたモノの取引で、主として路上で交渉が行われる。サランギの他に、彼らが関わった音楽テープやCD も「ビジネス」の対象となる。交渉はその場でまとまることもあれば、数週間に及ぶこともある[5]。

本章では、ガンダルバが彼らに特有とみなされてきた道具や実践を流用して、「ビジネス」機会を獲得する行為を、文化の商品化として捉える。ヒンドゥー的社会において、ガンダルバは、村々を歩いてサランギを弾き語り、その代償として生活の糧を得る人々として認識されると同時に、低位カーストとして社会に位置付けられてきた。2001年センサス[6]によると、その人口は 5,887 人で、ネパールの全人口に占める割合は 0.03％にすぎない（Central Bureau of Statistics 2001）。ガンダルバは、他の山地に住むヒンドゥー教徒の人口分布に重なるように、西部ネパール及び中西部ネパールの丘陵地域からタライ地域にかけて、

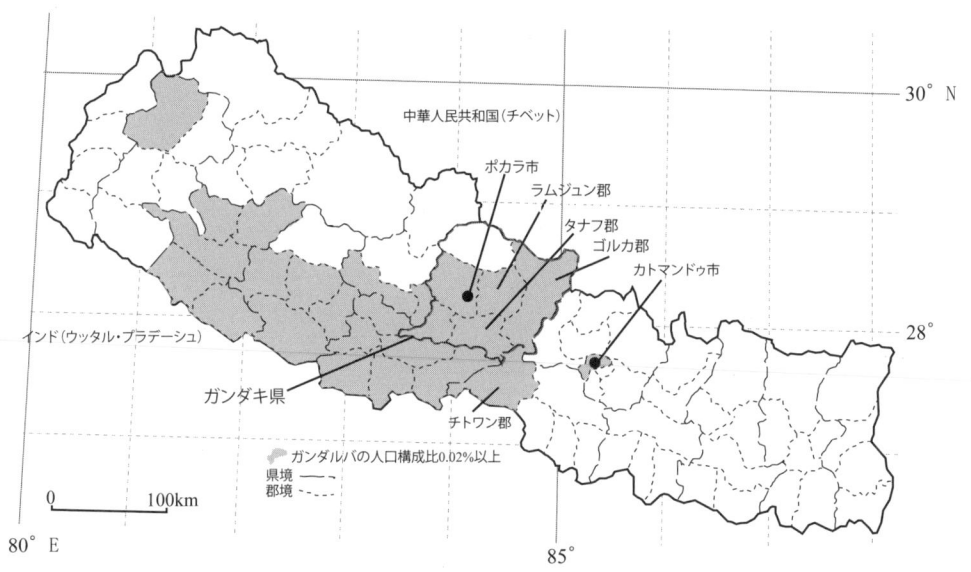

図 7-1　ガンダルバの人口分布
CBS（1993）Population Census 1991 Nepal より作成

東西にひろがって居住している（図 7-1）。特にガンダキ県の道沿いの村に集住し、山間部の村々を回ってサランギの音色に合せて歌うアスカビ āśukabi（即興の吟遊詩人）として、人々を楽しませてきた。

　彼らが土産物として売っているサランギは、タイガーバームや安物のアクセサリーと違って、バンコクや香港といった「どこにでもある場所」では見られない。また、ネパール社会においても、土産物屋の店舗にサランギが商品として置かれていたり、ホテルやレストランにネパールらしさを醸し出す調度品として飾られていたりすることもあるが、サランギを楽器として携えて路上を歩く行為は、ガンダルバに限定的に見られる。ガンダルバという特定のジャートの象徴としてサランギが認識されていることが、その理由として考えられる。このような社会において、タメルの路上からガンダルバの活動を解明する作業は、ツーリズム産業の周辺的な部分を路上から明らかにすることになるだけでなく、文化の商品化をめぐって変動する彼らの実践と、その背景にあるネパールの社会文化的状況の変容を論じることにもなる。

ホテル産業に関わる「企業家」の実践は、ツーリズム空間の主たる建造環境を造り出していく。しかし、その合間を縫うように走るタメルの路上で活動する人々の実践は、第5章で取り上げたようなツーリズム空間の表層では、その景観に流動性や不安定性を加味するものの、建造環境としては顕在化してこない。このような路上での活動は、ツーリズム産業の観点からすれば極めて周辺的である。しかし、第2章で検討したように、ツーリズム空間は、強力な資本や権力によって一方的に創出されるわけではない。ツーリズム空間を支配する資本や権力の周辺で、ツーリズムをめぐって活動する人々の具体的な意思決定や行為の積み重ねによっても、空間は創出されていく。ガンダルバのように路上で活動をしている人々に限らず、通りすがりの人々も路上でタバコを買い、お茶を飲み、髭を剃ってもらい、「ビジネス」機会を見つける。これらの多種多様で膨大なインフォーマルな経済活動も、ツーリズム空間の部分を構成しているといえる。

　後で詳しく見ていくが、村から出てきたガンダルバが、タメルで「ビジネス」をするようになり、ツーリズムというグローバルな資本主義経済に関わっていく過程で、彼らのカトマンドゥでの暮らしはもとより、出身村にも大きな変化がもたらされた。本題に入る前に、言葉で説明をするよりも視覚的にその変化を見ておきたい。写真7-3及び写真7-4は、ネパールのヒンドゥー社会で最大の祭り、毎年秋頃に行われるダサイン dasaĩ の時に、タメルのガンダルバがラムジュン郡の村に帰省した際に撮影した子供達の様子である。1996年と2005年の写真を比較して見ると、子供達への土産物として彼らが持ち帰った衣服の違いは一目瞭然である。1996年の時点で子供達はたいてい裸足で村の中を歩いていたのに対し、2005年の時点ではよちよち歩きの子供にも靴を履かせている。カトマンドゥにおける消費文化の浸透に伴って既製服が多様化し、輸入が増大していることも考慮しなければならないが、タメルでツーリズムに関わるガンダルバの中に、経済的に豊かになった人がいるのは明らかである。

　他方で、村では貧富の格差が可視化されるようになった。10年前とあまり変わらない家に住む人がいる一方で、バスルームやトイレを併設したセメント造りの家を新築した人もいる。このような変化は、おそらくネパールの殆ど

の村で観察されることが予想されるが、タメルのガンダルバにとっては、ツーリズム——タメルの路上での活動——がこのような変化を村にもたらすことになった。もちろんツーリズム以外にも変化の機会はあっただろうし、都市に土地を買って家を建てたガンダルバは、タメルの路上での活動だけでその費用を賄ったわけではない。しかし、この変化は、タメルの路上で彼らの文化を商品化することから始まる。

写真7-3 ラムジュン（1996年）。ダサインで新しく買ってもらった服を着ている子供もいる。

写真7-4 ラムジュン（2005年）。ダサインで新しく買ってもらった服と靴を身につける。

社会文化的状況の変化に関しては、第6章で詳述したように、タメルのホテル産業をめぐって、非ヒンドゥーの民族集団が「企業家」として活躍し、ネパールの一枚岩的な既存のヒンドゥー的社会構造を崩すような状況が生じている。しかしながら、ガンダルバがこの「企業家」に含まれることは、今のところない。ヒンドゥー社会の低位に不可分に位置づけられてきた点で、非ヒンドゥーの民族集団よりも社会経済的に周縁化されてきたガンダルバは、タメルの路上で、グローバルに展開するツーリズム現象を背景に、サランギを携えた自らの生き方をいかに適応させてきたのだろうか。本章では、この問いに答える為に、彼らの活動を、文化の商

品化に関連させながら記述分析していく[7]。

本題に入る前に、ガンダルバのツーリズムをめぐる実践を、グローバルなツーリズムの展開、ネパールの社会文化的背景に関連させて論じるために、ツーリズムをめぐる文化の商品化、及びガンダルバを取り巻く社会的状況について概観しておく。

1．2　文化の商品化

ツーリズムをめぐる文化の商品化という概念を、初めて社会科学における議論の俎上に乗せたのは、Greenwood であろう。1977 年に Smith が編集したツーリズム研究の嚆矢とされている Hosts and Guests : The Anthropology of Tourism において、Greenwood は、従来文化人類学では研究対象として注意深く避けられてきたツーリズムに関わる文化に光を当て、文化の真正性 authenticity を語ることに疑問を投げかけた。また、伝統文化なるものを無批判に語ることを戒め、同時に人々が文化を主張することの政治性をも示唆している（Greenwood 1990［1989］: 183）[8]。土産物[9]を売ることは、Greenwood の言葉を借りれば文化を切り売りする行為である（Greenwood 1990［1989］)。この文化を商品化する行為は、「○○の文化」と語る行為を前提とし、自らの文化でなくても「○○の文化」を共有する集団○○の存在を想定している。したがって、この行為は、「○○の文化」の背景にある地域・国の社会文化的状況と密接に関係するといえる。

文化や伝統を所与のものとして無自覚に前提としてきたことを批判し、その虚構性や政治的意図を例証してみせたのが、1983 年に刊行された Hobsbawm & Ranger eds. の The Invention of Tradition に収められた一連の研究である。『創られた伝統』において、伝統[10]とは、政治的意図のもとで正統性を付与され、創出される側面を持つものとして論じられている。今日、政治的意図が反映された伝統――「創られた伝統」――に留意することなく、ナショナルな現象を適切に論じることは不可能である（Hobsbawm 1989［1983］: 13-14）。

ホブズボウムらの提示した『創られた伝統』は伝統の判断基準に「真正性」が据えられており、そこから「真正さ」が失われていることが含意されている

と太田は指摘する（太田 1998）。太田は、そもそも文化とは客体化を通して初めて可視化されるものであり、無意識的に共同体内で受継がれる「本当の伝統」は可視化されないものであるとして、「創りだされた伝統」と「旧来の伝統」を区別しない立場をとる（太田 1998：254）。ツーリズム現象において、客体化の過程が不可欠な文化の商品化は、無意識的に文化が受け継がれる過程では起こり得ず、可視化された文化を「真正」であるか否かを問う意味はないことになる。

　他方、橋本は『観光人類学の戦略　文化の売り方・売られ方』において、「真正性」は常に動態的に再構築されるものであることから、『創られた伝統』と同じ議論がツーリズムにおける「真正性」に関してもなされなければならないと指摘する（橋本 1999：178）。文化に「正統性」を付与する「真正性」もまた創られたものであるとする橋本の主張は、文化を規定する権力は動態的であり、文化もまたそれに対応して動態的であることを指摘した点で重要である。橋本は芸能を事例にこの指摘をしているので、路上で売られる土産物について同様に「真正性」を問うことは躊躇されるが、他者に消費されるツーリズム文化という点では問題意識を共有できよう。

　このようなツーリズム文化の「真正性」をめぐる議論は、ここ数十年の間に数多く蓄積されてきた。しかし、実際にツーリズムが展開している現場において、○○文化を消費する行為に、文化の「真正性」を厳密に追究するツーリストはいるのだろうか。例えば、ネパールのツーリズム空間の路上で、チベット人女性が「チベットのお土産」と称してツーリストに売っている土産物の中に、西洋人ツーリストに編み方を習って彼女達が仕事の合間に作ったミサンガが含まれる時、それが本当にチベットの文化であるのか、「真正性」を問うことはツーリストにとって決定的な意味があるとは思えない。このことに関して Lewis（1990［1989］:228）は、インディアンの「小さな装身具」を土産物として買うツーリストの行為について、「私はそこに行った」ということを後で確認するために重要であることを指摘している。ツーリストにとって、土産物に象徴されるものが重要なのではなく、そこで「本物」のインディアンから、何か「インディアンな」モノを買うことが重要なのである（Lewis 1990［1989］：230-231）。

この観点から、ツーリストが例えばチベット人女性から「チベットのお土産」を購入する時、それがネパール北西部カリガンダキ川の沿岸で拾われたアンモナイトであれ、西洋人に編み方を教わってニュージーランドから輸入した毛糸で作ったミサンガであれ、カトマンドゥで仕入れてきた安物のアクセサリーであれ、そこでチベット人からチベットらしい（と思える）モノを買うことが重要だといえる。この時ツーリストが期待するのは、第4章で論じたツーリストのまなざしが創り出したイメージである。ツーリストは、そこで、自身が抱くイメージを重ね、昔から根を張ってそこから動くことのない〇〇文化の象徴としてそのモノを見た気分になっているかもしれない。しかし、そこにいる人々は、ツーリストが期待するイメージを意識しながら、そこから大きく外れることのないように、文化として切り取れる要素を客体化し、文化として語り、切売りしている。もともとは自身に馴染のない文化であっても、フェイクであっても、〇〇文化と語り、それらしい演出を繰返すことによって、恰も昔から自身の文化であったかのように身体化され、内在化されることも起こり得る。これらの演出は必ずしも計算づくで実践されるものではなく、周囲の関係性の中で予定調和的に試行錯誤され、場合によっては他者のまなざしに反応して臨機応変に「戦術的」に実践される。

　ツーリストが文化に「真正性」を求める以上に、ホストはどこかローカルな地域や民族に特有のものとして〇〇文化を――「真正性」を――語ることがある。切り売りする文化を自身の文化として認識している場合、文化を語る行為は、出身地や国の社会文化的状況に組み込まれた要素――切売りする文化――に対する自身の立ち位置を表明することに他ならない。自他共に認める自文化であっても、初めてその文化に実際に触れる時には、その文化と自身の関係を意識化していくことになる。本章で第一に明らかにしようとするのは、ガンダルバがツーリストに出会ったことを契機に、彼らが何を文化とし、いかに客体化して他者に文化として語り、商品化しているのかということである。そして、次に、ツーリズム空間で周辺的な活動として行われるこの文化の商品化が、ネパールの社会文化的状況においていかなる意味を持つのか論じていくことにする。

2. ガンダルバをめぐる社会的状況

2.1 ガンダルバをめぐる社会的状況

　ネパールでは、1990年に民主化が達成されて民族運動の気運が高まりを見せてきたが、実際には、1951年の「開国」以降、民族組織が次々と誕生していた（Gurung 1997：526）。反体制運動が高揚するようになった1980年頃から、言語的、宗教的マイノリティ、あるいは、女性や子供のような政治的マイノリティの権利を求める活動が展開されるようになった。これらの活動も加わり1990年に民主化が達成されたが、20世紀末以降、この動きにマオイストによる反体制武装闘争等が複雑に絡まり、再び民主化を求める運動となって「公定ナショナリズム」の核にあった王制を崩壊させるに至った。

　社会科学において既に一定の意味を与えられてきたナショナリズムや民族運動は、俯瞰すれば一つの流れを形成しているかに見えてくる。いうまでもなく、実際にはその流れは民族、宗教、言語、地理的条件等の多様な境界によって差異化され、その分節化された諸要素が境界を保ちつつ連携している。それらの境界は動態的なものであり、絶対的な枠組みではあり得ない。

　ネパールの多民族的状況が可視化されることになった契機の一つに、1991年のセンサスが挙げられる。このセンサスが従来のセンサスと大きく異なる点は、地域別の民族／カースト人口が分類項目に加えられたことである。その結果、自他ともに少数集団 ethnic group or category としての意識がなかったパルバテ・ヒンドゥー[11] parbate hindū が、全人口の約40％の割合を占め、そこから低位カーストの人口を差し引くと30％の人口しかない少数集団になり得ることが明らかにされ、高位カーストのエスニシティが問われるようになった（Gellner 1997：8）。このセンサスをもとにしてネパールの社会地図[12]が描かれ、ネパールにおける多民族的状況が可視化された[13]。

　第3章で概観したように、1768年にプリトビ・ナラヤン・シャハが、多様な民族／カースト集団によって構成されるネパールを称したフルバリ（花園）には、ネパールの高名な地理学者 Harka Gurung がいささか過激に指摘してい

るように、エスニック問題という熾火があちこちでくすぶり、風に煽られればすぐに発火しそうな状態になっている。さらに、彼はこれらの多様な民族／カースト集団を「国民国家」ネパールのもとに統合するためには、ネパールに対する帰属意識を育成するような多元的ナショナリズムを考案する必要があると指摘する（Gurung 1997 : 530）。1996年に始まったマオイストによる反体制武装闘争、2001年6月に起きた王宮虐殺事件後に即位したギャネンドラ国王による「強権政治」に対する抵抗運動等も、Gurungの指摘にある多元的ナショナリズムを求める運動の一翼を担い、この流れは王制崩壊へと展開することになった。このようなナショナリズムを背景に、ネパールの今日の多民族的状況は静的な混淆ではなく、重層的で、可変的で、動態的な状況にある。このような状況において自らの文化を語る行為は、どの立場から何に対して発しているのかということを含めて、自らの存在を主張する行為となり、意図するとしないとにかかわらず、政治的意味を含む。

　さて、ガンダルバに話しを戻そう。プリトビ・ナラヤン・シャハがネパールを統一する際、他の低位カーストに位置付けられてきたカーストの人々が、各々の専門とする技術で貢献したのと同様[14]、ゴルカから共にカトマンドゥへ移動してきた際に、ガンダルバはサランギを携え、村々に戦況を歌にのせて知らせて歩いた（Macdonald 1983 : 169）。第3章で取り上げたダリット運動に関わっていたラージ・クマル氏によると、ガンダルバが建国に協力した歴史的事実は学校の教科書に記されているという。ここでいう低位カーストとは、特有の職業をカースト内で受継ぎ、アチュート achūt（不可触、今日でいうダリット）とされてきた人々をも含む。第3章で検討したように、このような社会階層は、1846年に始まったラナによる専制政治時代、1854年にネパールの国法ムルキ・アインにより明文化されていく[15]。この時、ガンダルバは最も低いカーストの一つに法的に位置づけられることになった（Macdonald 1983 : 169）。

　しかしながら、ヒンドゥー的階層社会は、ネパール国内において地域や時代による偏差が大きい。第3章で取り上げた非ヒンドゥーの人々が多く分布する地域よりも、図7-1に示したガンダルバが相対的に多く居住している地域、すなわちパルバテ・ヒンドゥーが分布する地域において、ヒンドゥー的価値観に

由来する慣習が比較的顕著に実践されていると考えてよいだろう。ヒンドゥー社会における低位カーストの人々の苦境について、ネパールのヒンドゥー諸不可触カーストの組織であるダリット[16)]奉仕協会 Dalit Sewā Sangh の会長を務めていた Nepali 氏は、ラナの専制政治下でのダリットの虐げられてきた社会的状況を「動物以下の扱いを受けてきた」と指摘する。例えば犬であれば高位カーストの人々の家の中に入れるが、不可触カーストの人が家の中に入ることは許されず、高位カーストの人々は動物が触れても注意を払わないのに、不可触カーストの人々が触れたら浄めるためにプジャ pūjā（儀式）をしなければならなかった。そして、現在でもその慣習は、地域偏差はあるが、継続されている（Nepali n.d. : 1）。

カーストによる差別は、マヘンドラ国王の時代に発布された 1962 年憲法[17)]において法的に禁止されたが、差別をした場合の罰則が定められたわけではなかった（Nepali n.d. : 1-2）。このことに加えて、カーストに由来する社会関係は法によって規制されてきたというよりも、慣習的に実践されてきたことから、1962 年憲法によって低位カーストの人々の社会的立場が一変したとは考え難い。それは、1990 年にビレンドラ国王が立憲君主国として新しく発布したネパール王国憲法の第 3 編基本的義務と権利、第 11 条（平等権）[18)]の原文において、全ての市民の平等が法的に保証されてからも、同様のことが指摘できる。

2. 2 アチュートと教育

カーストによる差別的な慣習は、第 3 章で取上げたガンダルバと共食を避けるバウン女性の事例が示すように、具体的な対人関係において実践される。高位カーストをはじめとした人々にアチュートとされ、そのように振舞われたことが、彼/彼女らの生活を規制してきた。例えば、GCAO の初代会長のヒララル氏は、政府が村に造ったダーラ dhārā（水場）を使うことを、近くに住むバウンに嫌がられてきたという。これに対し、ヒララル氏は、ダーラの近くに住むバウンの女性のことをボクシ boksī（呪術を使う女）と呼び、ヒララル氏の家族だけでなく、ガンダルバの村人もダーラに近寄らないようにしていた。

バウン女性をボクシと考えるようになった理由として、次のような出来事が

語られる。ある時、ヒララル氏の妻がそのバウン女性と喧嘩したことがあった。その後、ヒララル氏の脚が悪くなったり、飼っていた山羊が死んだり、不運が続いた。「山羊が死んだのは心臓をボクシに食べられたからだ。あのバウン女性の呪いが原因に違いないから、彼女がボクシであることが分かった。そのため、そのバウン女性の姿を見かけたら、呪術をかけられないように目を合わせないようにしている」と語る[19]。バウンにアチュートとして排除される一方で、バウンをボクシと言って忌避する。この状況は、高位カーストによる排除に対して、ヒララル氏らが自ら積極的に抑圧者から距離を取るために、日常生活で接触しないようにするための対応のように見えてくる。

アチュートをめぐる言動は、ガンダルバにとって次のような問題も招来した。年配のガンダルバ達の多くは、学校に通った経験がないか、あっても数年間しか通っておらず、そのために読み書きが不自由である。読み書きが必要になる用事があると、「我々ガンダルバは勉強していないので padheko chaina」とバウンをはじめとした人々に助けを求めてきた。学校に通えなかった理由として、「バウン・チェトリにアチュートと言われ、あっちへ行けと追い払われてきた。それに家が貧しかったから、自分も稼がないとならなくて」という語りがよく聞かれる[20]。

村では、ガンダルバはアチュートとされて公的空間から排除され、このことに加えて経済的理由から、学校に通う機会が制限されてきた。学校をやめた理由にバウン・チェトリの存在が挙げられている。それは部分的に事実であることから否定はできないが、他方で勉強が苦痛で学校が嫌になって辞めてしまった場合もある。学校だけでなく村の生活が嫌になって、サランギを携えて家出をしたガンダルバもいる。バスに乗って歌えばバス代を払わずに移動でき、人の集まるバスパークに行って歌えば、人々は歌に喜び、食事を与え、心付けを渡す。ラージ・クマル氏の父親が、子供がこのサランギで稼ぐ経験をすると、学校を辞めてしまうのではないかという危惧を抱いたとしても不思議ではない。父親がラージ・クマル氏に勉強に専念させるためにサランギに触れさせなかったのには、自身とは違う道を歩んで欲しいという願いが込められていたと考えられる[21]。ただし、子供達が学校に通い続けることができたのは、父親

が次男から四男までを働かせないで良いだけの経済力があったことに加えて、彼らを取り巻く社会状況が変わったことが大きい。ラージ・クマル氏はその変化を次のように指摘する。彼の父親や兄世代のガンダルバが子供だった頃、学校でアチュートといわれ嫌がられていたから、いづらくて途中退学した人が多かった。一方、彼が村の学校に通っていた頃、水場に近寄ると他のジャートの子供達に、「犬を追い払うように」手で追い払われたこともあったが、学校にいられないほど差別はひどくなかった、と。

　ガンダルバは、耕作しようにも村に十分な土地があるわけでなく、同じく土地を持たない鍛冶を生業とするカミや皮革業を生業とするサルキのようには職業を通じた固定的なカースト関係もなく、初めから村の外に生活手段を求めざるを得なかった。学校をやめた子供達は、時には長期間、家を留守にして、村々を歩き、サランギを弾き語りに行く年長者について、行動をともにしながらサランギの弾き方や歌い方を身につけていった。やがて、ガンダルバを取り巻く社会的状況が変わり、学校にいることがそれほど困難でなくなると、子供達は学校に通い、年長者について村を歩くことをしなくなった。むしろ、子供達に教育を受けさせるために、大人はサランギに触らせないようにするようになった。この、教育を積極的に受けさせようとする意識変化も重要である。後述するが、教育を受けてこなかったガンダルバによって、村で貧困から脱することを呼び掛ける啓蒙的な歌も歌われるようになっていった。

　近年、タメルにいる40歳代以下のガンダルバは、概して子供の教育に熱心で、より良い教育を受けさせようとカトマンドゥに子供を呼び寄せる人もいる。しかし、娘はもちろんのこと、息子にもタメルへの出入りを制限する父親は少なくない。自分達がやっているようにタメルの路上で「ビジネス」をすると、学校に行かずにタメルを歩くようになってしまうのではないかと心配して、近づけないようにしているのである。

　ガンダルバの就学機会が奪われてきた状況が変わってきたのは、1990年の民主化以降である。先述のラージ・クマル氏は、ダリット関連のNGOで働く前は私立学校に勤めていた。「パンチャーヤット時代は、ガンダルバである自分が学校の先生になるなんてことは考えられなかった。今の時代はみんな等し

く権利を持っている」と語る。学校にいることを忌避されたガンダルバが、学校の先生になる時代になったのだ[22]。その後、第3章で述べたように彼はダリット連帯のNGOに勤め、やがてイギリスのINGOに転職した。彼は、サランギを弾く技術を身につけていないが、修士の学位を取得し、学歴の高さが評価され、ガンダルバの中で最も学歴の高い女性と縁談がまとまり、カトマンドゥで所帯を持つことになった。かつては、ガンダルバはダリットではないと主張したこともあったラージ・クマル氏は、自身がダリットであることを認めてダリット連帯のNGOに就職し、ダリットとしてイギリスに研修に行く機会を得た。彼は、教育によって自らの活動範囲の可能性を広げ、ダリットという社会的地位を利用し、新しい生き方を模索してきたといえる。この背景に、ダリットという社会的地位が、即座にアチュートとして扱われることに繋がらない今日の社会的状況がある。

3. ガンダルバの生業

3.1 生業と文化

　ガンダルバのサランギを核とした文化的実践が、「ネパール文化」を構成するものとして紹介されることがあり、その傾向はツーリズム現象において顕著に現れる。ツーリスト向けに発行されている雑誌 Nepal Traveller の表紙を飾ったガンダルバの写真を見てみよう（口絵6）。サランギを弾くダカ・トピーḍhākā ṭopī（ダカ織りの布で作られたふちなし帽）をかぶったガンダルバの古老に、その背景としてネパールの国花とされているラリグラス lālīgrãs（赤いシャクナゲ　Rhododendron arboreum）が合成されている。このガンダルバ特集号は、表紙の写真に「THE GANDHARVAS[23] Wandering Minstrels of Nepal（ガンダルバ　ネパールの流浪の吟遊詩人）」と説明が付され、「ガンダルバと彼らのサランギ」（Rai 1999）という記事が掲載されている。そこでは、ガンダルバは西洋の吟遊詩人に準えられ、遠い昔からネパールの楽師カーストとして見なされてきたと紹介され、彼らがネパール建国当初から歌で貢献してきたことが称賛されている。他方で、近年彼らの文化が衰退しつつあることを憂え、保全

するべきだという主張も見られる。例えば、「ネパール音楽の伝統」が衰退しつつある例として、「ガンダルバの奏でるアルバージの音色に合わせて妖精が踊っていた」時代を懐かしく思い起こし、そのアルバージが殆ど受け継がれていないことを指摘している。

ガンダルバの保持してきた「ネパール音楽の伝統」が衰退した要因として、その記事が指摘しているのは、「レストランのステレオから鳴り響くボブ・マーリー」、すなわち「西洋の音楽文化」が浸透したことと、かつてガンダルバが担ってきた物語やニュースを伝達する役割が、テレビやラジオによって取って代わられ

写真 7-5 ラムジュン（1999 年）。飼育される黒豚。

たことである（Rai 1999）。西洋文化の浸透や近代化によって文化が衰退していくこの構図は、外国人にとって分かりやすく、納得しやすい。しかし、ガンダルバがサランギを持たない選択をするようになった背景に、低位カーストとして扱われてきた社会文化的状況がある。以下では、ガンダルバの生業について、何がいかに「ネパール文化」に含まれるものとして再構築されることになったのか、彼らを取り巻く社会文化的状況に関連づけて検討する。

ガンダルバの文化とされているものの起源は、村を歩いてサランギを弾き語る行為に求められるが、筆者がこれまで実際に確認した限りでは、これは、主として男性によって担われてきた[24]。生活基盤のある村では、家の周りで女性が自家消費用の野菜を作り、商品用として山羊や鶏、豚、水牛を飼育することもある（写真 7-5）。農繁期に畑の鋤起こしや種まき、収穫等で労働力が必要な時には、男性が帰村することもある。夫・父・兄弟・息子の持ち帰る現金は、生活必需品の購入や子供の教育費用に充てられ、あるいは貯蓄されて家の新築・増改築や土地の購入に使われる。

ガンダルバの弾き語る歌や、それを聞く形態は、時代によって変わってきた。ガンダルバの歌の種類には、神々を歌った信仰歌、冠婚葬祭時に歌われるもの、ガンダルバをはじめとした社会を歌うもの（風刺を含む）、国家の歌、ニュース[25]、英雄譚等、数多くの分野がある（Nepali 2003/04）。先述したように、ラジオやテレビが普及する以前は、ガンダルバの伝える物語やニュースが村々にもたらされる重要な情報であり、娯楽としての機能も果たしていたと想像されるが、「近代化」と共に彼らの役割は低減していく。他方で、2006年に終結した内戦を背景に、クランティカリ・ギート[26] krāntikārī gīt（革命的歌）が作られ、主に政治集会で歌われたが、ニュースとしてラジオやテレビ、インターネットを通じて配信され、世界各地にいるネパール人が視聴したと考えられる。かつては、メディア伝達の手段として認識されていたガンダルバであったが、今ではメディアを通じて彼らの歌が、部分的ではあるが、伝えられるようになってきた。彼らの歌う歌は、上の世代から口承され、かたちを変え消えていく歌がある一方で、社会の変化に即して新しく作られてきたことからも、社会文化的状況に密に関連しながら変容してきたと言える。

　ガンダルバの集住地区が数カ所あるカトマンドゥ盆地において、1961年に「ガイネの歌」を収集したMacdonaldは、ガンダルバのペシャ pesā（生業）として、サランギを携えて歩き施し almsを請うことに加えて、山羊の飼育や魚釣りを挙げている。また、その頃、ネパールにツーリストが訪れるようになったことから、ボーダナート[27]に現れるようになった「アメリカ人」にお金を強要する extort 人が出てきたことを指摘している（Macdonald 1983）。

　ガンダルバが多く分布している地域を後背地に持つポカラには（図7-1）、バトゥレチョールというガンダルバの集落として最大規模の村がある。1982年にバトゥレチョールで「ガイネ調査」を行った藤井（1990）によると、32軒のガンダルバの殆どが音楽演奏を生業としながら、近年それだけでは生活できなくなったとして、魚釣りや農作業をして収入を得ていた[28]（藤井 1990）。高位カーストである Chhetri は、1984年にバトゥレチョールで社会学的調査を行い、「ガイネのサランギは物乞いの道具か、それとも文化か？」[29]という問いを立て、「ガイネ」の仕事道具である楽器サランギを「ネパール文化」と

して評価した。彼女によると、バトゥレチョールに集住する34軒のガンダルバのうち、24軒が弾き語りをペシャ（生業）とし、歌で生活の糧を得る以外には魚釣り、肉体労働、商業、公務員、農作業から収入を得ていた（Chhetri 1989）。

今日、一般的に認識されているガンダルバのペシャはサランギの弾き語りであるが、サランギを携えて村々を歩く際、大抵の場合は彼らにとっての抑圧者と接することから、ガンダルバに特有のピングル文字 piṅgul akṣar や隠語が発達した。この隠語はビショカルマ biśwakarmā（カミ）等の職業カーストの人々とも共有されるが、地域差が大きい。これらは全体的に衰退しているが、歌や文化と共にプルナ・ネパリはこれらの言葉もガンダルバの文化として収集している（Nepali 2003/04）。また、村々を歩く際に、ジャンクリとして悪霊等を吹き払うフクネ[30] phukne と呼ばれる呪医的な行為を行い、報酬を得ることもある。ジャンクリはガンダルバに限らず、様々なジャートの人々が、山村部に限らず都市部においても民間医療に携わっている。今井はこのフクネ行為も含めて、「相手や場所、自らの気分や体調などに応じ、音楽であれ、物乞いであれ、『吹く』こと（フクネ：筆者）であれ、臨機応変に何らかの行為を繰り出す」ことが、ガンダルバの「職業」（ペシャ）の姿ではないかと指摘する（今井 2003）。この指摘は、他の職業カーストの人々と同様に、土地等の生産手段をあまり持たない彼らが、経済動向に合わせて機敏に、かつ柔軟に活動を変容させてきた（Hitchcock 1975）という指摘に通じよう。サランギの弾き語りのみがガンダルバのペシャ（生業）のように認識されているが、実は多様な生活手段を組み合わせてきたことが分かる。

さて、近年の経済発展に伴う現金獲得手段の多様化により、サランギから離れて経済活動を行う機会が増加し、彼らがサランギの弾き語りをしなくなってきている。この傾向を受け、「文化の消失」を懸念する Chhetri は、「ガイネ」が物乞いやアチュートという形容を伴って表象される一方で、彼らの文化的価値が等閑視されてきたことを指摘し、「ネパール文化」の重要な要素としてサランギに関わる「ガイネ」の文化を再評価し、その保全を強く主張する（Chhetri 1989）。このように、多様な生活手段を組み合わせてきたガンダルバの生き方

から、Chhetri はサランギの弾き語りのみを切り取り、ガンダルバの文化として客体化し、これを「ネパール文化」を構成する要素とみなしている。今井は、この Chhetri の主張に見られるような文化の客体化について、次のように指摘する。すなわち、このことは、企業家やネパールの知識人、ネパール国家が、マグネ māgne（物乞い）と一体化した「ガイネ」という要素をそぎ落とし、ガンダルバの「音楽」的要素のみを、観光資源や「国民文化」に取り込もうとしている（今井 2003）、と。

　この指摘に関連して、当事者であり村々を歩いてガンダルバの歌や文化を収集したプルナ・ネパリは、「ガイネ」の語源に立ち返り、その用語の再解釈を試みている。第8章で詳述するが、プルナ・ネパリは、「ガイネ」という言葉自体は音楽家と言う意味であり、本来はダリットではないのに社会がダリットとして扱った——ムルキ・アインによってアチュート、ダリットとして制度化された——のだと主張する。そして、音楽家を表す呼称「ガイネ」に後から重ねられたマグネのイメージを捨象し、改めて音楽的要素を客体化し、それらをガンダルバの文化であり、かつ「ネパール文化」であるとして評価している。

　Chhetri の論点は、「ガイネ」について認識されてきたマグネ、アチュートという表象を前提に、文化的価値を付加的に認めるところにあるのに対し、プルナ・ネパリの論点は、「ガイネ」に付されたネガティヴなイメージを払拭し、「ガイネ」を文字通り音楽家と再確認することにある。いずれにしても、生業としてサランギを弾き語って報酬を得るのは、ガンダルバの老若男女全てではないが、ガンダルバに特有の生き方といえる。そして、ガンダルバの生き方から「ネパール文化」となり得る要素——サランギ——を抽出する過程で、ガンダルバが経験してきたヒンドゥー的社会に不可分であった不可触性に関する部分は、表面上は抹殺、乃至「消毒」された。こうして客体化されたガンダルバの文化をめぐって、その維持管理を主張する主体——高位カースト——と、文化の担い手——ガンダルバ——の間に、再び社会関係が再構築されていく。

　ガンダルバの文化としてサランギが象徴的に語られるのに対し、Nepali は、ガンダルバが最初に楽器として携えていたのは四弦の撥弦楽器アルバージであったと主張する（写真7-6）。しかし、アルバージは大きくて携えて歩くの

が大変であったため、丈が短くて持ち運びしやすいサランギが、ガンダルバの主たる楽器になっていったという（Nepali 2003/04：15）。ガンダルバが共有してきた音楽の中で、サランギが「ネパール文化」を構成する要素として紹介される一方で、ガンダルバによるガンダルバ文化の再構築の過程で、アルバージにも

写真7-6　タナフのアルバージ奏者（1996年）。ダサインのプジャをした際につけられたアビール abīr（祈祷の際に用いる赤い粉）が、アルバージと古老の額に見られる。

「真正性」が求められている。例えば、ガンダルバ文化芸術協会[31] GCAO では文化継承を目的にアルバージを作り、ガンダルバの音楽演奏に積極的に取り入れる動きがある（口絵7）。ガンダルバの音楽に加わるのは、アルバージだけではない。第4章でジャナジャーティの文化として指摘した、マーダル mādal（両面太鼓）やバンスリ bãnsurī（竹製の横笛）等も組み合わされる。

　ガンダルバは、かつては村々を歩き、サランギを弾き、様々なメッセージを歌にのせて語ってきたが、彼らの文化を共有しない外国人ツーリストに向けられた演奏では、ネパール語で風刺や神々に捧げる歌が歌われることは殆どなく、ネパール民謡か、歌なしの旋律のみとなっている。歌う対象が変われば、ガンダルバの奏でる歌も聴衆に合わせて変わる。こうして歌い手と聞き手の間に社会関係が新しく構築され、彼らの生活の糧を得る方法や共有される文化も変容していく。ホテルやレストランで食事をする人々を楽しませるために雇用されて歌う時、彼らは聴衆に報酬を直接請うことはせず、募金箱を置く（写真7-7）。土産物用のサランギをさり気なく展示し、買う人が現れれば売る。彼らの演奏に対し、聴衆から渡されるチップの他に、レストランから報酬として食事や金銭が支給される。このようなタメルでの生活の中で彼らが奏で、歌うネパール民謡も、外国人ツーリストには「ネパール文化」乃至どこかエキゾティッ

写真7-7 レストランの一郭でサランギ演奏をする（2005年）。土産物用の小型サランギと募金箱。

クな文化として消費される。

ラリグラスの花と組み合わされたサランギを弾く吟遊詩人ガンダルバは、「ネパール文化」を構成する一員としてネパールの地域像に組み込まれている。その創造された「ネパール文化」が指示する具体的対象として、村を歩き、サランギを弾き語りながら生活の糧を得てきたガンダルバのペシャが客体化された。この過程で、彼らがペシャを通して受けてきた差別的な要素は、「ネパール文化」として顕在化してこない。ガンダルバの担う文化は、ホブズボウムが指摘する新たな価値――「真正性」――が付与された「創られた伝統」である。この文化が創り出される動態的な社会文化的状況を背景に、ガンダルバが、「ガイネ」イメージを避けようとすることも、サランギを弾くこと以外の生き方を選択することも、上の世代から歌を継承しないことも、新しく歌を歌うようになることも、彼らが可能な範囲でその状況に「戦術的」に適応しようとした過程であり、結果に他ならない。

3.2 村を歩く

ガンダルバのペシャと見なされてきた彼らの村での活動は、どのように行われてきたのだろうか。ヒララル氏にはカトマンドゥ、タメルに来るよりも以前、サランギを携えて村を歩いた経験が5～6年間あった。その頃を次のように回想して語る。

「父親が亡くなり、金がなくて4クラス（基礎教育の4年生）で学校に行くのをやめ、それから（村で）サランギを弾いて稼ぎ始めた。友達と2人でバスに

乗ってムクティナートにも行ったし、ダージリンにも行った。ジョムソンにもチトワンにもカグベニにも行った[32]。バスの運転手は『我々貧しいガンダルバ』を見ると、『ただでいいから乗りなさい』と言って乗せてくれたものだ。村々を回って1ルピー[33]を貰ったり、おやつ用の小さな小皿に米を貰ったりした。1日で米を1〜2kg、多い時には10〜15kg貰ったりした。村の人に『ボークラギョ、カナパカイディヌス bhok lāgyo, khānā pakāi dinus（お腹が空いた。ご飯を炊いて下さい）』と頼んでも、『忙しい』と言って炊いてくれなかったこともあった。その時は3日間、ご飯を食べられずに空腹を抱えて大変だった。」

　この語りから窺えるように、ヒララル氏（1965年生まれ）の世代のガンダルバは、ネパールの丘陵地域ばかりでなくヒマラヤ地域、更にはインド東部のダージリンに足を伸ばすこともあり、その行動範囲は国内に留まらない。バトゥレチョールのガンダルバを調査した藤井によると、1982年の時点で彼らの活動範囲は、国境を越え、ダージリンの他に、アッサム、カルカッタ、デリー等にまで広がっている。インド－ネパール間の国境は、彼らにとってオープンボーダーであるため自由に往来でき、ネパール語が通用するダージリンをはじめ、ネパール系住民が集まっている場所を求めて、インドでも活動してきた。

　タメルに出稼ぎに来る以前、サランギを弾き語って村を歩いた経験のあるガンダルバの中には、タメルで「ビジネス」がない日が続くと、今でも仲間と一緒に村を歩く人がいる。仲間のミート[34] mīt や、ミートの親戚がいる村々を訪ね、夜はどこかの軒先等を借りて寝かせてもらう。朝になるとサランギを弾きながら村の中を歩き、年配の女性を見かけたら「アマ āmā（おかあさん）、ボークラギョ、カナパカイディヌス（お腹が空いた。ご飯を炊いて下さい）」と声をかけ、村で貰って来た米等を渡して食事を作ってもらう。1時間位で食事が出来上がり、ご飯を済ませた頃に、「ラムロギート、スナウヌス rāmro gīt sunāunus（いい歌を聞かせて下さい）」と言う相手の言葉に応じて、暫く歌う。6人の仲間と1カ月近く村々を歩いて、その時の稼ぎは1人3,000ルピーずつになったという（2006年）。

　また、村の若い女性との間でドホリ[35] dohorī が幾晩も続き、肉や酒が振舞わ

れることもある。村の女性達は日中は畑で働き、日が暮れて仕事が一段落ついてからガンダルバ達と歌を交換する。このように村を歩いて、訪問先の村の娘とドホリをするうちに気が合って長逗留してしまったといったロマンティックな思い出話が、しばしば——おそらく脚色されて——楽しげに語られる。このような語りから、ガンダルバの来訪が村の娯楽になっている様子が窺える[36]。その他に、グルカ兵を多く輩出してきたグルンの村に行けば、少し前は戦線で故郷を思うラフレ lāhure（傭兵に行く男性、グルカ兵）の歌を歌ってきたし、その需要が減少した近年では、グルカ兵に限らず外国に出稼ぎに行く若者達——近年ラフレと呼ばれる人々——の苦労や寂しさをその家族の前で歌う。都市部では、富裕層の子供達の自由奔放ぶりを風刺して歌う。これらの歌は、人々の琴線に触れ、涙や笑いを誘う。歌への報酬は、時によって、場所によって差がみられる。村を回って歌えば米などの穀物や数ルピーが渡され、地方のバスの合流地点などで休憩中の人に短い歌を歌えば数十ルピーが、カトマンドゥの金持ちの家を訪れて腰を落ち着けて歌えば食事や酒が振舞われたり、数百ルピーが謝金として渡されたりする。

　村を歩く時に、彼らは当てどもなく歩いているようでありながら、村歩きの要所をいくつか持っている。例えば、ムグリンのような大きなバスターミナルには馴染みの店があり、他ジャートの人とミートの関係を結ぶことがある。そこを通る時には、ミートの店や家で食事をしたり、宿泊したりする。各地を訪れるガンダルバは、○○村の○○ジャートの食事は美味しい、△△村の△△ジャートの酒は美味しい、××村には××という寺があり、そこからは××山が見える、というような情報に詳しい。仏教徒やムスリムの冠婚葬祭の方法や、食文化や生活の多様性をじかに目で見て、場合によっては経験してくる。そして、出かけた先々で収集した情報をお互いに交換することで、ネパールの丘陵部を中心に地理的知識を収集してきた。10代半ばの頃、村を歩いていたヒララル氏の語りから、少しであるが、彼の経験してきたネパールの人々の文化的多様性を紹介しよう。

「バウン・チェトリの村では肉を出さない。グルンは肉があったら、水牛を切っ

ていたりしたら出してくれる。バウン・チェトリはカシ khasī（去勢ヤギ）の肉を少しだけくれることがあるけど、自分達で食べてしまう。グルン・マガルの村で歌えば、『ロキシ raksī（蒸留酒）を飲みますか、バイ[37] bhāi?』と聞いてくれるんだ。『飲みます、ハジュール[38] hajūr』と言うと、ロキシを出してくれて、飲んで歌って、大勢の人が喜んでくれる。若い女の子達が私をずーっと見ていてね。」

「うちの村（ラムジュン）の近くにグルンの村が沢山あるんだ。グルンの女の子達はドホリ・ギートを歌うのがすごくうまいんだ。村に行くと『ロキシを飲んで下さい』って言って、男も女も飲ましてくれるんだ。日中は彼／彼女らは自分の仕事をして、夜は歌を聴きに来る。自分は1カ月いても同じ歌を歌わないよ」

「バウン・チェトリの村で歌っても5ルピーだった。『マナンギ』[39]の村に行ったらお金をくれる、いっぱいいっぱい金をくれる。」

　語りながら村での楽しかった様々なことを思い出し、ヒララル氏から笑みがこぼれる。高位カーストの人々は文化的禁忌から肉をあまり食べず、食べてもカシ[40]に限られたのだが、肉をガンダルバに出したとしても少しだけ、金も「マナンギ」との対比で少ないことが示唆され、第3章で取り上げたような、高位カーストの人々に重ねられてきたネガティヴなステレオタイプが窺える。これに対して、グルンやマガル、「マナンギ」といったチベット・ビルマ語系の人々の気前の良さ、歌で楽しませてくれるガンダルバに対する肉や酒での「歓待」ぶりが際立つ。両者の文化的な禁忌による差異は明白である。ヒララル氏をはじめ、多くのガンダルバは酒好きで、タバコや肉を好む。気に入った場所に長逗留する為には、飽きられないように歌のレパートリーを取りそろえ、実際に美味しい食事や酒を出してくれる女性を喜ばせる歌が歌えなければならない。「海の魚とガンダルバのお腹の中にある歌は尽きることがない」と語るヒララル氏は、1カ月間違う歌を歌い続けると言いきる。これらは、彼にとって、彼がより良く生きようとした時に必要とされて身につけた知識・技術に他ならない。彼らは、サランギの弾き語りを共有するネパール社会において、その文化

的多様性を、サランギを通して、地理的知識として獲得してきたといえる。

　彼らは、親類縁者や友人と何人かで連れ立って、数日間から数カ月間に及ぶ弾き語りの旅に出かける。その道中、大抵の場合は民家の軒下を借りて夜を明かす。山道を歩き、集落に差しかかると「歌を持ってきました」gīt liera āeko と屋外から声をかけ、人が出てきたら歌を歌い、それに対して人々がお茶や食物を出したり、金品を投げるか地面に置くかして渡していたという。村での弾き語りは楽しく思い出される経験もあるが、必ずしも楽ではなかった。このことは、彼らがヒンドゥー的価値観によって構造化された社会において、アチュートとして扱われ、自らもそう振舞ってきたことと無関係ではない。但し、第3章で論じたように、ネパール社会は多民族的状況にあるために、彼らの歌を共有するのに必要なネパール語がネパール全域で同じように通じるわけではなく、またアチュートに対する接し方、即ちヒンドゥー的な慣習的文化的実践のあり方にも地域的偏差が大きい。このような地域的文化的多様性を背景に、経済的な効果や、彼らに対する待遇を考え、彼らはどこで活動をするのか、「戦略的」に選択する。より良い選択をするために、地理的知識は不可欠であった。

　このような旅の中で、滅多にないが、数年間村に帰らず、村人達が行方不明になって死んでしまったと思い、忘れた頃に突然戻ってきた人もいる。村を長期間出て行くきっかけとして、村が嫌になった、意に染まぬ結婚をさせられる／させられたといった理由が語られるが、行った先で出会った女性と気が合い、一緒になってあちらに住みついたという例もある。村では、夫の留守中に、妻が子供を置いて他の男性と駆け落ちすることもある。このような弾き語りの旅に出掛けるのは、乾季の9月から4月が中心となる[41]。村を歩くのに適さない雨季は、個人の好みもあるが、川で魚を釣ったり畑仕事をする。魚を市場に売りに行くこともある。

　前節で少し触れたが、近年衰退しているというガンダルバのサランギの弾き語りは、いかに継承されてきたのだろうか。かつては村を年長者と歩く経験を通して、サランギの弾き語りと村歩きを継承し、修得してきた。また、その村歩きの間に同行している年長男性にサランギの腕——生活力——を認められ、娘との縁談がまとまることもあった。1981年に初めてカトマンドゥに来て、

約3年間、村と往復しながらカトマンドゥでサランギを弾き語っていたラージ・クマル氏の長兄の語りを見てみよう。

「面白そうと思って、父親についてカトマンドゥに遊びにやってきた。父親はかつてラジオ・ネパールでサランギを弾いていた。4クラスまで村の学校に通った。自分は子供のころから父親のサランギで遊んで、人が弾くのを見て覚えたが、弟達は学校に通っていたからサランギを弾けない。

　ある時、2カ月間ほどカトマンドゥでサランギを弾いて回ったことがあった。この時に、同行していた年長者が私のサランギの弾き語りを見ていたのだろう。自分は他の人よりもサランギをうまく弾けたので、その年長者から彼の娘との縁談が切り出された。自分は結婚したくなかったが、周りの圧力があって逃げられずに18歳でその娘と結婚した。家族の面倒を見なければならなくなり大変だ。息子が2人と娘が1人いるが、子供達には勉強をさせる。サランギは教えていない。彼らがサランギを弾きたいと言ったら教える。」

　先述したように、ガンダルバが学校に通うと村歩きの機会がなくなり、その技術は継承されにくくなることが分かる。但し、村歩きをすれば全てを継承したかというと、必ずしもそうとは限らない。ヒララル氏は10歳の時に父親を亡くした。彼の父親は、歌で雨を降らすことができ、大きな火の中に入ることのできるジャンクリでもあったと言う[42]。ヒララル氏が父親から受け継いでこなかった様々なことを時々思い出して語る。

「(ガンダルバには雨を降らせる歌もある、という話から) 父親に雨を降らせる歌を習っていたら、と思うと悔しい。しかし、歌を教えてくれと頼んでも自分のものだと言って教えてくれなかった。他の地域に残っているかもしれないが、こうして失われていった歌も数多くある。」

　火の中に座っていたり、雨を降らせる能力があったヒララル氏の父親は、ボクシに呪われて亡くなったという。このような超自然的な世界を認識しながら

写真7-8 ダサイン (2005年)。ラムジュンの村。ラージ・クマル氏の父親は神に歌を捧げ、手前の四男は神に捧げる鶏を持って供儀の準備をしている。

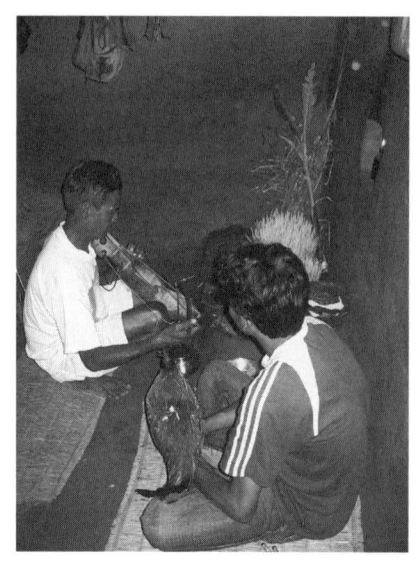

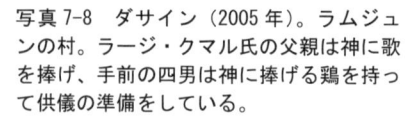

写真7-9 ダサイン (2005年)。神に鶏を供儀し、サランギにプジャをする。サランギのそばに供儀した鶏の頭部が供えられ、燈明が灯されている。

生きていた父から、その能力を受け継がなかったことをヒララル氏は残念がる。また、ガンダルバは、ダサインの時には神に歌を捧げ（写真7-8）、鶏を供儀し、サランギにプジャをする（写真7-9）。そして、やがてこのような歌が失われるのではないかと感じていても、タメルのガンダルバは村に帰ってダサインを祝う際に、鶏を神に供儀しても——その後食用にするからにしても——、必ずしも神にサランギを弾いて音を供えない人もいるし、近所の家で神に歌を捧げている古老がいるのを知っていても習いに行くわけでもない。却って失われつつある歌に、超自然的な要素を加味して、「真正性」を強めようとしているように考えられる。

　彼らが村々を歩いて生きてきたのは、ヒンドゥー的社会においてアチュートに位置付けられ諸機会から排除され、生産手段としての土地がなく、土地があったとしても生活を維持するのに不十分であったことが背景にある。更に、カミ

やサルキのように高位カーストの人々との間に固定的なカースト関係がなく、生活の糧を求めて浮遊せざるを得なかったことと、浮遊して生活できる技術としてサランギの弾き語りを継承してきたことも、村々を歩いてきた要因として考えられる。

このようなガンダルバの世界を広げてきた村を歩くガンダルバが減少したのは、様々な要因が絡み合っている。ガンダルバに認識されている理由として、これまでにも触れたが、「近代化」と称される過程でラジオやテレビが普及し、彼らの情報伝達機能の有用性が低下したことが挙げられる。他方で、先述したように、ガンダルバの奏でるサランギの音色や歌声は、今日電波に乗って国内外に届けられるようになり、また音楽テープやCDに収められ、商品化されるようになっていった。従来の役割が低減する一方で、新たな展開の可能性が窺える。このような変化の中で、ガンダルバの役割は変らざるを得なくなった。

ラジオを通して伝えられてきたのは、ニュースだけではなかった。例えば、ガウン・セワ・ギート gāũ sewā gīt（村奉仕の歌）の例として、貧困という大変な病から脱しましょう[43]、子だくさんは貧乏の原因だから家族計画をしましょう[44]、というような村人を啓蒙する内容が風刺を交えて歌われてきた。2008年4月に実施された制憲議会選挙の際も、「制憲議会選挙が近づいてきた、これまでネパールになかった憲法をつくるための仕事だ。新しいネパールをつくるために（中略）あらゆる性別、ジャート・ジャーティ、あらゆる宗教、外国に住んでいる人々も自国へ帰ろう」[45]と歌にのせて呼び掛けた。この時の投票を呼び掛ける歌は、選挙管理委員会がガンダルバに歌詞を渡して歌ってもらったものと、それをもとにガンダルバがアレンジしたもの等、いくつかのバリエーションがあった。このような人々に呼びかける歌に加えて、現在でも、ラジオ・ネパールはガンダルバを常に起用し、サランギの奏でる音色を流し続けている。

ガンダルバはサランギを携え、村を歩いて弾き語ることが生業とみなされてきたが、既に述べたように、実際には生活を維持するために様々な活動を行ってきた。これまで見てきたように、「近代化」の過程で彼らの社会文化的位置づけが変わり、彼らは従来の社会的役割を期待されなくなった。そのために、

注36）で見たように、彼らの歌う行為が単にアルチー（怠惰）なものと見なされる場合も出てきた。他方で、このような変化に対応するべく、彼らの子供達の就学率は上がり、サランギを弾き語るガンダルバが減ることになった。これらの変化は、サランギの弾き語りがガンダルバに特有の文化として客体化され、「ネパール文化」——フルバリ（花園、多様な民族／カースト集団によって構成されるネパール）——に組み込まれていく過程で生じていることでもある。次節で取上げるガンダルバのカトマンドゥでの出稼ぎは、都市部で現金を獲得する新しい手段であるが、サランギと無関係な活動ではないことから、「ネパール文化」の再構築に影響を及ぼしている。既に指摘したように、ツーリストはホストほど文化に「真正性」を求めず、「どこかエキゾティックなもの」を感じながら、サランギの奏でる音楽や、サランギ自体を差異化の記号として消費している。このような現象にガンダルバが包摂されていく——自ら関わる——過程を、次節で詳しく見ていく。

4. サランギをめぐる変化

4.1 サランギの客体化－ツーリストに出会う－

「近代化」の波が交通網に沿ってネパール全国に広がるにつれ、人々の生活様式が変化し、ガンダルバも「近代化」への対応を迫られている。先述したように、ラジオやテレビが全国に普及することで、ガンダルバのニュース伝達や娯楽としての役割の重要性が低下してきた。特にある程度の学歴のある若いガンダルバは、村での弾き語りによって生計を立てるかわりに、現金獲得手段を求めてカトマンドゥをはじめとした都市に向かう全国的な人口移動の流れに加わることになった。この過程で、タメルに向かったガンダルバが経験してきた過程をサランギに注目して見ていくことにする。

本題に入る前に、タメルで活動するガンダルバについて、ガンダルバ文化芸術協会 GCAO のメンバーに関するデータを概観しておく。ツーリズムに関わるガンダルバの主な活動拠点はタメルで、その中心となっているのが、GCAO である。1995 年に発足した GCAO のメンバーで、1996 年から 1997 年にかけ

第 7 章　文化の商品化　221

てタメルで活動していた人々の概要を、表 7-1 に示した。タメルに集まる出稼ぎガンダルバは、ナラヤニ県のチトワン郡出身者の 3 名以外は、ガンダキ県のラムジュン郡、タナフ郡、ゴルカ郡に家を持つ。10 軒から 20 軒で一つのガンダルバ集落を形成し、その周囲には山地民族のグルンや、高位カーストのバウンなどの他ジャートの集落がある。表 7-1 の「カトマンドゥに来た時期」とは、初めてカトマンドゥに来た時期を意味する。1970 年代からカトマンドゥに来ていたガンダルバも見られるが、その頃はバスパーク等を歩き、サランギを奏で、歌っていた。彼らがタメルに来るようになったのは、1980 年代以降のことである。

　表 7-1 のメンバーの中で、カトマンドゥに最も早く来たのは、クリシュナ・バハードゥル・ガンダルバ氏である。彼は 1971 年にカトマンドゥに来て、シンハ・ダルバールが燃え落ちた事件を歌って歩いた 1 人であった。次の語りは、クリシュナ・バハードゥル氏が、初めてカトマンドゥを訪れた時の話である。

「13 歳[46]の時に祖父と初めてカトマンドゥに来たんだ。カトマンドゥへの道中、歌を歌いながら、5 日間歩いてカトマンドゥに着いた。その時は 2 カ月間ほどカトマンドゥに住んで、村を回って 2,000 ルピー[47]を稼いだ。2,000 ルピーといえば、その頃村に家が一軒建つほどの金額だった。
　その 2 年後、シンハ・ダルバール（その当時、既に中央官庁の建物として転用されていた）が燃え落ちた年、その焼け跡を見たくてカトマンドゥを訪れた。シンハ・ダルバールは入口が少し残っているくらいで、後はみな焼失していた。当時、バスに乗ったら 25 ルピー位でカトマンドゥに行けたが、自分は歌を歌って金を払わずにバスに乗ってきた。その時はポカラの友達と 6 カ月間カトマンドゥに滞在し、ラジオ・ネパールに雇われてシンハ・ダルバールの焼け落ちた歌を歌い、月々 105 ルピー[48]のジャギル jāgir（給料）を貰った。当時、肉なしのご飯を 1 食 1.5 ルピーで 1 日 2 回食べ、服を買ったりしたから月 105 ルピーなんて少なくて話にならなかった。」

　クリシュナ・バハードゥル氏は、村でサランギを携えて歩くのと同じよう

に、カトマンドゥで歌っていたところ、それを聞きつけた人の斡旋でラジオ局でジャギル(「定職」)を得て、定収入を得ることになった。

　1980年代からカトマンドゥに来ている出稼ぎの先駆者達は、クリシュナ・バハードゥル氏をはじめ、村を歩いて、歌った経験がある。村を拠点に活動していた人々の中には、カトマンドゥでしばらく暮らしていたクリシュナ・バハードゥル氏に憧れ、カトマンドゥに向かった人もいる。その中の1人、「最初にツーリストに出会って、サランギを売った」と語るヒララル氏の語りを見てみよう。

「1980年頃、初めてカトマンドゥに行こうと思ったのは、カトマンドゥに行った従兄弟(クリシュナ・バハードゥル・ガンダルバ)が良い服を着て帰って来たのを村で見たからだ。それで友達とカトマンドゥに行って、夜はバラジュー[49]の民家の軒下を借りて寝かせてもらい、歌いながら金を少しずつ稼いでいたんだ。そうしたら、そこの(軒下を貸してくれている)人に『サハル śahar(都会、カトマンドゥ市街)に行ってご覧。サハルには外国人がいるし、お金も稼げるよ』といわれたんだ。それでサハルに行くことにした。
　タメル(この当時、ヒララル氏にとってのサハル)に着いてサランギを弾いていたところ、外国人が見て、サランギを売ってくれと言ったらしい。その頃、英語は分からなかったし。周りのネパール人が『サランギを売っておあげ』というので、訳も分からずにサランギを渡すと100ルピー[50]くれたんだ。村で100ルピーといったら大金だよ。弾いて歌っているだけじゃ100ルピーなんてなかなか稼げない。それで、カトマンドゥに住んでいるガンダルバからサランギを買って、それをまた外国人に売って、そうこうしているうちに2,000ルピーを稼いだんだ。」

　カトマンドゥに初めて行った時、ヒララル氏は、当初は人の多い場所を探してサランギを弾きながら歌っていたところ、外国人の目に留まり、偶然サランギを貨幣と交換できることを知った。ヒララル氏によれば、村の人々は彼の2,000ルピーを稼いだ経験談を聞いて、カトマンドゥに向かうようになった。サランギを金銭と交換する偶然を経験したのはヒララル氏に限らず、何人かの

表 7-1 Gandharba Cultural and Art Organization 会員の概要

	生年	出身地	カトマンドゥに来た時期	特技 講師 サランギ	特技 講師 マーダル	サランギ製作	その他	「仕事」
1	1960	ゴルカ	1971	○		○	歌	
2	1967	タナフ	1979	○	○			
3	1965	ラムジュン	1981	○	○			○
4	1967	ラムジュン	1981	○	○			○
5	1969	チトワン	1984	○	○	○		
6	1962	タナフ	1985	○				
7	1964	ゴルカ	1986	○				
8	1965	タナフ	1986	○	○			○
9	1970	タナフ	1986	○				○
10	1964	ラムジュン	1987	○				
11	1970	ラムジュン	1987				サランギ	
12	1968	ゴルカ	1988			○		
13	1968	ラムジュン	1988	○	○			
14	1966	タナフ	1988	○			踊り	○
15	1963	タナフ	1989	○				○
16	1956	ゴルカ	1990	○		○		
17	1967	ゴルカ	1990	○		○		
18	1964	タナフ	1990	○	○			
19	1969	タナフ	1990	○		○		
20	1973	ラムジュン	1991	○	○	○	バンスリ	○
21	1963	タナフ	1991					
22	1977	タナフ	1991					
23	1960	チトワン	1992			○		
24	1967	ラムジュン	1992					
25	1975	ラムジュン	1992	○		○		
26	1971	タナフ	1992	○	○	○	バンスリ	
27	1975	チトワン	1993					
28	1977	タナフ	1993	○	○			○
29	1973	ラムジュン	1995		○			
30	1976	ラムジュン	1996	○				

「仕事」：定期的にホテルやレストランで音楽演奏を行う
1996 〜 1997 年調査時
Morimoto（2002）を修正

ガンダルバが同様の経験を語る。いずれも「カトマンドゥで弾き語りをしていたところ、外国人の目に留まって」という説明がなされ、この偶然が彼らの意識をネパール人から外国人に向けさせる契機になったことが指摘できる。

ヒララル氏は、この時に稼いだ 2,000 ルピーを村で暮らす母に渡した。彼の稼ぎ——サランギを使って金を稼ぐ才覚——が認められ、じきに縁談がまとまり結婚した[51]。ガンダルバの男性が結婚する際に必要とされたサランギを弾き、歌う能力から、商品としてサランギを元手に金を稼ぐことが、ガンダルバの男性の生き方として認められたと考えられよう。そして、彼らの経済活動の重点は、村からカトマンドゥへ、ネパール人から外国人ツーリストへ移行し、ガンダルバが奏でる楽器であったサランギが、外国人のまなざしによって、別の意味——商品価値——を持つようになった。

第2～3節で見てきたように、ガンダルバを取り巻く社会文化的状況において、サランギはガンダルバに不可分の道具であり——他のジャートの人がサランギを弾き語らないと言う意味で——、社会的地位の象徴であった。ツーリストは手作りのシンプルな楽器にどこかネパールらしさ、乃至エキゾティックな文化を感じて、このようなサランギを買い求める。この時、サランギは音を鳴らす楽器——稼ぐための道具——である必要はなく、同時にその楽器を持つ人のジャート——社会的地位——を意味する必要もなく、社会文化的状況から切り取られ、「ネパール文化」を構成する要素として客体化されたモノとなる。もちろん、この現象と、多民族国家ネパールにおける政治的な「国民文化」創出過程は、無関係ではいられない。実際、サランギは「ネパール文化」の再構築過程で、タメルの土産物屋の店頭に、ネパールの土産物として宗教関連の小物や雑貨と一緒に並べられ、他ジャートの人によっても「ネパール文化」として売られている。社会文化的状況と切り離されたモノとしてのサランギは、他ジャートの人々が自らのアイデンティティ——ネパールという地名で囲われる国境内に生きる人々であること——を重ね得る「ネパール文化」を構成する要素として認識されるようになったと言えよう。

4．2．サランギ「ビジネス」－タメルを歩く－

　サランギが「ネパール文化」として商品化されるようになって、タメルの路上で活動する出稼ぎガンダルバの多くは、生活基盤のある村とタメルを往復するようになり、サランギをめぐって、村やガンダルバが生きる社会文化的状況に変化がもたらされることになった。

　タメルにガンダルバが「ビジネス」をしに来る理由として、まず第一に挙げられるのは、経済的理由である。しかし、生活費の高いカトマンドゥでの暮らしは決して楽ではなく、収入がない日が続いて借金がかさむこともある。先にも触れたが、長期間タメルで「ビジネス」機会がないと、サランギを弾き語りに村々に行ったり、自分の村に戻ってサランギを作ってきたりすることもあるが、それでも多くの場合はタメルに居続ける。その理由として、「（タメルには）外国人がいっぱいいる」「お金を使える場所があるから」「面白そうだから」「農作業はしんどいから」という、都市に対する漠然とした魅力と、村の生活に対する嫌悪ともいえる感情が挙げられる。

　出稼ぎガンダルバは、1日の大半をタメルで過す。彼らの多くは兄弟や親戚と数人で部屋を借りて、タメルあるいはその周辺に住む。ツーリストが朝食のために路上に現れる朝8時頃から、彼らの「ビジネス」活動が始まる。昼近くになると、ガンダルバ達はタメル周辺のネパール人が利用する食堂で食事をとる[52]。洗濯は近所のドビ dhobī（衣類の洗濯を業とする職業カースト）に頼み、路上で店開きしているインド人に時々髭剃りを頼む。

　日中、GCAO のオフィスで仲間とお喋りしたり、ゲームに興じたり、あるいは映画やサッカーの試合を見に行ったりすることもある（写真7-10）。近年増加した文化イベントへの参加要請が、GCAO を通してくるようになり、タメルのガンダルバの活動は協会を拠点に、場当たり的に出演者を決めることがあっても、ある程度組織化されるようになった。このようなイベントがなければ、夕方まで休憩をはさみながら適宜お茶とおやつをとり、サランギ「ビジネス」を行う。彼らの「ビジネス」活動は次のようである。外国人ツーリストにサランギを弾いて聞かせながら、タメルの路上を歩く。ツーリストが興味を示すと弾いているサランギを見せ、やがて肩に下げた袋の中から土産物仕様の

写真 7-10　GCAO のオフィスでトランプに興じるガンダルバ（2009 年）。

大小様々なサランギを取出し、音を出してみせる。その行為と同時に値段交渉が始まる。サランギに限らず、路上の「ビジネス」には定価がない。筆者が確認した中では、ガネシュ（象頭をもつ神）の彫刻を施した大き目のサランギが 7,000 ルピー（当時約 1 万 4 千円）で売れたのが最高価格である。小振りのサランギは約 500 ルピーまで値段が下がるが価格の上限はない。販売価格は、仕入れ価格の 6 割増に落着くことが多い。

　タメルのツーリスト向けのレストランやホテルで演奏のアルバイトをしている人は、夕方から夜まで演奏する（写真 7-7）。このアルバイトの仕事（表 7-1 の「仕事」）は、レストランやホテルの要請で引き受けた場合は給料が出るが、演奏場所——チップを貰う場所——を確保するためにガンダルバが頼んでステージを使わせてもらう場合は給料が出ないこともある。演奏すれば客からのチップが見込め、レストランやホテルから夕食が提供される。若いガンダルバの中には、ガンダルバ特有の歌い方は上手くできないが、近年都市部で急増しているドホリ・レストランでアルバイトをするうちに、歌う技術を身につけた者もいる。「仕事」のない人は、日が暮れると近くの食堂で仲間と酒を飲みながらその日あったこと等を語り、ゆっくり夕食をとる。あるいは、懇意になった外国人ツーリストに招かれて、ツーリスト向けのレストランで食事をする。外国人ツーリストとの関係がより親密になると、市内観光に付添ったりして 1 日の大半を共に過すこともあり、場合によってはヒマラヤ・トレッキング、インドや外国旅行に同行することもある。そうなると「ビジネス」は休みになる。村を歩いていた時と同じように、ツーリストと個人的に深い関係になり、ロマ

ンティックな経験を楽しむ人もいる。村歩きと違うのは、この出会いが外国旅行やツーリストの出身国に連れて行ってもらう機会に発展したり、更には外国人と結婚し[53]、ツーリストの出身国で生活するようになることが起こることだ。外国人が相手の場合、社会文化的な違いに加え、かなり年上であることも少なくないが、これらは必ずしも結婚の障害にならないようである。特に若いガンダルバは、サランギを売ることだけでなく、また別の機会を夢想しながら路上でツーリストを観察し続ける。

　このようなタメルのガンダルバの路上活動は、1980年代から増えるようになったといわれる。かつて村を歩いてサランギを弾き語っていた経験のあるガンダルバの中には、1990年代以降にタメルに来るようになった人もいる。一方で、1990年代に学校を出てタメルに来たガンダルバの中には、数年間学校に通ったことがあるので読み書きはできるが、サランギの弾き方をタメルに来て初めて教わった人もいる。

　タメルで活動するガンダルバは、違う郡出身でも何らかの親戚関係にあるとされる。各人の呼び名はカカ kākā（父方の叔父）、ママ māmā（母方の叔父）、バティジ bhatijo（兄弟の息子）、バンジ bhānij（姉妹の息子）というような親族名称が用いられることが多く、個人を特定する本名が使われない人もいる。そのため、筆者が本名を尋ねた時に本人が答えに詰まり、近い親族筋の伯父／叔父達が生まれた歳や名前について話し合い、特定することもあった。普段から、自分の名前を名乗る機会がなかった状況が窺える。また、誰かが村に一時帰郷する時には、仲間の家族の様子を見てきたり、言伝てを頼んだり頼まれたりしている。これらのことから、村での関係が、タメルのガンダルバ男性間で再編されていることが指摘できよう。

　サランギを作るのは、村に活動拠点をおく年配のガンダルバや、オフシーズンで帰村した出稼ぎガンダルバである（写真7-11〜写真7-13）。商品としてサランギを作る仕事は、サランギ「ビジネス」の展開とともに需要を増し、彼らの現金獲得手段の選択肢の一つとなっている。但し、表7-1に示したように、全員がサランギを作れるわけではない。

　本来、サランギは、実際に楽器として使うガンダルバが、人生で数台のサラ

写真7-11　ラムジュン（1996年）。村の周囲の森からサランギ用の原木を切り出す。撮影ヒララル・ガンダルバ氏。

写真7-12　ラムジュン（1996年）。サランギの形に原木をノミで削って形づくる。撮影ヒララル・ガンダルバ氏。

ンギを所有するものであった。今でも演奏する人の肘から指先の長さに合わせて作り、彫り物も何もない、胴部にベルトを巻いたシンプルなサランギを持ち歩く（写真7-14）。このような自分用のサランギは、ツーリストに所望されても売ることは滅多にない。ツーリストに売るために作られるようになったサランギには、ガネシュや寺を彫り込んだ鑑賞用のものや、持ち運びに便利な従来の半分ほどの大きさのものがある（写真7-15、写真7-16）。また、アンティークな雰囲気を出すために黒や茶色に着色し、ニスを塗って光沢を出すこともある。商品用の彫り物が精巧であるほど、デザインが良いほど、土産物としての商品価値は上がる。このように書くと、サランギが商品化されることによって形態が変化するようになった印象を受けるが、ガンダルバの奏でる楽器は、商品化される以前から変化は見られた。先述したように、1メートル位の大きさをしたアルバージから、持ち歩きやすい腕の半分程度の大きさのサランギに変わり、またかつては乾燥させて加工した山羊の腸を弦にし、弓には馬の尻尾を張ったと言うが、随分前にバドミントンのガットや釣り糸を張るようになった。また、ダル（豆汁）に使う豆をドロドロ

写真7-13 ラムジュン(1996年)。サランギの本体。この後、腹部に皮を張り、乾かしてから弦を張る。撮影ヒラ ラル・ガンダルバ氏。

写真7-14 楽器用サランギ(2009年)。自分専用のサランギ。ヘビ皮を使っている。

に煮込んだものを糊にしてサランギの腹部に皮を張っていたが、今は釘で留めてしまう。自分用の楽器、サランギはシンプルであるが、写真7-14にあるように、腹部に山羊皮ではなく蛇皮を使ったり、ニスを塗って光沢を出したり、フレット(弦を止める駒)に違う色の木材を使ったり、工夫を凝らすこともある。

　タメルでの出稼ぎが一部のガンダルバの生活戦略として定着する過程で、商品としてのサランギ生産の需要が生じ、新たな経済機会が村に創出されることになった。サランギの製作は老若関係なく、手先の器用なガンダルバが様々なデザインを開発してサランギに施している。また、サランギの需要の高まりを受けて、カトマンドゥ郊外に住む皮革を扱う仕事を生業とみなされるジャートのサルキや、ネワールの皮革職人クルがサランギを作るようになったという。こうして他ジャートの人々が作るサランギを、出稼ぎガンダルバが仕入れるようになったが、この傾向は必ずしもガンダルバのサランギに関する慣習的な領

写真 7-15　土産物用サランギ(1996 年)。寺院の屋根の形をした装飾的なサランギ。

写真 7-16　土産物用サランギ(1996 年)。持ち運びしやすい小型サランギ。

分を侵すやり方で行われているのではない。まず、ガンダルバ以外の人々がタメルの路上で——タメル以外の路上でも——サランギを持って売り歩くことは考えにくい。また、サランギの腹部に張る山羊の皮革処理や加工作業をガンダルバ自身が嫌がり、サルキにサランギ製作を注文しているのが実態である。そして、ガンダルバが作るサランギよりも、サルキが作るサランギの方が安く仕入れられるという経済的な理由もある。サランギをめぐって、ガンダルバとサルキの間に新たな分業的な社会関係が構築されていることが窺える。

　土産物用の商品として村で作られたサランギはタメルに集められ、タメルの出稼ぎガンダルバがそれらを路上で販売する。ポカラやチトワンのガンダルバも、土産物用のサランギを仕入れにタメルの GCAO に集まる。アンティーク(もどき)を扱う土産物屋の店頭にも、サランギが並ぶようになった。サランギの商品化は、ガンダルバの都市－村間の長短期間の移動を促進することになり、ガンダルバの村々や他ジャートの人々にもサランギ製作という新たな現金獲得

手段をもたらすことになった。路上でのサランギ「ビジネス」が、村の人々や他ジャートの人々をもツーリズムの周辺に組み込んでいくことになった。サランギを弾いて移動してきたガンダルバは、今はサランギを売るために移動している。彼らの生き方がグローバルなツーリズム現象を通じて資本主義社会に包摂されていく過程で、彼らに特有のもの——他ジャートの人々が決して触れようとしなかったもの——を商品化することで、そしてその経済効果が最も期待できるツーリズム空間で、彼らのまた別の生き方が展開されることになった。このことは、生活の糧を求めて、経済機会のある場所を浮遊しながら求めてきたガンダルバの生き方の延長にあるようにも見える。

5. ガンダルバにとってのタメル

　ガンダルバは、偶然外国人ツーリストとタメルで出会って、道具であったサランギを商品化するようになった。以前に比べてガンダルバの就学率が上り、それに伴いサランギの弾き語りが不得手な若者が増加したが、現金獲得手段としてタメルでサランギを売る出稼ぎが彼らの生き方の選択肢に加わり、定着していった。こうして、サランギを持ったガンダルバがタメルの路上を歩くようになったのだが、彼らにとって、新たに経済機会を手に入れたタメルというツーリズム空間は、どのような意味があるのだろうか。

　出稼ぎガンダルバは、路上でのサランギ「ビジネス」だけでなく、レストランやホテルで楽器演奏したり、GCAOの活動の一環として行っているサランギをはじめとした楽器のレッスンの講師をしたりすることがある。時折依頼されるコンサートなどの催しに出演することで、報酬を得ることもある。表7-1には、サランギやマーダルの講師ができるか否か、サランギを製作できるか等の特技も示した。タメルに来たばかりのガンダルバの中には、サランギもマーダルも演奏できない若者もいるが、タメルの路上をサランギを鳴らしながら歩く程度の技術なら、タメルでガンダルバと数日過ごしていれば習得できる。しかし、即興歌を歌えるガンダルバは、表7-1には1名しかいない。タメルのガンダルバはサランギが弾けなくても、歌えなくても、サランギを持って路上を

歩くことができれば、「ビジネス」はできる。このような、タメルでの「ビジネス」とはどのようなものなのか。ヒララル氏の語りをみてみよう。

「サランギ『ビジネス』は儲かる時は儲かるが、夢を見ているようなものだ、保証がない。1日1ルピーでもいいから毎日稼げば収入は大きくなる、時々儲かっても2〜3カ月（サランギが）売れなかったらお金に困る。ジャギル（『定職』）に就けば路上で『ビジネス』しなくてもよくなる。以前働いていたレストランでは食事付で1カ月1,800ルピーだったが、給料未払いが続いたので辞めた。別のレストランでは週3回、夕食時に演奏して食事付、1カ月800ルピー貰えたが、村に行っている間に他のガンダルバに、その仕事口を取られてしまった。今働いているレストランでは週3回演奏して食事付、1カ月1,200ルピー貰えて、ただで部屋に住まわせてくれる[54]。」

　ヒララル氏が語るように、路上の「ビジネス」は時には大儲けすることもあるが、実現性が低くて不安な、しかしバッゲ bhāgya（幸運）を掴むかもしれない夢を追うような活動である。そのため、路上の「ビジネス」の他に、レストランやホテルでのジャギルのように定期的に収入を得られる経済機会の獲得を志向する。また、レストランやホテルで音楽演奏をする場合、基本給の他に外国人ツーリストからチップを渡され、ビールやお酒を振舞われることがある。あるいは懇意になって、食事や小旅行に誘われることもある。このような仕事以外の非日常を経験する機会をガンダルバは楽しみ、仲間内で自慢し合う。他方、タメルにおける出稼ぎガンダルバ人口は年々増加し、その機会をめぐって過当競争が生じている。中には、路上のサランギ「ビジネス」以外に稼ぐ手段がなく、たまに稼ぎがあったとしても経費のかさむ都市での生活費に消えてしまう人もいる。しかし、経済的に困難な状況であっても、タメルに居続け、サランギを作りに村に帰ってもまた戻ってくる。他方、年配者の中には村に生活基盤を移した人もいるし、次章で詳しく述べるように外国に出稼ぎに行ってタメルを去った人もいるが、大抵の人はタメルに居続けるようになる。ガンダルバにとってのタメルの魅力は何か、経済的理由以外にもその要因を考える必要

があるだろう。

　ガンダルバは外国人ツーリストに対して、「貧しいガンダルバ」、「アンタッチャブルとされてきたガンダルバ」と「戦略的」に名乗ることがある。このような「戦略的」な名乗りはガンダルバに限らず、タメルをはじめ、ツーリズム空間でよく見掛ける光景である。ガンダルバが名乗る相手に期待していることは同情であって、蔑みではない。このことに関連して、1980年代半ばにゴルカからカトマンドゥに来たガンダルバの語りを見てみよう。

「自分達のジャートはネパールで一番低いsāno (「小さい」)ジャートだ。ネパールは貧しい。山の斜面にもトウモロコシを植えないといけない。村の生活は大変だ。……自分がカトマンドゥに来るのはお金を稼ぐため。それに、カトマンドゥは楽しいし、外国人がいっぱいいる。お金を稼げて使える、それが楽しい。……サランギを売る時は人を見て値段を決める。金がある人からはいっぱい貰うんだ。時々『貧乏人を大切にする人』がいて、サランギを4,000ルピーだといっても、自分から余分にお金をくれることがある」

　彼の語りにあるように、ツーリストの中にはネパールの「貧しい」人に対して慈悲の心を持って接する人がいる。彼らは路上でツーリストを観察して、「貧乏人を大切にする人」を探し出す。そうしたツーリストは、彼らが「貧しいガンダルバ」、「アンタッチャブルとされてきたガンダルバ」であることに同情し、金銭や物品を積極的に与えようとする。また、ガンダルバの村に連れて行ってもらって、村の生活を目で確かめたツーリストの中には、家の改修費や子供達の学費を負担することを積極的に申し出る人もいる。タメルとは、ガンダルバが社会経済的に排除されてきた立場を逆に利用し、バッゲ（好機）を掴む可能性がある空間なのである。

　タメルは、ツーリストにとってはツーリズム空間に他ならないが、出稼ぎガンダルバにとっては、村とはまた別の社会文化的状況を経験し、利用できる空間である。ガンダルバが、タメルに出稼ぎに来るようになったのは、サランギがツーリズムの文脈において商品化され、それを契機としたサランギ「ビジ

写真7-17　GCAOのオフィス（1999年）。壁に掛けられた古老達の写真。

ネス」が、インフォーマルではあるが、ガンダルバによって担われることになったからである。しかし、ガンダルバがタメルに居続ける理由は、このような経済的理由ばかりでない。ツーリズムの展開とともに外部世界の結節点として機能するようになったタメルでは、社会文化的状況がグローバルな世界経済とより直接的に連動して大きく変わった。そこでは、「ガイネ」の象徴として蔑まれてきたサランギが、ツーリストのまなざしによって商品化され、買われるようになったのだ。他方、レストランやホテルで、ガンダルバはサランギでかつては弾かなかったネパール民謡を奏でるようになった。このように奏でられる曲が変化した理由を、ヒラルル氏は次のように語る。

「一人で歌っても馬鹿みたいじゃない。聞いてくれる人がいないと歌わないんだ。誰かが『さぁ、ラジャ（王）が亡くなった時の歌を歌って下さい』と言ってくれたら、私は少し歌いたくなる。レストランで（何も言われずに）歌う時は、静かに bistārai 歌う。……言葉が分からないのではねぇ。」

　ガンダルバは聴衆の希望や反応に応じて歌ってきた。それが言葉の分からないツーリスト達が食事やお喋りに興じている所で歌うようになり、聴衆の邪魔にならないような静かなネパール民謡を歌うようになった。一方で、文化的なイベント等の演奏に呼ばれる時には、タメルのガンダルバは村から古老を呼んで、「真正性」を演出しようと対応する。次章で詳述するが、タメルのガンダルバは自身が受け継いでいないと自覚している文化の保持者を、村の古老に求めている。この意識は、彼らの GCAO のオフィスにおいても観察される。そ

のオフィスは、普段は路上を歩くガンダルバが出入りする場所であるが、ツーリストを呼んでサランギを教えたり、ミニコンサートをしたり、サランギを売る交渉をする場所でもある。そこに飾られたガンダルバの写真は、髭をたくわえた村の古老達の写真が多く、その中にはGCAOのメンバーが町中の写真屋でたまたま見つけて一目で気に入って買ってきた写真も含まれる（写真7-17）。白い髭をたくわえ、サランギを構えた見知らぬ古老が映る白黒写真を、GCAOのオフィスにふさわしいと思って飾ったのである。

　タメルに関わる過程で、彼らは都市での生活様式や、資本主義的な思考様式等、非ヒンドゥー的な思考様式を取り込んできた。そして、自らを取り巻く社会文化的状況の変化を実感している。このような経験を通して、ヒラル氏は自身の人生について次のように語った。

「かつて自分にはタメルの考えがなかった。このようなツーリスト・ラインに自分が来るとは思わなかった。人生がうまくいくなんて知らなかったんだ。」

　彼は村を歩いている時とは異なる世界をタメルで知るようになった。ヒラル氏は多くの外国人ツーリストと友好関係を結ぶことにより、支援を受けてGCAOを設立し、助成財団などから経済支援を受けた。また、次章で詳しく述べるが、個人的に支援を受けてアイルランドに行き、2000年6月から定期的にアイルランドへ出稼ぎに行くようになった。彼が語るように、ネパールのヒンドゥー的な階層社会では想像もつかなかった状況、すなわちガンダルバの人生がうまくいく状況がタメルで生じている。ヒラル氏をはじめ、ガンダルバにとって、たとえサランギ「ビジネス」がうまくいかなくても、タメルは様々な夢を見ることができ、実際にバッゲ（幸運）を掴む可能性を感じられる空間である。その夢が時として実現することがあるために、いつかは自分がバッゲを掴むことを夢想しながら居続けるのである。

[注]
1) インフォーマルな経済活動の形態は、時空間的にも、実践においても、仕事と非仕事の区別がつきにくい。また、タメルでは店舗等を構えて行う商売も、タメルの路上で行われるようなインフォーマルな商売もビジネス、乃至ネパール bepār（商売）と呼ぶが、前者と区別するために、後者を「ビジネス」と表記する。
2) ガンダルバは自称で用いられることが多く、ヒンドゥー的社会においてガイネ gāine というカースト名で認識されている。第 8 章で詳述する。
3) サランギは、インド等にも同じ名称で同系統の楽器が広く存在する。ネパールにおいては、ガンダルバに特有の楽器と見なされ、「ネパールの楽器」として紹介される。サランギの他に、四弦の撥弦楽器アルバージ arabāj も挙げられる。アルバージは、演奏者も製作者も減少しており、第 3 章で言及したラージ・クマル・ガンダルバ氏によると、彼が最後に村でアルバージを見たのは、1980 年代半ばに行われた結婚式においてであったという。このように、ガンダルバの村でもあまり見られることのない楽器になったが、本章でガンダルバの生活手段としてサランギに言及する場合、彼らに特有の楽器を意味し、特に使い分けていない限り、暗にアルバージも含む。
4) 筆者がガンダルバの調査を始めたのは、路上を観察していたガンダルバに声をかけられたことがきっかけとなっている。1996 年 3 月、筆者は、ホテル産業の調査と並行して何の調査をしようかと考えながら、毎日のようにタメルの路上を歩き回っていた。ある時、路上を観察していたラムジ・ガンダルバ氏（当時 20 歳代後半）が、サランギを鳴らしながら近づいて来て、1 枚の紙を渡してくれた。そこには「ネパールの伝統的音楽カースト、ガンダルバ」を紹介するガンダルバ文化芸術協会 Gandharba Cultural and Art Organization（GCAO）の活動案内が記されていた。筆者が「ビジネス」の顧客になりそうにないことが分かっても、ラムジ氏は筆者を見かけると呼びとめ、タメルの道端の茶店で甘いミルクティーを御馳走してくれた。お茶を飲みながらお喋りをするうちに、ラムジ氏には、サランギを携えて路上を歩いている仲間が少なからずいて、その人々のジャートをガンダルバといい、サランギが彼らのジャートに特有の楽器であること、ラムジ氏の兄ヒララル・ガンダルバ氏が GCAO を設立したばかりであることを知るようになった。このような偶然の出会いから筆者はガンダルバの調査を始め、路上のガンダルバは筆者のタメル観察のまた別の「定点」となった。こうして、ツーリズム空間タメルを認識する際に、第 6 章で論じた「企業家」と、その対極にあるような路上で活動するべパリ（商品を売買する人）の 2 つの観点を持つことになった。しかし実際は、筆者が、手作りの楽器を奏でるガンダルバに、第 4 章で論じたようなある種のエキゾティシズムを感じ、そのことが調査の動機になっていることも否定できない。
5) 路上の「ビジネス」活動以外に、レストランやホテルでサランギ等の楽器を演奏

するアルバイトをしていることもある。
6) センサスにはガイネと表記される。
7) 本章が依拠する資料は、1996 年以降タメルとその周辺で断続的に行った調査に加え、彼らの出身村であるヒマラヤ中間山地のラムジュン郡・タナフ郡（1996 年 10 月、1999 年 6 月、2005 年 10 月）、及びゴルカ郡（2009 年 9 月）で行った調査に基づいている。
8) Greenwood（1990 [1989]）の問題提起のうち、山下（1996a : 9）は、特に文化が商品化されて切り売りされ、その結果現地の人々が文化的社会的に損失を被ったという点を重視し、その「伝統文化が破壊される」式の語り口を批判する。そして、『創られた伝統』概念に照らして文化の消滅／生成の二項対立的な図式を設定し、後者の視点の重要性を指摘する一連の議論を展開した（詳しくは山下 1996b : 110-111、1999 : 13-15、山下・山本 1997 : 21-24 等）。これらの山下の議論は、文化や伝統の表象をめぐる政治性を重視している Greenwood やホブズボウムの議論に比べると楽観的である。
9) ネパールでは、アンモナイトや岩塩のかけらのように、自然に由来するモノも土産物として売られているが、それらも「ヒマラヤの塩」のように、ある特定の地域に対応するモノとして客体化され、場所を商品化することに通じることから、文化の商品化と本質的に類似の議論が可能であると考える。
10) 青木は『創られた伝統』の解説に、「伝統」と「文化」の議論の中で、歴史学では時間意識を込めて「伝統」を用いるのに対し、人類学では現在的で共時的な点を強調する為に「文化」を用いると指摘している（青木 1997 [1992] : 473）。本章では、青木の指摘を踏まえ、『創られた伝統』の議論を引用する際や人の語りを引用する際には「伝統」という用語を使用するが、それ以外は「文化」を用いる。
11) ネパール語を話すカーストの人々を意味する。この名称は、自称として使われておらず、研究者が便宜的に名付けた呼称である。
12) ベネディクト・アンダーソンは、『想像の共同体　ナショナリズムの起源と流行』の増補版において、人口統計やそれを地図化する作業が、想像の共同体を実体のある国土空間の中に仕切りを設定して押込め、一つの国家として可視化する技術であったことを加筆している（アンダーソン 1997）。このような人口調査とそれに基づく社会地図の作成が、人口統計の持つトータルな性格、完全かつ不可分に統合してしまうフィクション性、人口統計の匿名性の 3 点から、すぐれて政治的な性格を持つことを、白石（1996 : 221-222）が指摘している。これらを踏まえて、ここでいう社会地図とはきわめて政治的影響力をもつものであることを確認しておきたい。
13) Gurung は、1991 年センサスの項目に挙げられた 60 の民族／カースト集団のうち、実際に社会地図上に浮上してきたのは 11 集団であり、うち 7 集団が民族集団（タ

マン、タルー、マガル、ライ、グルン、リンブー、ネワール)、3集団がカースト集団（チェトリ、バウン、ヤダブ）、1集団が宗教集団（ムスリム）であることを示している（Gurung 1997 : 522-525）。

14) Nepali（n.d.）によると、ネパール統合の際に、鍛冶屋カーストのカミ kāmī が戦うためのククリ（山刀）を作り、仕立屋のダマイ damāī が衣服を縫製し、皮革職人のサルキ sārkī が靴を作って、「国民国家」形成に貢献した（Nepali n.d. : 1）。

15) ムルキ・アインで明文化されたネパールの社会階層、ジャートについて詳細に検討した人類学者 Höfer によると、不可触カーストはヴァルナに相当せず、ヴァルナの外に位置づけられている（Höfer 1979 : 115-118）。

16) Nepali は、1854年に制定されたムルキ・アインにおいて「不可触」と公的に定められた人々をダリットとしている。具体的には、鍛冶屋のカミ、仕立屋及び演奏家のダマイ、皮なめし業者及び製靴業者のサルキ、吟遊楽人のガイネ、タライの搾油業者のテリ telī、洗濯を生業とするドビ dhobī 等のジャートであり、Nepaliの計算によると全人口の約16～20％を占める（Nepali n.d. : 8-9）。ただし、同じ職業に従事している低位カーストであっても不可触とは限らない。例えば皮革職人のサルキは不可触とされるのに対し、同じ皮革職人であってもクル kulu は不可触ではない（Höfer 1979 : 101）。

17) 1962年ネパール憲法 nepālko saṃbidhān 2019「第3編基本的義務と権利」。

18) 1990年ネパール王国憲法 nepāl adhirājyako saṃbidhān 2047「すべての市民は、法の前で平等である」に始まる平等権の第四項において、「何人も、カーストを理由として不可触民として差別されることもなく、公共の場所への立入りを拒否されることもなく、また公共施設の利用を拒否されることもない。この規定に対する違反は、法律により処罰される」と定められた（谷川訳　ネパール王国憲法 1990年: 7-8）。

19) ラムジ氏の妻が病気になった時、彼は病の原因を「ボクシが心臓を食べたからだ」と語り、ダーラのそばに住むボクシの存在を指摘していた。黄疸が出て苦しむ妻は、夜になると「ボクシが心臓を食べる、私は死ぬ……」とうなされていた。この時は、別の村からバウンのジャンクリ jhãkrī（呪文を唱えて悪霊を退散させたり病気治癒等を行う巫医）を連れてきてお祓いのプジャをした。彼女はプジャをして一旦元気になったが、再び症状が悪化し、カトマンドゥの病院で胆石を摘出する手術を受けて健康を取り戻した。

20)「自分は勉強が良くできたから、学校に通い続けていたら今頃（INGOで働いて高所得を得ている）ラージ・クマルのようになっていたのに」と、学校を中退しなければならなかったことを残念がるガンダルバもいる。

21) 高等教育を受けることが可能であったのは、ラージ・クマル氏の父親がカトマンドゥにある国営ラジオ局であるラジオ・ネパールに一時期勤めていて定収入が

あって、また、彼の長兄も1980年代からタメルで「ビジネス」をしていたことによる。ラージ・クマル氏と2人の弟は、カトマンドゥでアルバイトをしながら学校に通った。但し、ラージ・クマル氏のすぐ下の妹は、当時、学校に殆ど通わせてもらえず、村で家事手伝いをしていた。家族の考え方にもよるが、ラージ・クマル氏の村では、傾向として女子よりも男子の方が学校に通う率が高かった。しかし、近年では、教育のある結婚相手を見つけるために、娘にも教育を受けさせる親が増えている。

22) 但し、ラージ・クマル氏が名乗る「ガンダルバ」が、「ガイネ」と同じジャートであることを学校経営者が知らないまま、彼が学校に雇用されたことがあった。後になってそのことに気付いた経営者に、「ガイネ」であることを口外しない方が良いと忠告された彼は、じきにその学校を辞職した。このことから、学校環境においてカーストに関する差別が完全になくなったとはいえないことが分かる。

23) 本書ではガンダルバ自身がgandharbaと発音・表記するのに従って、vaではなくbaと表記しているが、デーヴァナーガリー文字からgandharvaとローマ字に転写されることもある。

24) ごくまれに女性がサランギを弾き、歌うこともあるが、殆どの女性は村で家事育児をしながら暮らしている。農繁期には近隣の集落で農作業を手伝って日銭を稼ぐこともある。職業カーストの男性は仕事道具の違いからどのジャートに属するのか分かるが、村におけるこのような女性の活動は、飼育する家畜に違いが見られるものの、他のカーストと大差ない為、一見しただけではどのジャートに属するのか分からない。

25) 最近のニュースを歌ってヒットしたものの中に、マンガル・プラサド・ガンダリの作った「カハリ・ラグド・ガタナ kahālī lāgdo ghatanā（恐ろしい事件）」がある。「2058年ジェト月19日（ビクラム暦）金曜日の夜」で始まるこの歌は、2001年6月1日（西暦）にナラヤンヒティ（旧）王宮で起きた虐殺事件を、大きな悲しみを込めてビレンドラ国王をはじめとした王族への追悼の意を表して作られたものである。この歌の入ったテープは発売後すぐに売り切れ、何度か再版された。

26) ギャネンドラ（元）国王のクーデターや、政治家の汚職をテーマに、ルビン・ガンダルバはいくつか歌を歌ってきた。その当時、村から出てきたばかりの少年であったルビン・ガンダルバは、幼げな外観もあって人々の人気を集め、一時期政治集会に頻繁に呼ばれて歌っていた。

27) 第6章で触れたカトマンドゥ市の東部に位置するネパール最大のストゥーパ stūpa（仏塔）、及びそのストゥーパがある場所。仏教的聖地であり、かつ観光地になっている。

28) 藤井は調査結果のリストには村人の姓をGayak（ガエク gāyak）と記しているが、論文中では彼の研究対象の人々を「ガエク」ではなく「ガイネ」と表記している。

29) 名乗りについては第 8 章で詳述するが、Nepali が指摘するように、バトゥレチョールのガンダルバがマヘンドラ国王（1920 〜 1972 年）の時からガンダルバを自称していたとすると、1984 年にその村を調査した Chhetri が、彼女の論文の中で村人を「ガイネ」と表記しているのは、村人がガンダルバを名乗っても彼女が「ガイネ」と翻訳して認識していただけかもしれないが、一方、ガンダルバに名乗る機会がなかった、乃至名乗ってもまともに聞かれていなかったとも考えられる。
30) 先述したが、ジャンクリとは呪文を唱えて悪霊を退散させたり病気治癒等を行う巫医のことであり、フクネはジャンクリの治癒的行為の一つである。
31) 注 4) で触れた Gandharba Cultural and Art Organization は、ヒララル氏が、ピースコー隊員であったアメリカ人の支援を得て、ガンダルバの文化や芸術を維持・発展させ、彼らの村の発展につなげることを目的として 1995 年に設立した組織である。
32) ムクティナートは北西ネパールに位置する宗教的聖地で、ジョムソン、カグベニよりも標高の高いヒマラヤに位置する。いずれもその当時は車道が通っておらず、彼らの村からアンナプルナ山群の南部を通り、カリガンダキ川沿いを北上して歩いて到達している。ジョムソンやカグベニにはタカリーの人々が集住していたことから、経済的に裕福な人々に歌ってきたと考えられる。南部低地のチトワンやダージリンへは、バスを乗り継いで足を伸ばしている。
33) 1970 年代半ばの換算率で計算すると、当時の日本円の約 28 円に相当する。
34) 終生の友情を誓った友達。女性に対しては、ミティニ mitinī と呼ぶ。
35) 第 6 章で触れたが、男女で交互に応答する形式の歌、歌垣のこと。
36) ポカラでホテルを経営していたタカリーの女主人は、ガンダルバが楽しく歌う様子をアルチー alchī（怠けた）であると断じ、彼らがサランギを弾きに来た時に、「民主化」の時代に歌なんか歌っていないで、どんな仕事 sāno kām でもいいからきちんと仕事をするように諭したことがあると語る。このような意識の聴衆にとって、ガンダルバが歌う行為は仕事として見なされていないことが推察される。
37) 自分よりも年少の男性に対する呼び掛けの言葉。
38) 高位の人、目上の人に対する呼び掛けの言葉。
39) 第 6 章で取り上げたマナン出身のグルンのこと。北西ネパールのマナン郡まで歩いて行ったと言う。
40) かつてはカシしか食べなかったバウンが、最近では水牛や鶏も食べ、酒も飲むようになったと言ってヒララル氏が憤慨するように、特に都市部では肉食や飲酒の禁忌はかつてほど厳格に守られなくなっている。
41) Macdonald は、カトマンドゥのガンダルバは 12 月から 2 月にかけてサランギを携えて村々を歩くと指摘している（Macdonald 1983 : 169）。
42) タメルに来ているガンダルバの中にもジャンクリの仕事をする人がいる。村々を歩いて歌う一方で、ジャンクリの能力のある人について山中を歩き、薬や呪術

について知識や技術を継承するという。
43）Garībī ṭhūlo rog hunāle upacār garāũ （Gandharba n.d.）。
44）Paribār niyojanako gīt （Gandharba n.d.）。
45）「チュナブ cunāb（選挙）」という題の歌。あるガンダルバが、選挙管理委員会から渡された歌詞を歌った。
46）1971年に初めて来たということは、数えで11歳か12歳と考えられる。
47）1971年の換算率で計算すると、当時の日本円で約71,000円に相当する。
48）1980年の換算率で計算すると、当時の日本円で約1,900円に相当する。
49）カトマンドゥ市街地の北の郊外に位置する。約20分歩くと当時の市街地の周縁タメルに到達する。図5-2参照。
50）1980年の換算率で計算すると、当時の日本円で約1,850円に相当する。
51）ヒララル氏は、次に控える妹が結婚しにくいからといって親に半ば強引に結婚を決められたという。気が進まなかった理由として、村歩きをしている最中に出会った娘との思い出話を語る。18歳の時に彼が村を歩いてサランギを弾き語っている時に、グルンのラフレの娘と出会い、気が合って3週間その村にいて、ドホリ・ギートを歌い合った。娘の親が縁談を申し出てくれたが、自分は「貧乏なサランギを弾く人間だから」と遠慮した。父親は「金を出すから」と言ってくれたが、文化や社会が違う mildaina から断った。その後、彼女が結婚をしたという噂を耳にし、自分は生涯結婚すまいと思っていたが、親に結婚させられてしまった。その後も思い出の彼女の住む村には行けないでいると語る。先述したが、このような村歩き中の社会文化的に合わない mildaina が故の叶わぬ恋のロマンティックな思い出話は、他のガンダルバからもよく聞かれる。
52）ネパールの一般家庭と同様、食事は午前中と夜の2度、ダルバートを食べる。その他に朝はお茶とビスケット、昼間にラーメンなどのおやつを食べる。
53）村に妻子がいても社会的結婚であることが多いため、そのことを伏せて、法的な国際結婚をすることがある。
54）1ルピーあたり約0.5円（1996年）。ホテルに併設されたレストランでヒララル氏は働いており、そのホテルの一郭にある部屋に弟のラムジ氏と一緒に住んでいた。

第8章 アイデンティティの再構築
－楽師カーストから伝統音楽家へ－

　サランギを弾き語ることが生業とみなされてきたガンダルバは、彼らの歌の聴衆となるネパール人を求めて村々を歩いてきたが、タメルの路上に来て外国人ツーリストに出会い、ツーリズムに関わるようになった。ガンダルバは自らの生き方の一部を「ネパール文化」として客体化し、サランギを商品化し、グローバルな世界経済において「人生がうまくいく」可能性を実感するようになった。そして、タメルの路上でバッゲ（幸運）をつかみ、ツーリストが来た道を遡行するように、自らが国境を越えて外国に旅立つガンダルバも現れるようになった。本章では、ガンダルバがこのような移動に伴い、彼らの生き方をうまく適応させていく過程で、いかに自らの立ち位置を模索し、アイデンティティを再構築しようとしているのかを論じる。後半では、2000年から出稼ぎの拠点をタメルからアイルランドに移すようになったヒララル氏とラムジ氏兄弟に着目して、アイルランドでの経験を通して、彼らが再び特定の文化を自らのものと認識する過程と、それに連動するアイデンティティの変容を考察する[1]。

1. 楽師カーストでいること

　1996年5月25日、高名なサランギ奏者であるガンダルバ、ラム・サラン・ネパリが亡くなった。彼の葬儀は、バグマティ川の岸辺にあるネパール最大のヒンドゥー寺院、パシュパティナートで執り行われ、彼の家族の他に多くの芸術家や音楽家、詩人、公的機関の文化関係者が参列し、音楽家ラム・サラン・ネパリの死を国家の「偉大な芸術家の損失」として惜しむ様子がラジオによって伝えられた（Weisethaunet 1997：136）。しかし生前、ラム・サラン・ネパリは、自身に対する「偉大な芸術家」という文化的評価を素直に受け取ることが

できなかった。なぜならば、サランギ奏者として「ネパール文化」を担うことは、ヒンドゥー的社会においてアチュート achūt（不可触）であることを意味するからだ。そしてこの状況は、ラム・サラン・ネパリに限らず、ガンダルバのアイデンティティをアンビヴァレントなものにしてきた。このことを、ラム・サラン・ネパリは「メロ・カルマ mero karma（私の宿命）」という歌に託し、「皆が私を見下して呼ぶ duniyāle bolāūchan hepera」ことから逃れられない自身の如何ともし難い状況を訴えている（Weisethaunet 1997、1998）。彼は、楽師カーストを象徴するサランギを奏で、社会が位置づける彼の立場に対する異議を、歌にのせて訴えるしかなかった。「どんなに努力して『良い道』に進もうとしても、そして自身のカルマ bad fate を忘れようとしても、素晴らしい音楽家として尊敬されようと考えたら、（自身の音楽家としての：筆者補足）ガイネ・アイデンティティ故に人々に辱められ、蔑まれることになるであろう」というラム・サラン・ネパリの語り（引用先 Wesethaunet 1997：144）は、楽師カースト、「ガイネ」でいることの困難を示唆している。

　他方、ガンダルバがみなラム・サラン・ネパリのようにサランギ奏者として高く評価されているわけではなく、実際に楽師として名を成すのは、ごく一部のガンダルバに限られる。彼らの多くは村々を歩き、人々の要望に応じてサランギを弾き、歌ってきた。第7章で述べたように、中にはラジオ・ネパールで職を得たり、王宮事件の歌のように音楽テープがあっという間に売り切れる程人気が上がり、名を知られた人もいるが、サランギと関係なく生計を立てている人もいる。

　これに対し、タメルのガンダルバは、Weisethaunet が指摘したラム・サラン・ネパリの宿命論的なディレンマに陥ってしまう楽師カースト、「ガイネ」ではなく、ツーリストを対象としたネパールの伝統音楽家 traditional musician、ガンダルバとしてのアイデンティティを確立するようになった（Morimoto 2002）。この背景には、様々なものを商品化して取り込んでいくグローバルなツーリズム現象や、ネパールのナショナリズムと連動した「ネパール文化」の創出がある。そしてタメルが、ツーリストだけでなく、ネパール国内にとどまらず隣接するチベット、インドからも「企業家」が集まり、人口流動が激しく、

匿名性の高い地域となっていることが挙げられる。また、第6章で検討したように、タメルが経済的にも文化的にもグローバルな資本主義が浸透した空間となったことで、ヒンドゥー的な社会的価値観よりも資本主義的価値観が卓越するような状況が生じていることが指摘できる（Morimoto 2007b）。

　近年、ガンダルバは、自身のアイデンティティの象徴としてサランギを商品化することを通して、タメルの路上でグローバルな世界経済の周辺に関わるようになった。楽師カーストでいることに苛まれたラム・サラン・ネパリのアンビヴァレントなアイデンティティ、ツーリストに対してネパールの楽師カーストであることを積極的に伝えるタメルのガンダルバのアイデンティティ、この両者の間にどのような違いがあるのだろうか。村からカトマンドゥへ、そしてグローバルな資本主義経済に関わるようになり、ガンダルバのアイデンティティも変容していく。ラム・サラン・ネパリの求めた「ガイネとしての生き方」the Gaine 'way of Life'（Weisethaunet 1997）、ガンダルバにとってのより良い生き方は、いつも移動の中で模索されてきたといえる。ジェイムズ・クリフォードは、このような移動 travel（"旅"）のあり方が、境界を確定された場所——社会や文化の前提として考えられていた場所——の見方を変えることになる可能性を、次のように述べている。

「居住は集団生活のローカルな土台で、旅はその補足と考えられた。roots［起源］はつねに routes［経路］に先行する。だが、もし、と私は問いはじめた。旅がこれまでの枠組みから解放され、それが複雑で広くゆきわたった人間経験の一部とみなされるなら、どうなるだろうか？　そのとき、転地という実践は、たんなる場所の移動や拡張ではなく、むしろ多様な文化的な意味を構成するものとして考えられるかもしれないのだ。」（クリフォード 2002：12）

　ネパール国内、あるいはネパール文化圏を移動しながらサランギを奏で、歌ってきたガンダルバが、世界システムの周辺から中核に向かって国境を越えた時、彼らはこの移動からどのような生き方を手にするのだろうか。そして、自分の辿っているルーツ routes から、どのように自分のルーツ roots を見ようとして

いるのだろうか。本章は、このルーツ routes/roots を補助線にして、彼らの目に映るネパール地域像を描くことをも試みる。

2. ガンダルバを名乗る

2.1 ガンダルバを名乗る

　ガンダルバというジャート名は自称であり、ヒンドゥーの神々の世界における霊的存在を指す名称に由来する。一方、ヒンドゥー的社会で一般に用いられている呼称であるガイネ gāine は、彼らの生業として認識されているガウネ gāune（歌って）、ヒンネ hĩdne（歩く）という行為が語源とされる。

　ガイネとは、『ネパール語大辞典』(Pokharel 1995/1996 [1983]) によると、①ネパールの語り物を保持しながら、村を歩き、歌うことで生計を立てているジャーティ、②歌のうまい人、と説明される。①のジャートを指示する用語としてのガイネは、認識されているペシャ pesā（生業）形態──ガウネ・ヒンネ──から、常に「（歌の代償を要求するので）マグネ māgne（物乞い）」、「（低位カーストに位置付けられているため）タッロ tallo（下の）」、「アチュート（不可触）」というようなイメージを想起させる（Chhetri 1989：55）。これらのイメージに対する反発から、ガンダルバは、近年、名乗る時に「ガイネ」という呼称を避けるようになった。そして、ガンダルバを名乗るようになり、このバリエーションとして、ガエク gāyak（歌手）、ガンダリ gandharī、ネパリ nepālī（ネパール人）といった自称が用いられることもある。

　彼らが自称で用いるガンダルバとは、同辞典によると、①歌と演奏の技術に長けている霊的存在、②歌と演奏で生計を立てるジャーティ、ガイネ、とされている。多くのネパール人は、ガンダルバという用語を、①の霊的な存在と認識しており、②のネパールのジャートの一つとはあまり認識していない。

　ガンダルバという呼称が用いられるようになったのは、実は比較的最近のことである。ガンダルバの住む村を歩き、古老からガンダルバの文化や歌を収集し、583ページに及ぶ大著『ガンダルバ　歌と文化　gandharba saṅgīt ra saṃskṛti』(2003/04 年発行) を記したプルナ・ネパリ[2]によると、ヴィクラム

暦2013年（西暦1956/57年）に、ある歴史家がガンダルバという言葉を使い始めてから、その言葉が知られるようになった。そして、マヘンドラ国王の時代に、ガンダルバの集住地区ポカラのバトゥレチョールで「ガイネ」にかわってガンダルバの呼称が使われるようになった（Nepali 2003/04：30）。また、1962年憲法で、社会階層を概念化したムルキ・アインに基づくカーストに由来する差別が禁止されてから、ゴルカ郡では、アチュートというスティグマから脱却するために、「ガイネ」ではなくガンダルバを自称するようになったことが報告されている（Tingey 1994：88）。いつからガンダルバを名乗るようになったのかについて、このように地域差があるようだが、タメルで活動するゴルカ出身のガンダルバで、1999年当時、30歳代であった青年は次のように語った。

「父親の時代に、（役人の）バウンがナガリクタ nāgariktā（市民権）を登録するために村に来て、名前を記入する際に勝手にガイネと書いてしまったんだ。それで自分のナガリクタもパスポートも、自分の名前はガイネになっている。」

　この青年は、タメルで懇意になったツーリストに招待され、1999年秋に外国を訪れる機会を得た。そのために取得したパスポートに記された名前を筆者に見せながら、名前に「ガイネ」と記入することになった経緯を、バウンとの関係において語った。彼の語りは、役人すなわち高位カーストのバウンによってガンダルバの公的な名称が決められたこと、そして、この当時、父親世代のガンダルバは、一方的に名前を勝手に書かれてしまう――名付けられる――状況にあったことを示している。
　このように名付けられる状況は、現在も続いている。ある時、タメルでイベントがあった時に、GCAOのガンダルバは、ネパールの正装とされる左前で紐で結ぶシャツと膝から下が細いズボンのダウラ・スルワールを着て、トピーをかぶって、サランギを弾きながら歌って歩いたことがあった。この時の様子が、ある英文雑誌に紹介された。写真のキャプションに「Gaine」という文字を見つけたヒララル氏は、あからさまに不快感を表わし、「我々に何も言わず

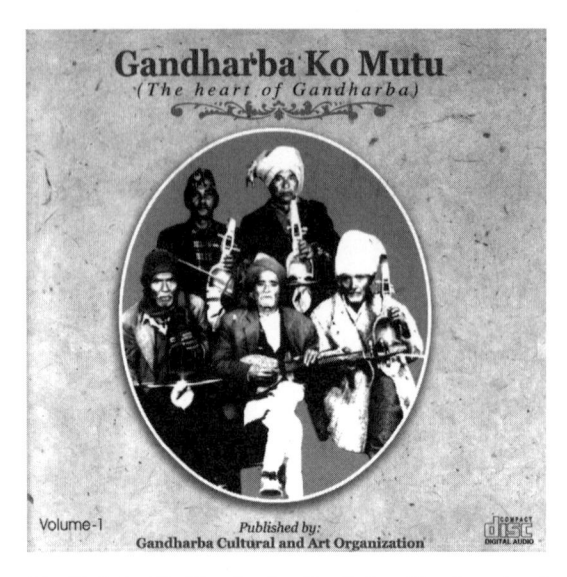

写 真 8-1 CD「Gandharba Ko Mutu：The heart of Gandharba（ガンダルバの心）」（1999年）。主として古老の歌を保存することを目的に収集した歌が収められている。アルバージの演奏も入っている。

に書いた、声をかけてくれたらもっと面白いことが書けたのに」と語った。しかし、彼は「Gaine」の文字を認識できても、英文を読むことはできないから、その記事に何が書かれているか知る由もなかったはずである。「ガイネ」と名付けられた時点で、彼はそこに書かれている内容が、経験上一方的な他者理解であることを想像し、不快感を抱いたのである。

他方で、年配のガンダルバの中には、自らを「ガイネ」と名乗る人もいる。

1999年に、筆者は、その当時のGCAOの会長と話し合って、ガンダルバの歌を子供達に残すことを目的に、村々を歩いてサランギを弾き語る古老達の歌を録音したことがあった。写真8-1は、その時録音した歌で作ったCDジャケットである。彼らの考案したタイトル、Gandharba Ko Mutu（ガンダルバの心）には、ツーリスト向けのネパール民謡ではなく、村でネパール人に弾き語られているガンダルバの歌であること、「真正なガンダルバ文化」であることが示唆されている。アルバージを抱えたガンダルバを中心に、4人のガンダルバがサランギを構えている。この5人のうち、1人はタメルで「ビジネス」をすることもある自他ともに認めるサランギと歌の名手、クリシュナ・バハードゥル氏で、それ以外の4人は村で歌を弾き語って生活をしていた。この時、15曲の歌が録音されたが、この機会のために作られた1曲を除いて、14曲は村で歌い継がれてきたものであった。その歌い継がれたものの中に、1934年にネパール

第 8 章　アイデンティティの再構築　249

で起きた大地震を歌ったものがあった。以下は、その歌詞の内容を要約したものの一部である。

「……1990年マーグ月2日[3]、大地震が起きて、建物が壊れて、多くの人が亡くなった。……ガンターガル、ダーラハラ[4]、電灯も壊れた。……ダン・ガイネは息子を抱えて家を飛び出し、地震で自分の家が崩れるのを見てびっくりした……」

「1990 sālko bhuĩcālo（1990年の地震）」より

　ダン・ガイネ、あるいはダン・バハードゥル・ガンダルバは、この地震のニュースの歌を作り、歌った人だと考えられる（Nepali：2003/04：372-373）。村の古老は、1999年の時点で「ダン・ガイネ」という呼称を歌にのせて語り、その人物と自分との関わり、すなわち「ダン・ガイネ」の文化を自身が継承していることを了解している。他方で、プルナ・ネパリは、著書の中でダン・ガイネをダン・バハードゥル・ガンダルバと言い換えている。村のガンダルバの古老が歌う世界では、今も「ガイネ」と言う呼称が継承されているが、同様にそれを自文化と認識し、客体化しようとしているプルナ・ネパリは、ガンダルバと表象する。
　時代や世代によって、ガンダルバがどの呼称を用いるのか違いがあるが、地域差や教育の有無による差もみられる。1999年当時のGCAOの会長は次のように語る。

「カトマンドゥ周辺ではガンダルバと言う名前が知られているが、村には教育を受けたことのない人がいて、ガイネと呼ぶんだ。」

　この語りから、「ガイネ」という呼称は、カトマンドゥ以外の村で、教育を受けたことがない人によって用いられている、という認識が窺える。第3章で見たように、カーストに由来する差別は、都市／村、教育がある／教育がない、近代的／古い、若者／年寄りといった二項対立的な構図で語られることが多く、ここで取り上げた例も、その構図において理解できる。

ガンダルバは、サランギを持って村を歩いている限りにおいて名乗る必要がなく、公的には政治的権力者である高位カーストによって名付けられ、記録されてきた。彼らが携えているサランギがガンダルバの社会的立場を象徴してきたから、彼らが名乗らなくてもネパール社会において彼らの立場は了解されてきた。そのサランギを持ち歩けば、人々に歌を請われることがある[5]。彼らの歌に対して、人々は笑いや歓声に加えて、食事や金銭を与え、それらが彼らの生活を支える一部となってきた。だからこそ、ガンダルバは彼らの社会文化的実践が共有される場所――歌の報酬が得られる場所――を歩き、歌ってきた。そして、サランギから予測されるこの一連の慣習的な実践によって、サランギを弾いて歌う人と、それを聞く人という社会的関係が構築され、このことは同時に彼らがガンダルバとして、すなわち低位カーストとして扱われることを意味してきた。逆に、見知らぬ土地であれば、サランギを持たなければガンダルバであるか否かは分からない。ガンダルバであることを示さない選択肢もあり得る。しかし、ネパール社会において、土地のような生産手段をほとんど持ってこなかった彼らにとって、彼らに特有の生活手段とされてきたサランギを持たないということは、その他の生活手段を持つ必要性を意味する。その生活手段を求めて、第7章で述べたように、子供達により良い教育を受けさせようとしてきたのである。

　このような状況で、ガンダルバが自らを名乗る行為、及び「ネパール文化」の保持者としてサランギを持つ行為にどのような意味があるのだろうか。ガンダルバに、ガンダルバの起源を尋ねると、まず「インドラ indra（天界の王、仏教では帝釈天）から、神々の世界で踊るアプサラ apsarā（天界の舞姫）の為に音楽を奏でる仕事を与えられたのがガンダルバである」という説明をしてくれる。つまり、ガンダルバとは、先述した辞書的意味にあるヒンドゥーの神々の世界における「歌と演奏の技術にたけている霊的存在」なのである。その一方で、ガンダルバはその昔、北インドのラージャスターンから他のヒンドゥーの人々と共に来たとも語る。ヒンドゥー的な神話と彼らの歴史認識が交錯する中で、ネパール社会で実践されるヒンドゥー的な階層的な蔑視から逃れるべく、彼らは神話的な世界に起源を求める。しかしながら、その神話もまたヒンドゥー

の神々に由来するものであり、自らの出自を結局ヒンドゥー的社会に求めていることになる。このことは、ガンダルバが、蔑視を避けるために高位カーストの人々でも名乗る姓、ネパリを名乗る行為にも通じる。

　特に流動人口が多く、匿名性の高い都市においては、自らの出自を曖昧にすることが可能であり、また社会生活が有利になると判断すれば、ガンダルバに限らず自らの姓ではなくより高位カーストの姓を名乗ることは珍しくない。このような傾向は、カーストに限らず民族集団においても観察される。第4章で取り上げたシェルパ化現象のように、ツーリズムの発展に伴い、ヒンドゥー的社会を越えたところで、山地民族が外国人ツーリストとの関係を有利にするために登山で名を知られたシェルパを名乗るようになる等、カースト的な階層の上昇以外の動きが加わり、複雑な様相を呈している。これらは、いずれも階層的な社会秩序を前提とし、個人や集団が社会的上昇や、経済的機会獲得を目的に、自らの姓として別の姓を名乗るようになった現象である。動態的な社会文化的状況の中で、自身の位置付けられた立場をより良くする目的で別の名を名乗るのであれば、その名乗りが状況自体を変えていくことも想像に難くない。

　ガンダルバが名乗る時、彼らに特有とみなされる文化——音楽——が必要なければ、高位カースト姓を名乗る方が生きていく上で便利なことが多い。しかし、近年の傾向として、サランギを演奏する、乃至商品化する人は、楽師カーストであることを主張しガンダルバを名乗ることが多い。この実践は、ガンダルバという用語が、ネパールのヒンドゥー的な社会でサランギに象徴される「ネパール文化」の一部分を担う者として再評価されていることと不可分に連動している。

　ここで注目したいのは、ガンダルバが誰に対していかに名乗っているのか、ということである。後述するように、ツーリストに対して名乗る時は、ネパールの楽師カーストと語り、低位カーストであることを伝えることも少なくない。したがって、ガンダルバを名乗る行為は、カーストに由来する差別はもとより、ネパールの社会文化的慣習を実践せず、むしろアチュートという虐げられてきた経験に同情を寄せ、抑圧者に対して一緒に憤慨してくれるような外国人ツーリストに対して行われているのではないであろう。「ガイネ」にまつわるイメー

ジを忌避しようと名乗り、自己確認していることも考えられるが、むしろ、これまで一方的に名付けてきたネパールのヒンドゥー的高位カーストに向けられたもの、すなわち高位カーストによるガンダルバの声の簒奪に対する抵抗なのではないだろうか。

　この抵抗は、プルナ・ネパリの最近の試みにも表れている。彼は著書の中で、「ガンダルバはダリットか、ラリット lalit（美しい）か！」と問い、第7章で述べたように、ダリットとされた「ガイネ」の呼称について再解釈を試みている。すなわち、プルナ・ネパリは、「ガイネという呼称はもともと非常に名誉のある gaurabaśālī 言葉であった」と主張する。この呼称がいつダリットに位置づけられたのかは不明であるが、ラナ時代にムルキ・アインに定められ、「ガイネ」はアチュート（今日でいうダリット）として制度化された。「歌を歌う『ガイネ』をアチュート、ダリットと呼ぶなら、その語源からすれば、ネパールで有名な歌手もみなガイネ（男性形）、ガイネニ gāinenī（女性形）であり、（ガンダルバは歌だけでなく詩を読むことから）ヴェーダを唱詠するブラーマンも『ガイネ』になるじゃないか！」と指摘する（Nepali 2003/04 : 33）。

　「ガイネ」（ジャート）は本来ダリットではないが、社会がダリットとして扱うようになったと解釈するプルナ・ネパリは、自らはネパリを名乗りつつ、「ガイネ」はダリットではなくラリットであった、「ガイネ」とはそもそも音楽家を表す呼称であり、したがってガンダルバは自らの音楽への矜持を捨ててはならないと訴える。プルナ・ネパリは、近年、ガンダルバが企業家や商人、政治家達からバクシス baksis（喜捨）を得られるのではないかと期待を抱いて、ホテルやレストランをバウンタリネ bhautārine（歩き回る）ようになったと表現する（Nepali 2003/04 : 33）。彼はこれまで他者によって表象されてきたヒンネ hĩdne（歩く）、マグネという単語を避け、バクシスを期待して——強要するのではなく——バウンタリネ（歩き回る）と表現している。プルナ・ネパリが、「ガイネ」イメージから、そのステレオタイプのもとになったヒンネ、マグネという要素を抹消しようとしていることが分かる。

　他方で、彼の主張は、アチュートやダリットとしての扱いを忌避するために、サランギから身を離し、他の道を選択するガンダルバが増加していることに対

して、音楽との関わりを維持すること、音楽家としてのアイデンティティを維持し続けようという呼び掛けにも聞こえてくる。プルナ・ネパリは、ラム・サラン・ネパリを悩ませた楽師カーストであることと不可分であったアチュートやダリットといった概念を、いかに払拭しようとしているのだろうか。彼は、アチュートやダリットでない音楽家を指して、アチュートやダリットでいることから脱する為に、必ずしも音楽家を辞める必要はないと主張する。そして、著書の冒頭に寄せられたギャネンドラ（元）国王の「ガンダルバはネパール民謡 lok gīt や音楽においてとりわけ有名である」というメッセージのもと、プルナ・ネパリは自らの手でガンダルバの文化や歌を客体化し、それらを再解釈して、「ネパール文化」を構成する要素として再構築しようと試みている。この試みもまた、「ガイネ」と一方的に名付け、ダリットに位置付けてきた高位カーストやヒンドゥー的社会に対する、一定の枠組の内における異議申し立てに他ならない。

2.2 ナショナリズムとガンダルバ

　第7章で見たように、ツーリスト向けの英文雑誌の表紙を国花であるラリグラスを背景にサランギを構えたガンダルバが飾るような状況は（口絵6）、「ネパール国民」とそれに対応する「ネパール文化」が求められているナショナリズムと無関係ではない。ナショナリズムの興隆を受けて、「ガイネもネパール社会の一成員であり、ガイネの文化をネパールの伝統文化として認めていくべきだ」と主張した Chhetri（1989：63）の言葉には、それまで高位カーストの人々が、「ガイネ」をネパール社会の構成員として眼中に入れてこなかったことが示唆されている。そして、「ネパールの伝統文化を消滅させないために、政府がサランギ製造工場を造り、ガイネの歌を録音する等して文化の保存に取組む必要がある」と提起する（Chhetri 1989：63）。このような主張には、舞台の上のガンダルバやサランギは蔑みの対象ではなく、「ネパール文化」の一部を担う伝統音楽家や文化そのものとして評価されるべきこと、しかしその保護者・管理者として政府――高位カーストの人々――の存在は不可欠であることが暗示されている。

写真 8-2 エスニック・カルチャー・ショー（1996年）。ダウラ・スルワールとトピーを身に付けた村の古老が、村で歌っている歌で聴衆を楽しませた。

これまで蔑みのまなざしが向けられてきた「ガイネ」の実践が、ツーリストを含む他者のまなざしを受けて、まさにこれまで彼らを抑圧してきたヒンドゥー的文化として再認識され、「真正性」が付与されるようになった。この時、ネパールの人々がガンダルバ文化なるものの担い手として想像しているのは、村を歩いてサランギを弾き語る古老であり、ホテルやレストランでネパール民謡を歌うガンダルバではない。このことは、政治家等の主催する大規模なイベントがあると、タメルのガンダルバが、ガンダルバ文化の「真正性」を演出する為に村から古老を連れてくることからも明らかである。

具体的な例を見てみよう。1996年の暮れ、社会活動に熱心だった政治家後援のエスニック・カルチャー・ショーにガンダルバと連れ立って出掛けたことがあった。GCAOによって村からアルバージ弾きの古老が1人と、サランギ弾きの古老が3～4人呼ばれ、村で歌われるような歌が数曲歌われた。舞台に立つ古老は、ダウラ・スルワールを着せられ、縁なし帽のトピーをかぶせられてマイクの前で歌わされる（写真8-2）。それを聞く聴衆——ネパール語使用者——は、歌の文句を聞いて笑ったりする。近年になってこそ、大掛かりなイベントに「ネパールの伝統音楽家ガンダルバ」として紹介されて出演するようになったが、そこで演出される文化は、タメルのガンダルバの言葉を借りると「古老が歌うと雨を降らせたり、いろんなことができた」時代の文化である。もちろん、その頃その場所で、ガンダルバに現在のような「ネパール文化」の構成要素であることが求められていたわけではなく、今日「ネパール文化」の一部として認識されるようになったと考えるのが妥当である。歌う場所が公的な場になって

も、歌うガンダルバとそれを聞く人々という構図は変らないが、その構図に「文化」を演出する人々が介在するようになったことが、そのことの裏付けとなる。

　政治的経済的権力者による大掛かりなエスニック・カルチャー・ショーの企画には、今日的要請を受けて創り出された文化を演出するための国家としての舞台づくりの意図が見え隠れする。このショーは、「エスニック」を看板に掲げながら、ガンダルバやダマイ等の低位カーストの人々や女性団体、視聴覚障害者等も、シェルパやグルン等のエスニック集団と共に参加し、演技や演奏を披露していた。この時の「エスニック」は「マイノリティ」に換言可能な意味で用いられていたと考えられる。ネパールにおける数多くの「マイノリティ」グループの文化を見せようとしたこのショーは、一見多民族的状況におけるそれぞれの主張を認めているようでありながら、一方では「国民国家」ネパールの枠組みに適合させるために他の文化との共存を目的とした文化の規格化の試みとして映る。第3章で検討したように、ネパールの文化的多様性の象徴であるフルバリ（花園）を構成する色とりどりの、多種多様な花々を一つの枠組みにおさめて見せるための、文化の再構築と管理という権力者の意図が見えてこよう。

　ナショナルな空間スケールではこの「国民国家」ネパールというフルバリを前提としたかたちでしか、ガンダルバ文化は表象され得ない状況にある。しかしながら、これは、ガンダルバにとって社会文化的地位向上を図ることが可能な状況でもある。ガンダルバは、カルチャー・ショーが行われている都市に、経済的文化的に遠く離れた村から超自然的能力を継承していると思われるガンダルバの古老を呼び、ガンダルバ文化の「真正性」を演出しようとしている。他方で、その文化が、政府の手によって「ネパール文化」で彩られたフルバリに位置付けられていく。国家による「ネパール文化」の創出・管理の試みと、グローバルな世界経済における文化の商品化とが連動する過程で、ガンダルバは自らの文化を客体化し、商品化し、他方でネパールのナショナリズムに適合するようにその一部を流用する。彼らは、この文化の再構築過程で、政治的に──もしかしたらそう意識せずに──、自己表象の場を獲得しているといえる。

　ガンダルバは、先のChhetri（1989）が指摘する「国民国家」ネパールの「伝

統文化」が消失するという危機感を利用して、ラム・サラン・ネパリが求めた新たな立ち位置、アイデンティティを獲得しようとしているように見える。ナショナリズムを推し進めようとするネパール政府の想像する社会地図において、ガンダルバの文化が「真正性」を帯びるようになってきたことは確かである。その文化は、ツーリズムの文脈においても商品化されてガンダルバに経済機会をもたらすと同時に、ネパールの地域像を構成する一つの要素となっていった。これらの変化を背景に、ガンダルバに「ネパールの伝統音楽」の担い手としての意識が、1節で取り上げたラム・サラン・ネパリとは違うあり方で、内在化されていくようになった。その為、「国民国家」ネパールの枠内でガンダルバが自身を名乗る時、サランギが弾けなくても、歌えなくても、音楽との関連が想起されてしまうし、自らもそう振舞わざるを得なくなっている。それは、第7章で見てきたように、ガンダルバという集団にあたかも一対一で対応するかのように、文化が再構築されてきたからに他ならない。

　ガンダルバの文化的価値が再評価されるのと並行して、ネパールの音楽業界で変化が生じている。一番大きな変化は、ネパールの音楽業界が質的規模的に目覚しく発展してきたことである。この発展を背景に、「ネパールの伝統音楽」を語る集団や人々が次々と登場し、テープやCDを盛んに制作するようになった。ガンダルバはこの傾向に対し、「新しい音楽集団がガンダルバの歌を『ネパールの伝統音楽』と称して歌い、CDを制作したり、外国に演奏旅行に出掛けたりする」と不満を抱き、著作権による保護がないことを嘆く。この語りから次の二つの意識が指摘できる。まずは「ネパールの伝統音楽」を担っている者としての自負である。それはラム・サラン・ネパリの人生の桎梏となっていた「ガイネ」としての宿命ではなく、楽師カーストというよりは、ネパールの伝統音楽家としての自負である。もう一つは、ガンダルバの文化領域が他者に侵されつつあるという危機意識である。

　これまでネパールの楽師カーストとして位置付けられてきたのに、楽師カースト以外の人々が音楽家になり、外国に演奏旅行に出かけたりして活躍している。それも、「ネパールの伝統音楽」を名乗って。ネパールの楽師カーストとして、ガンダルバは自分達こそが「伝統音楽」の保持者なのに、と違和感を抱く。

しかし、この現象はツーリズム現象に限らず、ネパールにグローバルな資本主義経済が展開する過程で生じている文化の商品化であり、ガンダルバの文化領域を何者かが奪おうとして、またガンダルバを「ネパール文化」のフルバリから排除しようとして仕組まれたことではない。このことは、タメルや街中の音楽専門店の棚に、洋楽と共にネパールやインドのポップミュージックのCDやDVDが数多く並べられている中で、片隅にガンダルバの歌やサランギの旋律が収められた音楽テープやCDが控え目に置かれていることからも明らかである。つまり、資本主義経済の中で、彼らの音楽が他のポップミュージックと同じように商品化されるようになった——同じ程には売れなくても——ということなのである。ガンダルバは、彼らが関わった音楽テープやCDをサランギと一緒に持ち歩き、本人が歌えなくても自らの音楽が「ネパールの伝統音楽」であることを語り、土産物用のサランギを見せながらテープやCDをツーリストに売るようになった。ツーリストが「伝統」という付加価値に反応するのを意識しながら、あるいは無意識に受け止めながら、そしてそれを繰返すことによって「ネパールの伝統音楽」の担い手としての矜持を、ラム・サラン・ネパリとは異なる立ち位置で確認するようになったのである。

　文化の保持者としてのアイデンティティを強める一方で、タメルのガンダルバは、かつて低位に位置付けられてきたアイデンティティを完全に払拭してはいない。ツーリストに対して、自身を「低位カーストで貧しいガンダルバ」であり、「アチュートとされ抑圧されてきたガンダルバ」であることを語る。相手の反応を見ながら、「ネパール文化」の担い手として自己紹介しつつ、これらの二つの顔を「戦術的」に使い分けている。前者は、必ずしもツーリストに対してだけでなく、ネパール人に対してもガンダルバにとって有利に働くことがある。その例を次に挙げる。

　後述するが、ヒララル氏は1999年に初めてアイルランドに渡った。初めての外国渡航で緊張していた彼は、空港まで村人達と見送りに行った筆者に空港内に入って手続きを手伝って欲しいと頼んだが、警察官は搭乗者ではない筆者が空港内に入ることを許さなかった。彼は、断った警察官よりも地位の高い警察官を探し、手を合わせて頼み込んだ。以下はその時のやり取りである。

ヒララル氏	「我々はガンダルバです」
警察官	「知っている」
ヒララル氏	「我々ガンダルバは勉強しておらず、外国に初めて行くのに何をどうしてよいか分からないのです。だから友達に教えてもらわないと分からないのです」
警察官	「友達って日本人？」
ヒララル氏	「はい」
警察官	「(中に入って) よろしい。外国に何をしに行くの？」
ヒララル氏	「カルチャー・プログラムをしに行きます」

　ヒララル氏の発言は、警察官に、低位カーストで貧しく、教育を受けることがかなわず、先述したようにナガリクタに名前を書いてくれる人が必要な、彼にかわって手続きをする助けが必要であることを想像させたのであろう。こうして、筆者は中に入ることを許された。もし、「我々はバウンです」と名乗ったら、同じような計らいを受けられただろうか。おそらく無理であろう。だとしたら、ヒララル氏は低位カーストであることをうまく利用したことになる。出自を隠すことと同様に、名乗ることもまた、彼らにとって有利に働くことがあり、より良い生き方に繋がると考えられる。

3. アイデンティティの変容－村とタメルの間－

　第4章で述べたように、ネパールにおいて1990年に民主化が達成されると、1980年代から基幹産業に位置付けられてきたツーリズム産業が、経済の自由化に伴って、周辺的な経済活動も含めて、急速に展開するようになった。このような変化の中で、経済機会を求めてネパールやインドを歩いてきたヒララル氏らが、ネパール人1人当たりのGDPの年間平均額を数日で使い切ってしまう外国人ツーリストを活動の対象として見出したことは、不思議ではない。第7章で詳述したように、サランギを外国人に売ることが彼らのカトマンドゥで

の仕事となっていき、ヒララル氏は1980年代からタメルに活動拠点を移すようになった。そして、ヒララル氏らの活動対象は、ネパール人から外国人ツーリストに移っていった。

　この過程で、ヒンドゥー的カースト規範による社会的周縁性故にガンダルバの諸機会へのアクセスが制限される反面、文化的な禁忌が少なかったことが、新興産業であるツーリズムへの参入を容易にしたと言える[6]。文化的な禁忌の例として、外国人と食文化を共有することに抵抗が小さいことが挙げられよう。例えば、タメルにいるガンダルバはツーリストと共にレストランで肉食をすることに、牛肉であっても、抵抗が小さいし、そもそもタメルに来る以前、村で牛肉を食べたことがあると語るガンダルバも少なくない。近年、高位カーストの人々も、食文化が消費文化として浸透するにつれ、肉食や飲酒をする人が増えているが、食文化に対する抵抗は、そのような高位カーストと比べてもガンダルバの場合には相対的に低い。また、ジェンダー差はあるにしても、タメルに来る以前から村々を歩き、未知の社会や文化、人との接触を経験してきたことから、外部世界との接触への抵抗が相対的に小さいことも、彼らがツーリズムに関わる上で有利に働いていると考えられる。

　こうして、旅の吟遊詩人と称されたサランギを弾くガンダルバから、タメルの路上でツーリストにサランギを土産物として売ったり、弾いたりするようになったことで——彼らの言葉を借りると「ビジネス」をすることで——、彼らの生活は大きく変わっていった。ツーリストを対象にサランギを売ったり、ネパール民謡を弾いたりするだけでなく、先述したように各種イベントにガンダルバとして招かれることも増えてきた。他方で、村を歩いていた頃は、日々サランギを弾き、歌っていたのが、タメルに来てから歌を歌うように請われることも滅多になくなり、歌を忘れるようになったケースも少なくない。

　タメルでの「ビジネス」活動は、ヒララル氏らに別の人生の可能性を見出させることになった（Morimoto 2002）。村々を歩いていた頃、楽師カースト即ち低位カーストであることから差別的な扱いを受けてきた状況とは違って、外国人に楽師カーストや低位カーストという社会的属性を明かしたとしても、共感を示されることはあっても、また心付けがはずまれることがあっても、ヒン

ドゥー的な差別的な扱いを受けるような状況には殆どならない。ネパールのツーリズム・イメージが重ねられるタメルにおいて、外国人にとってはガンダルバもネパール人——後述するがチベット文化圏をも含む広い意味でのアジア人——に映る。こうして、タメルでは、アンビヴァレントな感情に苛まれながら亡くなったラム・サラン・ネパリの人生とは別の、サランギにアイデンティティを示しても——たとえサランギを弾けなくても——屈辱的な扱いを受けることなく、ネパールの伝統音楽家として評価されるような人生の可能性を、実現可能なものとして夢見ることが可能になったのだ。

　他方で、伝統音楽家でいるために、文化の再構築が行われる。先述した「ガンダルバの心」というCDは、その一つの試みと言える。これは、彼らが考える伝統音楽家ガンダルバとして、村を歩いてサランギを弾き語る古老を探しに行き、カトマンドゥに連れて来て、古い歌を選曲してCDに収録したものである。CDジャケットを飾るために写真館で演奏者5人の写真を撮影した（写真8-1）が、タメルのガンダルバは、その写真を見て「村の古老なのに、髭を剃って靴を履いてジャケットを着て来た」と残念がった。タメルのガンダルバが期待したのは、髭が伸び放題でいかにも村を歩いている自然体のガンダルバ像であったのだ。しかし、古老達はカトマンドゥに出かけるのに、髭をきれいに切りそろえ、サンダルではなく靴を履き、身だしなみを整えて来たのだった。そこで、タメルのガンダルバは、CDジャケットに写真を組み込み印刷する時、写真屋で撮影したガンダルバの頭を飾る鮮やかな青や赤のフェタ phetā（頭に巻く布）が写っているカラー写真を、セピア色に編集した。古い歌の中には、タメルのガンダルバどころか、歌っている本人さえ意味が分からなくなっている歌がある。それに対して、彼らは意味が分からないながらも、文化的な価値があると指摘する。そして、村で使われるガンダルバ独自のものとされる言葉や文字[7]の話を古老から聞く。それらは特に若いガンダルバにとって初めて知る文化でありながら、それらは自身の文化として内在化されていく。タメルのガンダルバが求めるガンダルバの「真正性」は、今、ここにいる彼らから、物理的にも文化的にもすっかり遠のいてしまった村での生き方に求められていることが窺える。

4. 国境を越える

4.1 出稼ぎの背景

　第7章で見たように、ガンダルバの経済機会の対象がネパール人から外国人ツーリストに変わることで、彼らの収入は増加し、その結果村の家を増改築したり、子供達をより長く就学させたりできるようになった。こうして、タメルの路上で外国人ツーリストに彼らの楽器であるサランギを土産物として売ったり、ホテルやレストランで楽器を弾くアルバイトをしたりすることで、生計を立てるガンダルバが増えてきた。このような変化に別の変化が加わるようになったのは、1990年代が終わる頃からであった。ガンダルバ達はタメルにとどまらず、やがて外国に出稼ぎに行くようになった[8]。1996年の時点で、日常的にタメルに関わっていたインフォーマント30名のうち、2007年の夏の時点で外国に行った経験のあるガンダルバは11人であり、4人が外国へ出稼ぎに行って不在であった。1997年以降にタメルで活動するようになったガンダルバを含めると、外国に行った経験のある人数は更に増える。このような状況は、近年国外への出稼ぎが増大しているネパールの側面を示してもいる。もちろん、この傾向を一般化することは避けなければならないし、出稼ぎを推進する背景としてマンパワー・ビジネスの存在を看過できない。しかし、これから述べるガンダルバの外国経験のように、外国人との個人的な関係を頼って外国に渡るケースは、筆者の経験的観察から、タメルにおいて——ツーリズムに関わる人々にとって——多いとはいえなくても、珍しくないものといえる。

　ヒララル氏とラムジ氏の兄弟がアイルランドを訪れることになったのは、タメルで知り会ったアイルランド人ツーリストが彼らの演奏旅行を企画してくれたからである。先に触れたが、ヒララル氏とラムジ氏が初めてアイルランドに渡ったのは1999年7月のことだった（写真8-3、写真8-4）。出かける前に、ヒララル氏らはタメルの知合いを訪ねて外国に行くことになったことを伝え、アイルランドの友人とのやり取りや書類作成を色々な人に手伝ってもらっていた。彼らと親戚の3人は、3カ月間の演奏旅行の予定でアイルランドを訪れ、

写真 8-3　出発の日の朝、GCAO のオフィス（1999 年）。ヒララル氏とラムジ氏が初めてアイルランドに発つ前に、村のバヒニ（第 3 章参照）が挨拶をしに来た。

写真 8-4　トリブバン国際空港（1999 年）。ヒララル氏とラムジ氏がアイルランドに発つ時、見送りに来た村人達。妻や子供達が号泣し、今生の別れを惜しむかのようであった。

諸所でネパール民謡を紹介してきた。帰国後、演奏旅行にかかった航空運賃等の諸経費を引いても、彼らの手元に残った稼ぎは、タメルの路上でサランギを売って稼げるような金額ではなかった。そして、2000 年からは定期的にアイルランドに出稼ぎに行くようになった。丁度この頃、ネパール全体でも国境を越えるネパール人が大幅に増加するようになった（図 4-5）。この現象は、第三世界に向かう先進国からのツーリストの流れの逆、つまり世界システムの周辺から中核に向かう流れを構成する。

ヒララル氏やラムジ氏は、アイルランドに出稼ぎに行く前までは、他のガンダルバと同様にタメルの路上でツーリストにサランギを売ったり、夜になると外国人が食事に来るレストランでネパール民謡を歌ったりしていた。また、GCAO で外国人にサランギ等の楽器演奏の手ほどきをしたり、トレッキングに行く外国人に同行者として付き添ったりすることも、彼らの活動に含まれていた。いずれも安定した活動とはいえないが、外国人対象の経済活動であるこ

とから、他の職種に比べると一度に手にする実入りは小さくない。タメルで活動する以前、村を歩いていた頃は、歌の報酬として米やトウモロコシ、それに数十ルピーの現金を手にしていたのが、タメルではサランギ1台が数百ルピーから数千ルピーで売れ、場合によってはUSドルや日本円等の外貨を代金として受け取ることもあった。

　彼らがタメルで手に入れるようになったのは経済機会ばかりではない。例えば、外国人ツーリストの同伴者として——場合によってはボーイフレンドとして——ネパール国内外の旅行に同行し、外国人と同じようなツーリストとしての経験をする機会を手にするガンダルバもいる。ネパール人にとって、インド以外の外国に国境を越えて出かけることは経済的政治的に容易ではない状況を考えると、ましてヒンドゥー的カースト社会において諸機会から遠ざけられてきた彼らにとって、外国渡航の機会は、その実現可能性がいかに低くとも、大きな魅力となっている。日帰りの市内観光から長ければ1カ月のトレッキングや外国旅行に同行し、帰ってきたら心付けやプレゼントを貰い、その後メールや手紙のやり取りをしたりする。読み書きの不自由な人もメール・アカウントを持つようになり、タメルのインターネット・カフェのスタッフや友人に頼んで、メールを読み書きしてもらう。また、外国人と付き合う機会があること自体——ツーリスト・スタンダードのレストランに招かれて共にテーブルを囲み、ビールを飲んだりピザを食べたりすることも——彼らにとってタメルが煌いて見える要因になっている。このように、ネパールのヒンドゥー的社会で周縁化された存在としてではなく、他のネパール人と同様に、また「戦略的」に低位カーストであることを語る場合はそれ以上に、諸機会を獲得することが可能な環境がタメルにあった。

　さて、人当たりの良いヒララル氏は、他のガンダルバに比べてより多くの外国人ツーリストを友達にもっていた。ヒララル氏らのアイルランドへの演奏旅行を企画したアイルランド人も、彼がタメルで出会った外国人の1人である。アイルランドに戻ったヒララル氏の友人は、ヒララル氏とラムジ氏、及び彼らの姻戚関係にあたるガンダルバの3人のアイルランド渡航手続きに必要なビザ申請の為の書類や、航空券や海外旅行保険の為の経費を送ってきた。ヒララル

氏とラムジ氏はアイルランド行きが決定すると、ラムジュンの村へ母親に挨拶をしに戻った。その旅に同行した筆者は、入国審査時に署名をする為に、ラムジ氏と木切れで地面に名前を書く練習をした。他方のヒララル氏は学校に通った経験があり、自身の名前は時間をかければ以前から書くことが出来た。しかし、アイルランドから手続きに関する手紙やメールが来ると知人に読んでもらい、どのように返事を書くべきか相談して、返事を書いて出してもらっていた[9]。海外旅行保険のかけ方から所持品の持ち方まで、ガンダルバ以外の人々に相談しながら準備を進め、1999年7月、カトマンドゥの空港でタメルのガンダルバや村から見送りに来た親類縁者、友人に見送られて、3人は旅立っていった（写真8-3、写真8-4）。アイルランドではタメルで出会った友人の案内で学校やパブ、人の集まる場所でサランギを弾いて、約3カ月の演奏旅行を終えて帰国した。

4.2 アイルランドでの生活

　2000年以降、ヒララル氏とラムジ氏はアイルランド西部、大西洋に面したクレア州にある人口約1,000人の村で働くようになった。アイルランドは他のヨーロッパ諸国に比べて経済成長が低迷していたが、EUに統合されてから急成長するようになった。近年では東欧諸国、特にポーランドからの移民労働者を多く受け入れるようになった。彼らが働く村は、湧き出る鉱泉水と年に一度のマッチメイキング・フェスティバルで有名な観光地で、9月頃になるとヨーロッパをはじめとした外国からのツーリストで賑わい、繁忙期にはポーランド等から移民労働者が来る。また、アイルランド西部はアイルランド音楽が継承されてきた地域として有名であるが、とりわけヒララル氏とラムジ氏のいた村は音楽活動が盛んなことで知られ、音楽家達の演奏を楽しむ機会が多い。閑散期の春になると彼らはネパールに戻り、約3カ月間をタメルや村で過ごす。

　2005年、ヒララル氏が働いていたのは1世紀半続いているパブであった[10]（写真8-5）。ホールを行き来して給仕をしたり、厨房で細々とした雑用をしたり、近所の店まで買い出しに行ったりする。開店する昼前から閉店する夜中2時頃まで給仕として働くが、夜になって地元の音楽家達が集まると時々演奏に参加し、サランギを弾くこともある（写真8-6）。他方、ラムジ氏は2000年に来

第 8 章　アイデンティティの再構築　265

た時にホテルの仕事を紹介されて働いたが、仕事をうまくこなせず一旦ネパールに帰国した。ヒララル氏はパブの経営者に弟の就労機会の斡旋を頼み、鮭を燻製にするスモークハウスで働けることになり、再びアイルランドに来ることになった。ラムジ氏の仕事は朝から夕方までで、夜になるとパブでヒララル氏の手伝いをする。2人ともパブの2階にそれぞれ1室ずつ部屋を与えられ、食事もパブの賄いで食べる。パブは冬期にはツーリストが減り閑散としてくる一方で、クリスマスシーズンが近づいてスモークハウスが繁忙期になる為、ヒララル氏はスモークハウスの手伝いもしていた。

　パブの経営者は、最初にヒララル氏やラムジ氏らがアイルランドに行くきっかけをつくったアイルランド人の知人で、最初の訪問時からの知り合いである。繁忙期の夏期には東欧からの移民労働者を雇用する。その多くがポーランド出身の若い男女で、2人と同じくパブの2階にある部屋に住み、パブの賄いで食事をする。彼／彼女らには

写真 8-5　ヒララル氏とラムジ氏（2005 年）。アイルランド西部クレア州の道沿いのパブで働く。

写真 8-6　サランギを弾くヒララル氏（2005年）。パブでアイルランドの音楽家と一緒に演奏する。

給料として1週間400ユーロ（当時の換算率で約55,000円）が支払われるという。他方、2人は6月から翌年の2月まで働き、ネパールに戻る際にそれぞれ住居費や食費、航空券代、ビザ経費を差し引いたネパール・ルピーにして約40万ルピー（当時の換算率で約68万円）が一度に支払われる。2006年の春は、胆石になったヒララル氏の医療費がかかった為にネパールに帰る際にそれぞれ2,000ユーロ（約27万円）が雇用者から渡された。ヒララル氏は東欧出身者との待遇の違いについて、「自分達はヨーロッパの人より安く働かされて、しかも時間外にも働かされている。でもネパールにいるよりはまし。ネパールではこんなに稼げないから」と語る。

彼らはこのような出稼ぎ労働者の中で周縁化されている状況にいかに対応しようとしているのだろうか。ヒララル氏は他人に頼まれたことを断ることができずに仕事が増え、いつも時間に追われ、かつてネパールでは腕時計をしていても時間を気にしなかったのに、頻繁に時計に眼をやるようになった。他方のラムジ氏は、兄が忙しければパブの仕事を手伝うが、「他人の言いなりになると見下されるから労働時間外は仕事を頼まれても断る」という。アイルランドでは特別な出費がなければ月額で1人7万5千円を稼いでいることになり、ネパールで彼らが1カ月にこれだけの収入を継続して得ることは考えにくい。タメルの路上の不安定な「ビジネス」では一度に「大金」を手にする可能性はあるが、それは決して継続されるものではないことを彼らはよく知っている。ヒララル氏とラムジ氏はポーランド出身者達と待遇が異なることに対して不満を感じてはいるが、「ネパールにいるよりはまし」であると受容している。

他方、彼らにとってネパールでは想像していなかった経験もある。例えば、パブでの給仕やスモークサーモンの製造のように他人に食事を提供する仕事は、ネパールの一般的なヒンドゥー的カースト社会において低位カーストに位置づけられてきたガンダルバには近づけない領域であった[11]。ヒララル氏とラムジ氏は、自分の作る料理やスモークサーモンを世界中の人が食べていると胸を張って語る。第3章で見たように、高位カーストの人々は、彼らと同席して食事することを避け、また、彼らの調理したものを口にしてこなかった。この経験も、ヒララル氏やラムジ氏にとってまた別の人生を実感させていると言

第 8 章　アイデンティティの再構築　267

えよう。

　休みの日にはアイルランド人の友人達と釣りをしたり、音楽演奏に出かけて臨時収入を稼いだりしているが、これらの活動は、ネパールにいた時にも行っていた活動の延長上に位置づけられている。しかし、アイルランドの路上でサランギを弾けば 1 日で 200 ～ 300 ユーロ（当時の換算率で約 2.7 ～ 3.7 万円）を稼ぎ出すこともあったという。この行為は、彼らがネパールの村やバスパークで弾き語りをしてきたことの延長上にあるといえる。ネパールでの経験との違いは、アイルランドでは見慣れない楽器を奏でるカーロ・マンチェ kālo mānche（肌の色が黒い人）の音楽を、地元の民謡に馴染んだ白人が聴衆として楽しんでいることで、その聴衆によって彼らの演奏や風貌に好奇の眼が向けられ、ネパールの村では考えられない金額の報酬が与えられることであった。報酬の多寡に加え、このことは彼らにとって別の人生を予期させる経験でもあった。彼らがその当時働いていた地域では音楽活動が盛んで、人が集まる広場には、足元にお金を入れる為の箱等を置いて、ハープやバイオリン、フルート等の楽器を演奏する人々が散見された。そのような人々に対してアイルランドの人々はアチュートとして扱うことなく、音楽を称賛してお金を入れていく。彼らは、路上での音楽活動が、アチュートとして虐げられたり蔑まれたりしない社会を経験したことになる。ヒララル氏やラムジ氏は、路上で楽器を演奏する人を見かけると気軽に声をかけ、自らもネパールの伝統音楽家であることを名乗る。

　さて、彼らがこうしてアイルランドで働くようになってから、ネパールではどのような変化が起きているのだろうか。彼らの村、ラムジュンでは、彼らがカトマンドゥに出稼ぎに行くようになってから、ヒララル氏の 1 階建ての石造りの家が 2 階建てのセメントの家に増改築された。アイルランドに出稼ぎに行くようになって、2005 年には 10 万ルピー（日本円で約 17 万円）を投じて、バスルームとトイレが設置された。村にはそれまでバスルームはもとよりトイレもなかったが、彼らは家の近くにセメント造りの小屋を新しく建て、屋根の上に黒い貯水タンクを乗せ、屋内で水浴びができる施設を建造した。但し、2005 年の秋に筆者がラムジュンの村を訪れた時には施錠されており、日常的

には利用されていなかった。村の家は増改築されたり、整備されたりしたが、ヒララル氏とラムジ氏の家族は彼らがアイルランドに行くようになってから程なくカトマンドゥに部屋を借りて住むようになり、留守宅は親族が住むか、施錠して留守のまま置かれている。

彼らのように外国に出稼ぎに行くネパール人はラフレ[12] lāhure と呼ばれ、数年するとカトマンドゥに土地を買って家を建てることが期待される。彼らもカトマンドゥに土地を買おうとしたものの一度は金を騙し取られ、2007年の春にようやく兄弟で購入することができた。既に数人のガンダルバが、外国での出稼ぎ等で蓄財し、カトマンドゥに土地を買って家を建てていた。ヒララル氏らも2008年に家を完成させ、隣り合わせに建てた家にそれぞれの家族が移り住んだ。彼らが、夢に見たカトマンドゥの持ち家に初めて足を踏み入れたのは、2010年のことだった。

アイルランドでの出稼ぎ生活の中で、彼ら自身にはどのような変化が見られるのだろうか。ヒララル氏は、ネパールではツーリストと共に酒を飲み、タバコを吸い、肉を好んで食べていたが、アイルランドに来てから医者の勧めに従って禁煙禁酒した。更に胆石症や糖尿病と診断されてから野菜中心の食事——ジャガイモが中心であるが——を心掛け、運動のために毎日散歩をするようになった。ネパールの村では、体に不調があるとその原因を取り巻く環境全体から説明し、超自然的な力で解決しようとしていたが、アイルランドでは体の部位と自身の生活を関連付けて不調の原因を理解し、本人自身の問題として——なんらかの因果関係によって悪霊等が憑依したり、ボクシ（呪術を使う女）に呪われたりしたのではなく——解決しようとしている[13]。そして、当時ロンドンにいた筆者に、定期的に受ける血液検査の結果等について英語とネパール語を混ぜたアルファベットでメールを書き、携帯電話から送ってくるようになった。1996年に会った頃は電話の受話器のどこに向かって喋ればよいのか尋ねていたヒララル氏が、携帯電話から国際電話をかけ、メールを送るようになっていた。現在ではカトマンドゥでも携帯電話の保持者数が急増し、メールも頻繁に交わされるようになったので、カトマンドゥにいても早晩携帯電話を駆使するようになったであろうが、ヒララル氏の場合はアイルランドでの生活の中で

適応した結果といえる。また、1999年に外国渡航に備えて名前を書く練習をしたラムジ氏は、2005年にアイルランドで再会した時に、現地の友人に教えてもらって練習したというアルファベットが書き連ねてあるノートを示し、そこにボールペンで彼自身の名前と妻の名前を書いて見せてくれた。この次は、彼らが自称するガンダルバと彼の子供達の名前を書きたいと語る。個人差もあるだろうが、ヒララル氏とラムジ氏の文字の読み書きに関する差に、初等教育を受けたか否かの違いが反映されていると言えよう。

　先述したように、パブでは地元の音楽家達が演奏しているところにヒララル氏がサランギを、ラムジ氏がマーダルを合わせることがある。2004年にヒララル氏とラムジ氏はそのパブの音楽仲間達とネパールのフォークソングを収録した Gandharba & the Roadside All-Stars という音楽CDをリリースした。CDの解説書に、アイルランドの吟遊詩人 bard に準えて、ネパールの吟遊詩人カーストとしてガンダルバが紹介され、ニュースを広めることから昔の戦記物語を伝えることまで、いくつもの物語を歌に織り込んで受け継いできたと説明されている。そのCDに収められているのは、ヒララル氏らが働いている村やその周辺の音楽家達との合奏で、サランギとマーダルに加えて、バウローン（片面太鼓）やフルート、フィドル、バグパイプのようなユイリーン・パイプ、アコーディオン、ギター、口琴等が加わっている[14]。例えば、1953年にガンダルバが歌ったエヴェレスト初登頂を果したテンジン・ノルゲイ・シェルパ Tenging Sherpa（ママ：筆者注）の歌が、途中からクリスマス・イヴ Christmas Eve という名のアイルランド民謡に変わる曲が収められている。弾き語り調のゆっくりしたガンダルバの曲が、ダンス向きのアップテンポの曲に移行していくのだが、ヒララル氏のサランギもそれに伴ってアップテンポになっていく。ガンダルバの中で継承されてきた歌も年長者の演奏を聞いて覚え、タメルでネパール民謡を弾くようになったヒララル氏やラムジ氏にとって、アイルランドで現地の民謡を彼らの楽器で演奏することは、これまでの実践と大差ない。

　アイルランドにおけるヒララル氏とラムジ氏の音楽に関する実践は、現地での彼らの経済活動の余興的な活動に位置付けられるかもしれないが、彼らがネパールでしてきた実践の延長上にあると考えられる。主たる経済活動がそれぞ

Pour la première fois à la fête du monde, des musiciens tibétains en concert.
(Photo DNA)

写真8-7　フランスでの演奏旅行の様子を現地の新聞に掲載されたヒララル氏とラムジ氏（2004年）。「チベット人音楽家」として紹介されている。Hiralal and Ramjiホームページより。

れパブの給仕であり、スモークハウスの工場労働者であったことから、ネパールにいた時よりもサランギに触れたり歌ったりする時間は短いし、歌を忘れつつあるが、音楽に対するアイデンティティを確認する——各種書類の職業欄に音楽家musicianと記すような——機会は増えている。そして、ガンダルバの歌を忘れる一方で、アイルランド民謡に合わせてサランギを奏でるようになった。ネパールにいる時は恣意的にサランギを隠すことで出自を特定できないようにすることもあったが、アイルランドでは音楽を実践する時間や機会が減っても、音楽家としてのアイデンティティを隠すようなことはしない。

　他方で、ネパール人としてのアイデンティティに、更にアジアに対するアイデンティティが重層的に重ねられてきた面が見られる。彼らが紹介される時に、「ヒマラヤの」と形容されることはしばしばある。彼らは、アイルランド西部だけでなく演奏旅行でダブリンやイギリス、フランスを訪れることもあった。ある時、フランスでの演奏旅行の様子が新聞記事に掲載された。サランギを演奏する彼らの写真のキャプションに「チベット人音楽家」と書かれている（写真8-7）。ヒララル氏は、隣でチベット文化の展示をしていたから間違えたのだろうと冷静に分析していたが、先述したように、ネパールの英文雑誌に掲載された彼らの写真のキャプションに「Gaine」という文字を見つけた時のような不快感は示さない。そこにオリエンタリズム的なまなざしが含まれていても、チベット仏教徒とヒンドゥー教徒が混同されていても、ヒララル氏は、ヒンドゥー的なカースト規範による差別的な扱いの方が大きな違和感として認識

されるのだろう。

　ラム・サラン・ネパリの、サランギ奏者でありたいがアチュートとしての扱いを忌避したいという宿命論的なディレンマを、ヒララル氏はまずはカトマンドゥのタメルで、次に国境を越えることによって、必ずしも音楽家であることを実践せずにアイデンティティを維持しつつ、克服していると言えよう。しかし、そのスティグマを彼らはアイルランドにおいても完全に払拭してはいない。アイルランドのヒララル氏とラムジ氏の友人が、彼らの為にホームページを開設したが[15]、そこでの紹介を見てみよう。

「私達はガンダルバに属しています。ガンダルバとは、ネパールで唯一の楽師カーストで、同時にネパールの数多くある『不可触』カーストの一つでもあります。ヒンドゥー神話において私達はかつて神々にお仕えする楽師でした。」

　ラム・サラン・ネパリが苛まれてきたアチュートであるスティグマを敢えて表明するのはなぜか。それは、彼らがアチュートとして扱われる心配がなく、むしろ諸機会を手にする可能性が高まることを期待した、「戦略的」な名乗りになるからだ。しかしながら、その一方でヒンドゥーやネパールまでもが、他者によってチベット等と誤認されるような、更に大きな構造——世界システム——に組み込まれていることは看過できない。

5. 望郷－ネパール人でいること－

　2005年初夏、筆者がアイルランドで働くヒララル氏とラムジ氏を訪ねた時のことである（写真8-8）。草原で草を食む牛馬や、ぽつんぽつんと点在する家々を眺めながら丘を歩いていた時のことである。ラムジ氏が白壁の家の煙突から立ち上る煙を指差して言った。

「今日はあの白い家でボーズ bhoj（宴会）があるんだ。」

その白い家の住人と知り合いで、食事にでも呼ばれているのだろうと思いながら黙って話しを聞いていると、彼は料理名を挙げていった。「ダール dāl（豆汁）、ククラ kukhurā（鶏）、マス māsu（肉）……。」そして、問わず語りに、筆者が初めて彼の村を訪ねた 1996 年のダサインでの思い出話を語り出した。そこでようや

写真 8-8　クレア州（2005 年）。ヒララル氏とラムジ氏が自身の故郷を重ねる草原。

く、彼の目に映っている風景が、牧草地の広がるアイルランドの田園地帯ではないことに気が付いた。緑に覆われた丘に白っぽく映える石造りの家々から煙が立ち上る風景を通して、彼自身の生まれ故郷、ラムジュンの村の風景を見ていたのだった（口絵 8）。そして彼は続けた。

「ここはネパールの村のように見えるのに、どうしてアイルランドはビカス bikās（発展）があるのに、ネパールにはビカスがないのか？」

　初めて会った頃には想像もしなかった、ネパール以外の地でラムジ氏と再会するという場面で、筆者に向けて発せられたこの問いに対し、返答に窮し言葉を濁した。彼らにとって、ビカスの象徴は道路や電気に代表される社会資本であり（南 1997a：318）、車道が村まで通り、電灯が灯り、外部と電話で交信できることといえる。今日のネパールにおいて、人々は言語や宗教、カースト、エスニシティの違いよりも、ビカスという概念——具体的にはビカスの多寡——を指標にして地域を認識している（Pigg 1992）。ラムジ氏がアイルランドの田園風景を見て違和感を抱いたのは、彼の村をはじめとしたネパールの村には道路や電気といったビカスがなく bikās chaina、その状態が村なのだと認識してきた

からであった。ところが、広々とした緑の丘で牛馬がゆったりと草を食み、家々から煮炊きや暖をとる煙が上がる風景の中で、アイルランドの人々はこれらの社会資本を享受している。アイルランドの田園風景と同じような風景を呈するネパールの村には、なぜビカスがないのか。ラムジ氏の投げかけたこの問いは、筆者がネパール研究を始めてから感じている居心地の悪さの核心部分に触れているからとっさに言葉を濁してしまったのである。つまり我々は同じ空間と時間を経験していても、両者の間にある目に見えない非対称的な関係――世界システムの中核－周辺連関――故に経験のされ方が異なる現実を説明するように迫られているかに感じられたからである。ラムジ氏が海を指差し、「この海のずーっと向こうにアメリカがあるんだって？」と事実を筆者に確認しようとした時とおそらく同じように、彼が純粋に疑問を投げかけただけだと分かっていても、筆者は同じようには答えられなかった。ヒララル氏とラムジ氏がカトマンドゥに出稼ぎ拠点を構え、活動していた頃、1年に1、2度ネパールを訪れる筆者に対し、別れ際に「今度はいつネパールに来るの？」と尋ねる言葉がその関係を象徴している。筆者が彼らを訪ねてネパールやアイルランドに行くことはできても、現時点ではその逆は考えにくい――近い将来変わるかもしれないが――。このような状況の中、ヒララル氏とラムジ氏はネパールを訪れた外国人ツーリストと懇意になり、その個人的関係を頼ってアイルランドへの出稼ぎの機会を獲得した。いわばネパールに来たツーリストの道を遡行するようにして、彼らはアイルランドへ出稼ぎに行くことになったのである。

　タメルでサランギを土産物として売ったり、レストランやホテルで歌ったりすることを通して、ヒララル氏とラムジ氏は従来の差別の対象である「ガイネ」とは異なる音楽家――ネパールを訪れる外国人にとってネパールの伝統を継承する、あるいは実践する音楽家――としてのアイデンティティを維持してきた（Morimoto 2002）。そして、アイルランドでヒララル氏とラムジ氏はまた、サランギやマーダルを手に取り、アイルランドの音楽家達と共に、人に請われれば音楽を奏でるようになった。行為だけを取り出せば、タメルで行っていた実践の延長上に位置付けられるかもしれない。しかしながら、この過程はネパールにいた時よりももっと直接に、彼らを世界システムの中核－周辺連関において周縁化す

写真8-9 ラムジュン(1996年)。緑に囲まれたヒララル氏の家。アイルランドに行く前にコンクリートの2階建ての家屋になり、アイルランドに出稼ぎに行くようになってから家の向かいにバスルームとトイレが併設された。

るものだったと言える。つまり、ツーリストが来なくなってタメルで生計を立てることができなくなれば、村に戻って経済機会を求めること——サランギを作ったり、サランギを携えて村を歩いたりすること——が可能であったが[16]、アイルランドに来たらビザの問題があるためにまずは保証人の庇護下に入り、働くことになる。他の出稼ぎ移民労働者との差別待遇に不満を感じても、彼らにはそれ以上の魅力があることから、ネパールとの往復を続ける。

　アイルランドにはビカスがあって、ネパールにはビカスがないというラムジ氏のまなざしを反転させると、アイルランド人ツーリストがネパールのラムジ氏の村を訪れ、そこにアイルランドの田園風景を重ねて懐かしむというような、進化論的な読みがなされるだろうことは想像に難くない。人々の抱く原風景は、それぞれの生まれ育った場所に大きく影響を受ける。ラムジ氏が違和感を抱く世界システムの中核－周辺連関は、それぞれの出身地によって同じ風景でも違うものとして映し出す背景となる。アイルランドに出稼ぎに行った彼らは、前景としてのアイルランドの田園風景にネパールの村の風景を重ね、望郷の念を抱く（写真8-9）。そして村の家を増改築し、投資をする。しかしながら、彼らは村に戻って生活するのだろうか。村を想って投資はするが、それは近い将来自身の村を訪ねてくるかもしれない、トイレやシャワーの施設が不可欠なアイルランド人をはじめとした外国人の友人の為である。実際に彼らが近い将来の生活拠点として投資しているのは、カトマンドゥなのである。

　ヒンドゥー的カースト規範に規定された社会的周縁性により、ガンダルバは

ネパール社会において困難な状況に置かれてきた。諸機会へのアクセスが制限され、教育機会も十分に与えられなかった彼らが、「近代化」の過程で安定した職に就くことは非常に少なかった。しかしながら、村からカトマンドゥへ活動拠点を移し、ネパール人から外国人に彼らの活動対象を変えることにより、同じ路上の活動であっても、グローバルな世界経済に直接的にアクセスすることになった。このことは同時に、アメリカでの同時多発テロ事件やSARSが彼らの生活に影響を及ぼすようになり、もっと大きな世界システムの中核－周辺連関の周辺に、彼らがしっかりと組み込まれる過程であったことをここで指摘しなければならない。

　アイルランドの田園風景を故郷の風景に重ね合わせたラムジ氏が感じた違和感、すなわち、今自分がいる「ここ」と、かつて自分のいた「あちら」、同じように家畜が草を食み、家々から白い煙が立ち上がり、人気もまばらなアイルランドの西端の村とネパールの村との間にある違いは何なのか。この違和感に対し、兄弟は次のように対応した。2010年の春、「アイルランドのパスポートが届いた。これでネパールに好きに帰れるし、日本にも行ける」と声を弾ませた電話があった。ヒララル氏は、ネパール人として越えることが困難な境界を比較的自由に越えられる道具——パスポート——を手に入れたのだ。他方で、彼はアイルランドで暮らす居心地の悪さも訴える。居心地の悪さとはアイルランドにおいて法的に市民権が保証されても、ネパール人（あるいはアジアの人）とみなされ、それ相応に扱われることだ。アイルランドで自分の周りにいる人々と賃金や就労機会で違いがあることを見出し、自分達は「カーロ・マンチェだから」という理由づけをする。ネパールで高位カーストの人々との間で嫌なことがあると「同じ赤い血が流れているのに」と憤慨していた兄弟は、今、アイルランドでも同じことを口にする。

　ツーリズムをめぐる現象にタメルの路上から関わり、人々のグローバルな移動に自分達も加わることになった。その結果、「こんな日が来るとは夢にも思っていなかった」という自分の居場所を手に入れた。しかし、そこに到達しても、今「ここ」で握手しているまさにその人との間に、見えない壁を感じている。ネパールとアイルランドを往復するようになった過程で、彼らはカトマンドゥ

に土地を買い、家を建て、ネパールでは成功したラフレとみなされるようになった。このことを誇らしく思う一方で、アイルランドで、「ネパール人」でいることの違和感は消えない。その国名自体認知度が低く、アジアのどこか貧しい国から出稼ぎに来た人とみなされる。慈悲の心で接してくれる人もいるが、アイルランドの人と同等に社会内に位置付けられることはない。アイルランドで「ネパール人」でいようとしている時、彼らはラム・サラン・ネパリがヒンドゥー的社会で「音楽家」でいようとした時と同様に、目の前に壁として顕れた、しかし目には見えない社会的な力に対して如何ともしがたい思いを抱くことになったのではないだろうか。彼らがツーリストの来た道を遡行するようにして手に入れた、世界システムにおける「ネパール人」という立ち位置は、彼らにとって忘れようのないカルマであり、彼らのアイデンティティをアンビヴァレントなものにしている。しかし、ラム・サラン・ネパリがサランギを奏で続けたように、彼らも「ネパール人」として——法的にアイルランドの市民権を得ても——いつづけることが想像される。そして、アイルランドにいる状況が長くなるほど、望郷の対象となった彼らの故郷である村（口絵8、写真8-9）は、彼らの戻るべき場所から更に一層遠のいていくことになるだろう。

[注]
1) 本章の主たる資料はMorimoto（2002、2008）、森本（2008）に依拠し、本章の目的に合うように再構成した。第7章の議論が基づく調査に重なるが、彼らの活動場所であるタメル、彼らの出身村があるラムジュン郡（1996年10月、1999年6月、2005年10月）、及び出稼ぎ先であったアイルランド西部クレア州（2005年7月、8月）の3地点で調査を行った。
2) 自らもサランギの名手として知られるプルナ・ネパリは、カトマンドゥ盆地に住むガンダルバである。
3) ヴィクラム暦1990年マーグ月2日は、西暦1934年1月15日月曜日にあたる。
4) 第5、6章で言及した。ラナ時代に造られた建造物。ガンターガルは時計塔、ダーラハラはビムセン・タワーで、当時カトマンドゥでひと際目立つ高層の建物であった。
5) ガンダルバがサランギを持ち歩くことの社会的意味については、森本（2000）で具体的に論じた。

6）このことは、第6章で非ヒンドゥー的な文化規範を持つ人々との関連で言及したが、低位カーストの人々についても、文化的な観点から同様のことが指摘できる。
7）第7章で触れたピングル文字や隠語のこと。彼らは古い歌をピングル文字で記録し、保管していると語るが、筆者はそれを確認したことがない。
8）実際にはインドに労働者として出稼ぎに行ったり、ネパール人の集住するダージリン等に弾き語りに行ったりする例があったので、正確にはインド以外の外国への出稼ぎを意味する。
9）この傾向はヒララル氏やラムジ氏に限らず、1990年代半ばまでにタメルに出稼ぎに来た多くのガンダルバについて言える。
10）2005年時点。その後、彼らは仕事と住まいを何度か変えている。
11）低位カーストの人が調理した食べ物（特に水を用いるもの）を口にしないヒンドゥー高位カーストの人々は少なくないが、匿名性の高い都市においては調理者のジャートはもとより、どのように調理しているのかも確認できない為、その状況は変化しつつあると考えられる。
12）傭兵としてインドの軍隊に入ったネパール男性のことをラフレと呼んでいたが、転じて今日では外国に出稼ぎに行く男性をラフレと呼ぶようになった。
13）ネパールにいた時から具合が悪くなると薬局で処方された抗生物質などの薬を服用しており、アイルランドに行って初めて近代医療に接したわけではない。しかしながら、アイルランドで近代医療を全面的に受け入れているわけでもない。
14）これはアイルランド音楽とのフュージョンといえるだろうが、グローバル資本主義が文化を商品化していく中で、ネパール国内の音楽のあり方も変わりつつある。例えば、ジャズとのフュージョンや、エスニック・ミュージックとしてのネパール音楽の中で他の民族楽器と共にサランギが演奏されるようになっている。
15）http://hiralalandramjisarangi.com/gandharbamusic.html（2011年11月最終閲覧）。
16）実際に外国人ツーリスト数が減ってから、時々村を歩いてサランギを弾き語るようになったタメルのガンダルバもいる。但し、タメルである程度経済的に豊かになったガンダルバの中には、村に歌いに行っても、恰幅の良い体型や、身につけているTシャツやジーンズといった都会的な装いを村人に羨まれ、「お金持ちが来る所ではない」と言われた人もいる。

第9章　結　論

　はるか彼方で想像されたイメージが、偶発的に、地上のある場所に重ねられていくことがある。このような外部からのまなざしは、地表上にある地域を特定の場所として差異化し、世界経済が地理的に不均等発展する過程で、その差異をめぐって人や資本、情報、モノ等の流れを生み出す。トランスナショナルでトランスローカルな様々なものの流れの結節点として機能するようになるツーリズム空間は、外部世界との関係性の中で、常に内外の文化的要素を接合し、社会文化的、そして経済的に大きく変容していく。本書では、こうして創出されてきたツーリズム空間、タメルについて、その過程を解明するとともに、人々がそれぞれの歴史的文脈や社会文化的背景に依りながら、その過程にいかに適応し、変容してきたのか、記述分析してきた。

　2011年3月、タメル・ツーリズム開発委員会（TTDC）会長のテジェンドラ・シュレスタ氏は、持続的な発展を目指して、タメルを「リトル・ネパール」にすると語った。彼のこの言葉には、二つの意図が込められている。一つは、差異化を図ろうとする意図である。約1キロメートル四方のこの空間に、以前から「ビジネス」を行ってきたインド人やチベット人、カシミール人に加え、近年それ以外の外国資本が——大規模ではないものの——展開するようになり、その結果、国内外から流入する情報やモノが溢れ、ここがどこなのか、にわかに判別することが困難な状況になった。この「どこにでもある場所」／「どこでもない場所」（リッツァ 2005）の様相を呈するようになったタメルの景観に、改めてネパールらしさを表象させようという文化的な差異化が意図されてきている。ツーリストのまなざしが投影されたネパール・イメージ——チベット的な、どこかアジア的なイメージ——を多分に含みつつ、そこにカトマンドゥ先住民のネワールとしてのテジェンドラ氏の意識が上書きされたネパール・イメ

ージ、「リトル・ネパール」が、タメルの景観に反映されていくことだろう。

　文化的差異化の他に、彼の言葉に込められたもう一つの意図は、乱開発や過当競争が続き、統制のとれていないタメルの状態を、ツーリストが快適に滞在できるように——「企業家」が適正に活動できるように——秩序づけ、規律化し、タメルという地名が指示するツーリズム空間を管理可能なものにしようとする政治的なものである。この意図は、まずは交通渋滞や、治安や風紀の乱れをコントロールする為に、タメルの主要な場所に監視カメラを設置し、有能な警察官を抜擢し、その任にあたらせていること、その一方でTTDCのメンバーを地図に位置付ける為に、タメルの路地にまで地名をつけ、詳細な地図を作製したことに顕れている。これらの意図は、ツーリズム空間乃至それらしく装う景観の形成過程において、人々が場当たり的に、「戦術的」に状況を利用しようとしてきたのに対し、その過程で起きている現象をより大きな権力によって政治的に流用しやすいように管理し、タメルのアイデンティティを方向付け、再構築していこうとする試みに映る。換言すると、トランスナショナルでトランスローカルな関係性の中で創出されてきたタメルにおいて、それに適応すべく変容してきた自分達が、今度は空間創出過程に、意識的に、主体的に、「戦略的」に関わろうとする試みに見えてくる。

　ツーリズムをめぐって創出される空間は、あたかも地球上で唯一無二の固有な場所であるかのように表象され、また自己表象する。ツーリズム空間は、資本を誘致するような差異を手掛かりにしながらも、「どこにでもある場所」／「どこでもない場所」の様相を呈するようになっていく。こう書くと、グローバルに展開するツーリズム現象が、ローカルな空間を一方的に変えていくような印象を受けるが、実際はこの現象がグローバル／ローカルという単純な二項対立の構図に還元され得ないことは、本書の個別具体的な状況についての記述が示すところである。タメルの人々は、ネパールの社会文化的状況に埋め込まれた——意識するとしないとにかかわらず「国民国家」のイデオロギーによって規律化された——主体として、ツーリズム現象を受容し、それに適応してきた。このような人々の意識的無意識的な実践によって、ローカルな空間は再編されていく。この時、人々の思考や行動を規制する社会文化的状況やイデオロギー

も、空間が再編されるに伴い変容していくことになる。

　本書では、研究対象地域として、ネパール、カトマンドゥ、タメルというような地理的範囲を仮構してきた。しかし、記述から明らかにされたように、ある地域で生じている現象は、便宜的に仮構してきた地名が指示する範囲におさまる限定的なものではない。タメルは、ツーリストにとってニルヴァーナやシャングリラといったオリエンタリズムを含んだまなざしが投影され得る空間で、それによって人や資本、情報、モノ等が流入し、繰り返しになるがチベット的な、どこかアジア的なイメージ、すなわち「ネパール」らしさが表象される空間となった。それと同時に、たまたま訪れるようになったツーリストの存在によって、彼／彼女らが滞在するのに必要な基本的なインフラストラクチュアが整った──ツーリストにとって馴染みのある食事や温かいシャワー、電話、インターネット・サービスが利用できる──「どこにでもある場所」の機能を有した空間になっていく。このツーリストの欲望が、フレキシブルに移動する資本と連動して、グローバルなツーリズム空間を、差異化すると同時に均質化していくといえる。

　こうして変容するツーリズム空間は、地元の社会とは不連続な、場合によっては景観的にも、経済的文化的にも隔絶されたような空間として出現する。このことは、ツーリストだけでなく、地元の人々を惹きつける誘因ともなった。グローバルな資本主義経済の影響をより直接的に受けるタメルは、地元の人々にとって多様な機会にアクセスできる空間となり、ツーリストに馴染があっても現地では馴染のない文化を──消費活動を繰り返せば馴染の文化になるが──経験できる消費空間ともなった。第5〜6章では、かつてネワールやラナの居住空間であったタメルが、ツーリストの来訪を受け、地元の人々が居住していた西欧風の豪奢なラナの邸宅がゲストハウスに転用されることで、ツーリズム空間として創出されることになった過程を、そこに関わる人々の実践とともに記述分析した。1960年代から1970年代にかけて多くのヒッピーを集めた安宿街ジョチェンが衰退する一方で、タメルでは、ヒッピー文化を忌避するツーリストを対象に多種多様なサービスが集積するようになった。ツーリストの増加に伴いホテルをはじめとした建造環境が拡充され、タメルという地名は、その指示する範囲をますます拡大

させ、カトマンドゥではツーリズム空間を意味する代名詞となった。人々は、ツーリズムをめぐって生じる多様な機会を求めてタメルで活動を展開し、ツーリズムに適応していく。ツーリズム空間が創出される過程で、ツーリズムと無関係に暮らしていたタメルの住人や、タメルに機会を求めてやってきた人々の中から、「企業家」となり成長していく人も出てきた。グローバルなツーリズムの展開過程で、「企業家」は意識するとしないとにかかわらず、自身の文化的アイデンティティを、ツーリストはもとよりネパールの人々にも提示しながら、経済活動を行ってきた。このような人々の活動実践は、タメルを、ヒンドゥー的価値観が卓越していた社会とはまた別の資本主義的な価値観が優先され得る空間に再編していった。

　タメルは、そこに関わる人々の文化を変容させると同時にアイデンティティを再構築し、そして自らの生き方を変え得るバッゲ（幸運）を掴む可能性があるような空間となっていった。第7～8章で取り上げたガンダルバは、タメルの路上でツーリストに出会って、彼／彼女らのまなざしを受けて自らの象徴であったサランギを客体化し、文化の商品化の機会を得た。活動の重点を村からタメルに移す過程で、ネパール人に対してサランギを弾き、歌を語ってきた彼らが、外国人に対して——場合によってはネパール人に対しても——これまで歌ってこなかったというネパール民謡を奏で、サランギを売るようになった。そして、低位カーストであることを「戦略的」に名乗り、サランギが弾けなくても商品としてのサランギを携えて路上を歩き、楽師カーストとしてのアイデンティティを再構築していくことになった。そのような中で、タメルの路上でたまたま懇意になった外国人から機会を得て、外国に行くガンダルバが現れるようになり、中には外国のパスポートを入手する人も出てきた。その過程は、自分達がより生きやすいように、生き方の選択肢を増やす為に、中核－周辺間の格差を前提に、ネパールを訪れるツーリストが国境を越えて来た道を遡行する可能性を手に入れる道であった。タメルは、地元の人にとっても、人が流動する一つの結節点として、外部世界とのインターフェースのように機能しているのである。インド以外の国境を越えることが困難な彼らの状況において、人々の出自を示すと考えられてきたパスポートを道具と見なし、利用し、世界シス

テムにおける自らの立ち位置をずらすことに成功したといえよう。ネパールの村で活動しているガンダルバが国境を越えることは、夢想することはあっても、実現することは非常に困難であった。しかし、タメルのガンダルバの中には、偶然出会った外国人から国境を越える機会を得て、自身の世界を広げた人々もいる。このようなバッゲを手に入れる人々は、今後さらに増えていくだろう。彼／彼女らは、ネパール――世界システムの周辺――を一つの拠点とし、国境を越える道具――パスポート――を携え、かつて村々を歩いたように、より良い生き方を求めて道具を持ち替え、場所を移動する。そして、移動のルーツ（経路）は、ガンダルバの選択肢が増えるごとに、複雑になっていく。この過程で、彼／彼女らの目に映る世界はますます広がると同時に、移動の経験によって彼／彼女らの世界観は修正されていく。

　この過程に先行して、サランギの弾き語りにナショナリズムを背景に「真正性」が付与され、「ネパール文化」として見なされるようになった。もちろん、「ネパール文化」と同様にガンダルバの文化がア・プリオリに存在するわけではない。ガンダルバがこれまで行ってきた実践の一部が他者によって切り取られ、ガンダルバの文化として客体化され、自身もそれに修正を加えながら自文化として表象するようになった。こうして創られた文化の「真正性」は、サランギを携えて村を歩いてきたガンダルバ達が保持しているであろう文化に求められる。しかし、村を歩くのとはまた別の生き方を選択するよう望まれている次世代のガンダルバがその「真正性」を継承することは、先代とは違う社会文化的状況にあるために、彼らの選択肢におそらく含まれることはない。

　本書では、グローバルなツーリズムやナショナリズムと連動しながら創出されてきたツーリズム空間や文化の動態を描いてきた。ツーリズムとは、何らかの差異を手掛かりに、場所や文化を商品化していく側面を持つ現象である。何か特別な文化とそれに対応する地域が想定される時、ツーリズム・イメージは、あたかも閉曲線で囲われた文化的に均質な地域が存在するかのように装わせる。これを受けて、人々の具体的な実践は、ツーリズム空間の表層にイメージを刻み込んでいくと同時に、その表層の下で、外部との接触を機会に換えて、より良い生き方を求めて自らの生活を変え、中にはその地域にとどまることな

く、国境を越えて繰り広げられていく。

　本書は、具体的な記述分析を通してネパールの地域像を描き出す地誌的研究を目指すことをも目的としていたが、繰り返し述べてきたように、ア・プリオリに存在するネパール「国民国家」や、それに対応する均質な「ネパール文化」を前提としているわけではない。ネパールを構成する人々の中には、ネパールのナショナリズムを推進する高位カーストをはじめとした人々がいる一方で、ガンダルバのようにヒンドゥー的社会のある部分に抗いながらも自ら包摂されることでアイデンティティを獲得しようとする人々、ジャナジャーティに代表される人々のようにネパールの高位カーストによるナショナリズムに対抗しようとする人々、チベット人のようにアイデンティティを国外に求めながらネパールの市民権やイメージを利用する人々もいる。立場の如何にかかわらず、人々は国内外との関係性の中でアイデンティティを変容させている。加えて、タメルに経済機会を求める——おそらくネパールに行くことが第一目的で、たまたまタメルに活動可能性を見出した——人々の出身国は、近年多様化している。この傾向は、現代のネパール社会の一側面を示すものでもある。

　人々のアイデンティティは、自らの定位の仕方も固定的なものではなく、時と場合によって状況依存的に変化し、重層的なものである。したがって、本書の記述から立ち現れてくるネパール地域像としての社会地図は、プリトビ・ナラヤン・シャハの言うフルバリ（花園）にたとえれば、閉曲線で囲われない地域に咲く花々で構成されたものといえる。それは、管理されてきれいにそろえられてはおらず、多種多様に彩られ、中にはその枠組みを揺るがすような花も咲き、外部から入って咲いたり国境の外でこのフルバリと連動して咲く花もあるという種類のものである。この多民族的状況を管理する為に、「国民国家」の枠組みを前提とした「ネパール文化」が創り出されて喧伝されるが、この過程で、人々は積極的に社会文化的立場を向上させる為に自らを「ネパール文化」との関係性の内に位置付け、政治的にその一部を流用したり、または利用されたりする。本章の冒頭で紹介したテジェンドラ氏が構想するタメル、「リトル・ネパール」が実現する時、制御が困難になっているこの動態的な状況が何らかの基準に依拠して整理され、ある一つの枠組が提示されることになるのかもし

れない。

　これまでツーリズムの展開を座標軸に設定し、いわば開放された座標空間において、一見すると矛盾するような状況や錯綜した状況を記述することを通じて、ネパールの地域像を動態的に、複眼的に、多元的に描きだすことを試みてきた。筆者はこの作業において地域像の輪郭を描くことを試みてこなかった。ある地域を示し、描き出す過程において、その範囲の設定と差異の確定は必要不可欠な作業といえる。この作業を繰返すことによって、任意に切取った地域があたかも所与のものとして存在するかのように、地域的差異が可視化され、その範囲が固定化されていく。この差異化の過程には、地誌的研究に本質的に内在される困難が伴う。つまり、研究者も研究対象地域の人々も、あるレヴェルにおいては同じ時間・空間を共有していたという現実があるにもかかわらず、研究者とは異なる人々が異なる時空間に住んでいるかのように地域像を提示してしまうという限界である。この状況は、ツーリズムの展開過程で空間が差異化され、階層化され、あたかも不連続なツーリズム空間であるかのように仕立てられ、それに対してツーリストがまなざしを向けるという状況と類似している。

　ツーリズム・イメージを構築するグローバルな言説がツーリストの移動を動機づけ、地球上の各地にツーリズムが展開する過程で、見る／見られるという非対称的な関係が国境を越えて構築され、その現象が各地で受け入れられていく。研究者の行為もまた、このような状況と無関係ではいられない。研究対象地域の人々と研究者とが何らかのかたちで社会文化的状況を共有しなければ、研究者の営為はその地域の人々に理解され得ず、研究行為は遂行できない。しかしその状況を共有することは、相手に関わらないように観察だけしていれば別だろうが、そこに滞在して何らかのやり取りをすれば、地域の人々に直接的間接的に変化をもたらすことになる。研究者はこのことを自覚し、対象への向かい方に慎重になる必要があろう。対象への向かい方について上村がイタリアの歴史家カルロ・ギンズブルグを援用して述べるように、異文化の理解は内在的になされるべきであると主張される一方で、こうした相手の文化への自己参入の企てが、実はそれ自体みずからが対象とする異文化の世界への自文化の移

植 acculturation を遂行することになってしまっている場合が少なくない（上村 1989：258）。ギンズブルグは、歴史的世界の中心から不当に疎外され、周縁へと追いやられて、抑圧ないしは無視されてきた上に、輪郭が杳としてつかみがたいことを歴史化し、民衆文化史の可能性を示す一方で、この行為に内在する大きな危険——中心的文化の支配領域拡大に貢献し得る可能性——を自覚していた。そのため研究対象への自己移入的解釈を拒否する立場をとってきた（上村 1989：233-234）。研究対象の人々と時空間を共有し、その場で双方向的な理解と対話が成り立っているかのように思われても、対象の客体化を通して可視化される境界の出現から明らかなように、両者の間にある本質的な関係性は解消されるものではない。

　筆者が本書を通じて描きたかったのは、ヒマラヤ像やシャングリラ像ではなく、それらのイメージを重ねられた人々の対応であり、その結果がいかにネパール社会に反映し、再編されているのかということであった。もとより、その過程で立ち現れてくる地域像は、暫定的なものでしかあり得ない。実際、「はじめに」で述べたように、本書のもとになった博士論文を書き上げてから約10年が経過し、その間の変容ぶりは、筆者の想像をはるかに超えたものであった。景観的に建物が一見して高級化する一方で「いかがわしい店」が増え、タメルからも少なからぬ人々が中東をはじめとした国々に出稼ぎに行くようになり、ツーリストだけでなくネパール人が——むしろネパール人の方が——消費を楽しみに来るようになった。そして、仕立屋に作らせたズボンやチョッキを着ていたガンダルバが既製服のジーンズやTシャツを着るようになり、人々の容姿は衣装だけでなく恰幅も良くなり、単身で来ていた出稼ぎ者が家族をカトマンドゥに呼び寄せ、カトマンドゥの小さな工場で The North Face のロゴがついた偽物が縫製されていたのが本物の The North Face の店舗がタメルに登場するような変化が起こった。この種の変化は、部分的にはグローバル化と称される変化であり、ネパールの「近代化」、資本主義化、カトマンドゥの都市化のまた別の側面でもある。本書では、三つの空間スケールを仮構してきたが、筆者が強調してきたのは、タメルに関わってきた人々の活動から立ち現われてくるネパール地域像であった。タメルは、その地名の起源となったベンガル出

身の高僧が建てた仏教寺院バグワン・バハルとその周辺に広がるカトマンドゥ先住民ネワールの居住空間に加えて、西洋近代的なラナの邸宅が集積していた場所であった。19世紀以降にグルカ兵やシェルパといった少なからぬネパール人が国内外で西洋人と接しながら活躍し、ラナのような権力者に限られるものの西洋文化が日常生活に取り入れられていたが、他方で開発から取り残されてきたかのようなヒマラヤの静態的なイメージや、それに親和的なシャングリラ・イメージがネパールに重ねられることになった。こうして外部世界からのまなざしを受けて差異化される一方で、ツーリズム空間として創出されたタメルは国内外の社会文化的要素が流入し、交錯する場所となり、「どこにでもある場所」／「どこでもない場所」の景観を呈するようになった。

　このようなタメルで、ツーリストが求める非近代——ヒンドゥー的伝統やチベット仏教——が、ツーリズムの展開過程で商品化され、これらの非近代を取り込みながら「近代化」が進められてきた（Liechty 2010：21-24）。ガンダルバのペシャ（生業）も、この過程で「ネパール文化」の一部として客体化され、非近代と近代の双方が相互に関連し合いながら共存している。こうして、トランスナショナル／トランスローカルな結節点として機能しているタメルでは、人々は従来のヒンドゥー的価値観に規制されつつ資本主義的価値観を導入しながら、選択的に——「戦略的」／「戦術的」に——社会文化的な実践を積み重ねていく。本書で記述してきたのは、一見矛盾するようなこれらの過程が相互に連動しながら展開していく変化の過程であった。

あとがき

　本書は2001年にお茶の水女子大学に提出した博士論文をもとに再構成し、大幅に書き改めたものである。一部、博士論文で行った議論を発展させて刊行した論文を参照した章もあり、参照した論文はそれぞれ該当章の注等に記した。

　お茶の水女子大学文教育学部地理学科に入学して以来、私の研究活動を温かく見守ってくださった栗原尚子先生、ネパール研究を始める契機と、科学研究費基盤研究「第三世界の地域像の再構築と地誌記述の革新」の研究会で勉強する機会を与えてくださった熊谷圭知先生をはじめ、(旧)地理学教室の諸先生方に長きにわたってお世話になった。

　博士論文を作成するにあたって、遅々として進まぬ作業を温かく見守り、詳細なコメントをくださった田宮兵衞先生、概念や理論をかみくだいて教えてくださり、行き詰まる私の思考を常に発展的に導いてくださった石塚道子先生をはじめ、伊藤るり先生、水野勲先生、宮尾正樹先生の審査委員の先生方にご指導いただいた。

　博士論文を作成する為にネパールで実施した調査は、下記の通りである。

　1994年2月－3月　カトマンドゥ、ポカラ
　1994年7月－8月　カトマンドゥ、ポカラ
　1995年10月－1997年1月　カトマンドゥ、ポカラ、ラムジュン①
　1998年1月－4月　カトマンドゥ、ポカラ②
　1999年5月－7月　カトマンドゥ、ポカラ、ラムジュン③
　1999年12月－2000年1月　カトマンドゥ、ポカラ④

　上記の留学・調査①～④は、次の研究助成を受けて可能となった。①1995年度松下財団、②1997年度トヨタ財団、③平成11年度（旧）文部省科学研究費特別研究員奨励費（研究課題番号5890）、④平成11年度旅の文化研究所。また、

平成 11 年 1 月から平成 13 年 3 月まで日本学術振興会特別研究員（DC2、平成 12 年 4 月から PD）に採用され、特別研究員に支給される（旧）文部省科学研究費補助金を得たことで、資金的に研究を継続し博士論文を完成させることが可能になった。博士論文提出後に行った現地調査では、国立民族学博物館三尾稔先生代表の日本学術振興会科学研究費補助金基盤研究（平成 18 年度〜平成 21 年度　課題番号 18251016）、及び明治学院大学（現在立教大学）竹中千春先生代表の同（平成 20 年度〜平成 21 年度　課題番号 20243013）補助金を、一部使用させて頂いた。アイルランドでの調査は、勤務先の明治学院大学から与えられた在外研究の機会を利用して、ロンドン大学東洋アフリカ学院 SOAS に客員研究員として在籍している間に実施した。本書の主要部分は、これらの資金・機会によって行われた研究成果の一部である。

　本書の中心となった調査①は、（旧）ネパール王国教育省による学生査証と調査許可、（旧）ネパール王国立トリブバン大学地理学部に客員研究員としての受入れ許可により可能になった。トリブバン大学地理教育学部の Ram Kumar Panday 先生は、私の留学に関する煩雑で時間のかかる諸手続きをはじめ、調査の便宜を図るために役所や大学諸機関を一緒に回ってくださった。私の留学時は地理学部の院生であった Prem Sagar Chapagain 氏は、1997 年にトリブバン大学地理学部の教員に着任し、それ以来、大学関連の諸手続きや資料収集、調査の便宜を図って下さっている。

　博士論文を書き改めるにあたって、古いフィールド・ノートを見直していたら、多くの方々に調査に協力していただいた上に、感謝の言葉が見当たらないほど、温かいご厚情をいただいた記憶が脳裏に次々と蘇ってきた。お世話になった全ての方々のお名前を挙げることはできないし、形式的にならざるを得ないが、特に本文にもしばしば登場する方々を中心に名前を記しておきたい。

　私をバヒニ（妹）あるいはディディ（姉）と呼んでいつも温かく見守ってくれた Hira Lal・Ramji Gandharba 氏兄弟、Raj Kumar・Binod Gandharba 氏兄弟、Manoji Gayak 氏、Krishna Bahadur Gandharba 氏、Sano Kancha Gandharba 氏をはじめとするガンダルバ諸兄、それから村で私の世話を焼いてくださった諸姉から多くのことを学ばせていただいた。タメルのガンダルバのうち、Hira Lal 氏

とRamji氏をはじめ何人かとはネパール以外の地で再会し、彼らと折に触れて電話やメールで、そしてパソコンの画面を通して対面しながら話をするようになった。私達の間にある地理的空間・距離が圧縮されていることを感じるこの瞬間、彼／彼女らの世界——選択肢——が急速に広がっていくのを実感する。

タメルで私が拠点とさせてもらったのは、主としてBJ・Gita R Gurung夫妻が経営していた宿であった。お二人のお陰で安心してタメルに滞在することができ、調査を進めることが可能になった。タメルの宿は閉業してしまったが、タメルの外に転居した後も様々な便宜を図ってくださった。とりわけ、新しいことに積極的に挑戦するGita氏から学ぶことは非常に多く、彼女との付き合いがなければ、私のネパール理解は今よりも狭小なものにとどまっていたことだろう。

TTDC会長のTejendra Shrestha氏はいくつも事業を展開して多忙であるにもかかわらず、私の調査に好意的に協力して下さった。また、タメルのツーリズムに限らず、彼の展開している事業を通して、ネパールの経済がトランスナショナル化していく状況をはじめ、多くのことを「企業家」の視点から教えて頂いた。

本書では割愛したが、博士論文にはポカラでの調査結果も含まれていた。ポカラの常宿——こちらも閉業してしまったが——の経営者Ajit Sherchan夫妻が、初めての調査で言葉もよく分からずまごついていた私を親身になって支えて下さらなかったら、私のネパール研究はポカラで頓挫していただろう。以上のようなネパールで出会った彼／彼女らとの付き合いがなければ、私のネパール認識は、現在よりも表面的なものにとどまっていたに違いない。

10年前に提出した博士論文を刊行するように激励し、後押しして下さったのは、お茶の水女子大学の先輩の吉田道代氏であった。10年間という間隙をいかに埋めることができるのか悩んでいた時、古くなった資料や、概念的枠組みや骨子となる議論の更新について、石塚道子先生、松本博之先生（奈良女子大学名誉教授）から有益なご助言と温かい励ましを頂いた。

石井溥先生（東京外国語大学名誉教授）には、院生の時からネパール研究会や文献講読会等を通してご指導いただいてきた。今回、本書の全草稿を読んで

頂き、詳細で貴重なコメントを頂いた。また、名和克郎氏（東京大学東洋文化研究所）にも全草稿を読んで頂き、厳しくも温かいコメントを多々頂いた。なお、本書の議論に誤りや不適切な問題があるとしたら、全てのコメントを有効に生かすことができなかった私の責任に帰されるものに他ならない。

　最後になったが、古今書院の鈴木憲子氏もこの10年間私に博士論文を刊行するよう激励し続けて下さり、原光一氏と共に本書の名称を決めるところから相談に乗っていただいた。原稿の遅れからご心配とご迷惑を掛けた。本書の出版に際しては、独立行政法人日本学術振興会平成23年度科学研究費補助金（研究成果公開促進費　学術図書　課題番号235133）の交付を受けた。記して心より感謝の意を表したい。

2012年1月

森本　泉

引用文献

Adams, Vincent 1992. Tourism and Sherpas: Nepal Reconstruction of Reciprocity. *Annals of Tourism Research* Vol.19: 534-554.

Adams, Vincent 1996. *Tigers of the Snow and Other Virtual Sherpas: An Ethnography of Himalayan Encounters*. New Jersey: Princeton University Press.

アンダーソン、ベネディクト著、白石さや・白石隆訳 1997(1987).『増補 想像の共同体－ナショナリズムの起源と流行』NTT 出版、Anderson, Benedict 1991. *Imagined Communities* (revised and extended edition). London: Verso. (First published by Verso. 1983)

青木保 1997(1992).「伝統」と「文化」. ホブズボウム、エリック&レンジャー、テレンス編、前川啓治、梶原景昭他訳 1997(1992).『創られた伝統』471-482. 紀伊國屋書店.

Appadurai, Arjun 1996. Sovereignty without Territoriality: Notes for a Postnational Geography. In Yaeger, Patricia ed. *The Geography of Identity*: 40-58. Michigan: the University of Michigan, Patio: Institute for the Humanities.

Ateljevic, Irena and Doorne, Stephen 2003. Unpacking the Local: A Cultural Analysis of Tourism Entrepreneurship in Murter, Croatia. *Tourism Geographies* 5-2: 123-50.

Bentor, Yael 1993. Tibetan Tourist Thangkas in the Kathmandu Valley. *Annals of Tourism Research* 20: 107-137.

Bishop, Peter 1989. *The Myth of Shangri-La: Tibet, Travel Writing and the Western Creation of Sacred Landscape*. London: The Athlone Press.

Bista, Dor Bahadur 1987(1967). *People of Nepal*. Kathmandu: Ratna Pustak Bhandar.

Bista, Dor Bahadur 1995(1973/1974). *Sabai Jātko Phūlbārī* (全てのジャートの花園 *People of Nepal* の要約一部補足版のネパール語訳). Kathmandu: Sajha Prakashan.

Bista, Dor Bahadur 1993(1991). *Fatalism and Development: Nepal's Struggle for Modernization*. Calcutta: Orient Longman.

Blaikie, Piers, Cameron, John and Seddon, David 1983(1980). *Nepal in Crisis: Growth and Stagnation at the Periphery*. Delhi: Oxford University Press.

ブーアスティン、ダニエル著、星野郁美・後藤和彦訳 1964.『幻影の時代』東京創元社. Boorstin, Daniel J. 1962. *The Image*.

ブルデュー、ピエール著、原山哲訳 1998(1993).『資本主義のハビトゥス　アルジェリアの矛盾』藤原書店 . Bourdieu, Pierre 1977. *Algerie 60.*
Britton, Stephan 1982. The Political Economy of Tourism in the Third World. *Annals of Tourism Research* 9: 331-358.
Britton, Stephan 1991. Tourism, Capital, and Place: Towards a Critical Geography of Tourism. *Environment and Planning D: Society and Space* 9: 451-478.　ブリトン、ステファン著、畠中昌教・滝波章弘・小原丈明訳 1999. ツーリズム、資本、場所－ツーリズムの批判的な地理学にむけて－『空間・社会・地理思想』4: 127-153.
Brower, Barbara 1991. *Sherpa of Khumbu: People, Livestock, and Landscape.* Delhi: Oxford University Press.
Butler, Richard W. 1980. The Concept of a Tourist Area Cycle of Evolution: Implications for Management of Resources. *Canadian Geographer* 14-1: 5-12.
Central Bureau of Statistics 1993. *Population Census 1991 Nepal.* His Majesty's of Government Nepal .
Central Bureau of Statistics 2001. *Population Census 2001 Nepal.* His Majesty's of Government Nepal.
Chhetri, Gyanu 1989. Gāineko Sāraṅgī Eutā Māgne bhando ki Samskṛtiko Amg? Eku Sāmājsastriya Dṛstikon(ガイネのサランギは物乞いの道具か、それとも文化か？社会学的考察). *Contributions to Nepalese Studies* 16-1: 55-69.
Chhetri, Ram Bahadur 1986. Migration, Adaptation and Socio Cultural Change: The Case of Thakali in Pokhara. *Contributions to Nepalese Studies* 13-3: 239-259.
Christaller,Walter 1963. Some Considerations of Tourism Location in Europe: The Peripheral Regions -Underdeveloped Countries- Recreation Areas. *Papers of Regional Science Association* 7: 95-105.
クリフォード、ジェイムズ著、毛利嘉孝、有元健、柴山麻妃、島村奈生子、福住廉、遠藤水城訳 2002.『ルーツ　20 世紀後期の旅と翻訳』月曜社 . Clifford, James 1997. *Routes: Travel and Translation in the Late Twentieth Century.*
Clint, Rogers 2004. *Secrets of Manang: The Story Behind the Phenomenal Rise of Nepal's Famed Business Community.* Kathmandu: Mandala Publication.
Crang, Mike 2009. tourism. In Gregory et al. eds. *The Dictionary of Human Geography* the fifth edition: 763-764. Wiley-Blackwell.
Dahles, Heidi 1999. Tourism and Small Entrepreneurs in Developing Countries: A Theoretical Perspective. In Dahles, Heidi and Bras, Karin eds. *Tourism and Small Entrepreneurs: Development, National Policy and Entrepreneurial Culture: Indonesian Cases*: 1-19. New York: Cognizant Communication Corporation.
Department of Tourism 1972. *Nepal Tourism Master Plan.* Ministry of Commerce and

Industry. HMG of Nepal.
ド・セルトー、ミシェル著、山田登世子訳 1999(1987).『日常的実践のポイエティーク』国文社. de Certeau, Michel 1980. *Art de Faire*.
Doig, Desmond 1966. Sherpaland, My Shangri-La. *National Geographic* October 1966: 545-576.
Fisher, James F. 1986. Tourists and Sherpas. *Contributions to Nepalese Studies* 14-1: 37-61.
Fisher, James F. 1990. *Sherpas Reflections on Change in Himalayan Nepal*. Delhi: Oxford University Press.
Fisher, William F. 1993. Nationalism and the Janajati. *HIMAL* 1993 Mar./Apr.: 11-14.
藤井知昭 1990. バトゥレチョールのガイネ. 藤井知昭・馬場雄司編著『民族音楽叢書 1 職能としての音楽』136-154. 東京書籍.
Gallagher, Kathleen M. 1992. Squatting in the Kathmandu Valley: A Historical Perspective. *Contributions to Nepalese Studies* 19-2: 249-259.
Gandharba, Bir Bahadur n.d.. *Gāũ Sewā Gīt*(村の歌). Kathmandu: Sankata Printing Press.
Gellner, David N. 1997. Ethnicity and Nationalism in the World's only Hindu State. In Gellner, D.N., Pfaff-Czarnecka, J.and Whelpton, J.eds.. *Nationalism and Ethnicity in a Hindu Kingdom: The Politics of Culture in Contemporary Nepal*: 3-31. Amsterdam: Harwood Academic Publishers.
Gellner, David.N., Pfaff-Czarnecka, Joanna and Whelpton, John eds. 1997. *Nationalism and Ethnicity in a Hindu Kingdom: The Politics of Culture in Contemporary Nepal*. Amsterdam: Harwood Academic Publishers.
Gellner, David N. 2003. Introduction: Transformations of the Nepalese State. In Gellner, David. N. ed.. *Resistance and the State: Nepalese Experiences*: 1-30. New Delhi: Social Science Press.
Graburn, Nelson H.H. and Jafari, Jahar 1991. Introduction Tourism Social Science. *Annals of Tourism Research*18: 1-11.
Greenwood, Davydd J. 1990(1989). Culture by the Pound: Anthropological Perspective on Tourism as Cultural Commoditization. In Smith Valene L.ed.. *Hosts and Guests: The Anthropology of Tourism* the second edition: 171-185. Philadelphia: University of Pennsylvania Press. スミス、バーレーン編著、三村浩史監訳 1991.『観光・リゾート開発の人類学 ホスト & ゲスト論でみる地域文化の対応』頸草書房.
Gregory, Derek 1994. *Geographical Imaginations*. Cambridge: Blackwell.
Gurung, Harka 1997. State and Society in Nepal. In Gellner, D.N., Pfaff-Czarnecka, J. and Whelpton, J.eds.. *Nationalism and Ethnicity in a Hindu Kingdom: The Politics of Culture in Contemporary Nepal*: 495-532. Amsterdam: Harwood Academic Publishers.
Hagen, Tony 1996. *Building Bridges to the Third World*. Delhi: Book Faith India.

Harrison, David 1992a. International Tourism and the Less Developed Countries: the Background. In Harrison, David ed.. *Tourism and the Less Developed Countries*: 1-18. London: Belhaven Press.

Harrison, David 1992b. Tourism to Less Developed Countries: the Social Consequences. In Harrison, David ed.. *Tourism and the Less Developed Countries*: 19-34. London: Belhaven Press.

ハーヴェイ、デイヴィッド著、吉原直樹監訳・解説 1999.『ポストモダニティの条件』青木書店. Harvey, David 1990. *The Condition of Postmodernity.*

橋本和也 1999.『観光人類学の戦略 文化の売り方・売られ方』世界思想社.

Hilton, James 1990(1933). *Lost Horizon.* New York: USA William Morrow & Company, Inc. 増野正衛訳 1959.『失われた地平線』新潮社.

Hitchcock, John T. 1975. Minstrelsy: A Unique and Changing Pattern of Family Subsistence in West Central Nepal. In Narain, Dhirendra ed. *Explorations in the Family and Other Essays*: 305-323. Bombay: Thacker & Co., LTD.

Hitchcock, Michael 2000. Ethnicity and Tourism Entrepreneurship in Java and Bali. *Current Issues in Tourism* 3-3: 204-25.

ホブズボウム、エリック & レンジャー、テレンス編著、前川啓治、梶原景昭他訳 1997(1992).『創られた伝統』紀伊國屋書店. Hobsbawm, Eric and Ranger, Terence eds. 1983. *The Invention of Tradition.*

Hobsbawm, Eric 1989(1983). Inventing Traditions. In Hobsbawm, Eric and Ranger, Terence eds.. *The Invention of Tradition*: 1-14. Cambridge: Cambridge University Press. ホブズボウム、エリック & レンジャー、テレンス編著、前川啓治、梶原景昭他訳 1997(1992).『創られた伝統』紀伊國屋書店.

Höfer, András 1979. *The Caste Hierarchy and the State in Nepal : A Study of the Muluki Ain of 1854.* Innsbruck: Universitätsverlag Wagner.

Hotel Association Nepal 1998. *Tariff 1997-1998.* Kathmandu: Hotel Association Nepal.

飯島茂 1982.『ヒマラヤの彼方から―ネパールの商業民族タカリー生活誌』日本放送出版協会.

今井史子 2003. ガンダルバの「職業」.『社会環境研究』8: 117-127.

Ioannides, Dimitri 1995. Strengthening the Ties Between Tourism and Economic Geography: A Theoretical Agenda. *Professional Geographer* 47-1: 49-60.

石井溥・川喜田二郎・高山龍三 1969. ヒマラヤ研究.『民族学研究』33(3/4): 348-354.

Ishii, Hiroshi 1991. Nepal Studies in Japan: Social Sciences and Humanities. *Journal of the Japanese Association for South Asian Studies* 3: 109-135.

石井溥 1997. 固定観念をこえた「ネパール」をめざして. 石井溥編『暮らしがわかるアジア読本 ネパール』7-10. 河出書房新社.

石井溥 2003(1986).『基礎ネパール語』大学書林.
石井溥編 1997.『暮らしがわかるアジア読本　ネパール』河出書房新社.
石森秀三 1992. 新しい観光学の提唱.『中央公論』7: 257-266.
岩田修二 2000. 地域研究を地誌に改造する方法：ネパールを例に.『地誌研年報』9: 33-45.
Iyer, Pico 1988. NEPAL The Quest Becomes a Trek. In Iyer, Pico. *Video Night in Kathmandu and Other Reports from the Not-So-Far East*: 77-102. New York: Vintage.
鹿野勝彦 1990(1986). 登山・観光. 石井溥編『もっと知りたいネパール』269-288. 弘文堂.
鹿野勝彦 1993. シェルパと観光－ 20 世紀初頭から 1980 年まで.『金沢大学文学部論集　行動科学科編』13: 95-116.
鹿野勝彦 1997. 忠実な東洋人のイメージ－グルカとシェルパ. 石井溥編『暮らしがわかるアジア読本　ネパール』78-84. 河出書房新社.
鹿野勝彦 1999. シェルパとは誰のことか－「シェルパ化」とその背景－.『金沢大学文学部論集　行動科学哲学篇』19: 61-82.
鹿野勝彦 2001.『シェルパ　ヒマラヤ高地民族の二〇世紀』茗溪堂.
Kānun Kitāb Byabasthā Samiti 1962(2019 V.S.). Nepālko Saṃbidhān 2019 (ネパール憲法 1962 年). Kathmandu: Kānun tathā Nyāya Mantrālaya (司法省).
Karan, Pradyumna P. 1973. Kathmandu-Patan: The Twin Cities Urban System. *The Himalayan Review* vol. 6.
Karan, Pradyumna P. and Ishii, Hiroshi eds. 1996. *Nepal: A Himalayan Kingdom*: 177-204. Tokyo: United Nations University Press.
川喜田二郎 1957.『ネパール王国探検記　日本人世界の屋根を行く』光文社.
川喜田二郎 1977. 中部ネパールヒマラヤにおける諸文化の垂直構造.『季刊人類学』8-1: 3-80.
川喜田二郎 1993(1989).『素朴と文明』講談社文庫.
川喜田二郎 1995(1960).『秘境ヒマラヤ探検記　鳥葬の国』光文社.
KC, Bal Kumar 1995. Social Composition of Population. *Population Monograph of Nepal*: 301-338. Kathmandu: HMG of Nepal CBS.
小林茂 1998. ネパールの低開発と知識人：D.B. ビスタ氏『運命論と開発：近代化にむけたネパールの闘い』をめぐって.『比較社会文化』第 4 巻：49-64.
クラカワー、ジョン著、海津正彦訳 1997.『空へ　エヴェレストの悲劇はなぜ起きたか』文芸春秋. Krakauer, Jon 1996. *Into Thin Air.*
熊谷圭知 1996. 第三世界の地域研究と地誌学－その課題と可能性－.『地誌研年報』5: 35-45.
熊谷圭知 1999. 第三世界の地域像の再構築と地誌記述の革新.『平成 9 ～ 10 年度 科学研究費補助金 [基盤研究 B] 課題番号 09480019 研究成果報告書 (研究代表者：

熊谷圭知)』3-10.
熊谷圭知 2003. 経済地理学は「貧困」にどう向き合うのか？：モラル・エコノミーと地域の学としての再構築.『経済地理学年報』49-5: 445-466.
Landon, Percival 1993(1928). *Nepal.* vol.II. New Delhi: Asian Educational Services.
Lewis, Deitch I. 1990(1989). The Impact of Tourism on the Arts and Crafts of the Indians of the Southwestern United States. In Smith Valene L.ed.. *Hosts and Guests: The Anthropology of Tourism* the second edition: 223-236. Philadelphia: University of Pennsylvania Press. スミス編著、三村浩史監訳 1991.『観光・リゾート開発の人類学　ホスト＆ゲスト論でみる地域文化の対応』頚草書房.
Lewis, Todd T. 2000. *Popular Buddhist Texts from Nepal Narratives and Rituals of Newar Buddhism.* Translations in Collaboration with Subarna Man Tuladhar and Labh Ratna Tuladhar. Foreword by Gregory Schopen. New York: State University of New York Press.
Liechty, Mark 1996. Kathmandu as Translocality: Multiple Places in a Nepali Space. In Yaeger, Patricia ed.. *The Geography of Identity* : 99-130. Michigan: The University of Michigan Press.
Liechty, Mark 2005. Building the Road to Kathmandu: Notes on the History of Tourism in Nepal. *HIMALAYA* 25(1-2): 19-28.
Liechty, Mark 2006. "Learning to be Modern" : Mass Media And Identity in Kathmandu. *Studies in Nepali History and Society* 11-1: 3-29.
Liechty, Mark 2010. *Out Here in Kathmandu: Modernity on the Global Periphery*. Kathmandu: Martin Chautari Press.
Locke, John K. 1985. *Buddhist Monasteries of Nepal.* Kathmandu: Sahayogi.
Macdonald, Alexander 1983. The Gaine of Nepal. In Macdonald ed.. *Essays on the Ethnology of Nepal and South Asia*: 169-174. Kathmandu: Ratna Pustak Bhandar.
マシーソン、A・ウォール、G 編著、佐藤俊雄監訳 1990.『観光のクロス・インパクト－経済・環境・社会への影響－』大明堂. Mathieson, A. and Wall, G. 1982. *Tourism: Economic, Physical and Social Impacts.*
南真木人 1992. ネパールにおける「文化の垂直構造論」展望.『民博通信』57: 47-62.
南真木人 1997a.「ビカス」をめぐって. 石井溥編『暮らしがわかるアジア読本　ネパール』316-321. 河出書房新社.
南真木人 1997b. 開発一元論と文化相対主義－ネパールの近代化をめぐって－.『民族学研究』62/2: 227-243.
Ministry of Culture, Tourism & Civil Aviation 2005. *Nepal Tourism Statistics 2005.* Government of Nepal.
Ministry of Culture, Tourism & Civil Aviation 2007. *Nepal Tourism Statistics 2007.* Government of Nepal.

Ministry of Finance 1999. *Economic Survey Fiscal Year 1998-1999*. HMG of Nepal.
Ministry of Tourism & Civil Aviation 1985. *Nepal Tourism Statistics 1985*. HMG of Nepal.
Ministry of Tourism & Civil Aviation 1993. *Nepal Tourism Statistics 1993*. HMG of Nepal.
Ministry of Tourism & Civil Aviation 1995. *Nepal Tourism Statistics 1995*. HMG of Nepal.
Ministry of Tourism & Civil Aviation 1996. *Nepal Tourism Statistics 1996*. HMG of Nepal.
Ministry of Tourism & Civil Aviation 1997. *Nepal Tourism Statistics 1997*. HMG of Nepal.
Ministry of Tourism & Civil Aviation 1998. *Nepal Tourism Statistics 1998*. HMG of Nepal.
Ministry of Tourism & Civil Aviation 2000. *Nepal Tourism Statistics 2000*. HMG of Nepal.
Ministry of Tourism & Civil Aviation 2001. *Nepal Tourism Statistics 2001*. HMG of Nepal.
Ministry of Tourism & Civil Aviation 2008. *Nepal Tourism Statistics 2008*. Government of Nepal.
Ministry of Tourism & Civil Aviation 2009. *Nepal Tourism Statistics 2009*. Government of Nepal.
Mitchell, Lisle and Murphy, S. 1991. Geography and Tourism. *Annals of Tourism Research*18: 57-70.
宮本万里 2004. 現代ブータンにおける森林政策の変遷と環境保全体制の成立.『アジア・アフリカ地域研究』4-1: 86-110.
Moran, Peter 2004. *Buddhism Observed: Western Travelers, Tibetan Exiles and the Culture of Dharma in Kathmandu*. London: Routledge Curzon Taylor & Francis Group.
森川洋 1992. 地誌学の研究動向に関する一考察.『地理科学』47-1: 15-35.
森川洋 1996. 地誌学の問題点－エリアスタディとの関連において－.『地誌研年報』5: 1-8.
森川洋 1998.『英語圏諸国における人文地理学の研究動向－地誌学を中心として－』総合地誌研研究叢書32. 広島大学総合地誌研究資料センター.
森本泉 1998. ネパール・ポカラにおけるツーリストエリアの形成と民族「企業家」の活動.『地理学評論』71A-4: 272-293.
森本泉 2000. ネパール地域像の再構築－楽士カースト集団ガンダルバの表象と実践－. 熊谷圭知・西川大二郎編『第三世界を描く地誌　ローカルからグローバルへ』131-148. 古今書院.
Morimoto, Izumi 2002. Adaptation of the Gandharbas to Growing International Tourism in Nepal. *Journal of the Japanese Association for South Asian Studies*14: 68-91.
Morimoto, Izumi 2007a. The Difficulties of Keeping the Cultural Identity: From the Gaine to the Gandharbas on the Streets of Kathmandu. *Dalit Solidarity, A Quarterly Bulletin of JANA UTTHAN PRATISTHAN* vol. 8- 4. October-December 2007: 4-5.
Morimoto, Izumi 2007b. The Development of Local Entrepreneurship: A Case Study of a Tourist Area, Thamel in Kathmandu. In Ishii, Gellner, Nawa eds. *Nepalis Inside and

Outside Nepal: Political and Social Transformations: 351-382. Delhi: Manohar.

Morimoto, Izumi 2008. The Changes in Cultural Practices and Identities of a Nepali Musician Caste: The Gandharbas from Wandering Bards to Travelling Musicians. *Studies in Nepali History and Society* 13-2: 325-349.

森本泉 2008. トゥーリストの来た道を遡行する―アイルランドに渡った出稼ぎネパール人ガンダルバの事例.『お茶の水地理』48: 73-89.

中村元・増谷文雄監修 1982.『仏教説話体系 14 伝説と民話 (一)』すずき出版.

内藤正典 1994. 地誌の終焉.『法政地理』22: 32-43.

Nash, Dennison and Smith, Valene L. 1991. Anthropology and Tourism. *Annals of Tourism Research* 18: 12-25.

National Planning Commission 1956. *Draft Five Year Plan A Synopsis 1956-1961*. HMG of Nepal: 61-64.

National Planning Commission 1992. *The Eingth Plan 1992-1997* (Unofficial Translation). HMG of Nepal: 436-461.

National Planning Commission 1998. *The Nineth Plan 1997-2002* (Unofficial Translation). HMG of Nepal: 461-474.

National Planning Commission 2002. *The Tenth Plan 2002-2007* (Unofficial Translation). HMG of Nepal: 224-239.

名和克郎 2001. 人類学的ネパール研究の近年の動向.『南アジア研究』13: 183-205.

根深誠 1998.『シェルパ ヒマラヤの栄光と死』山と渓谷社.

Nepal Bhraman Varsa 1998 Sachivalaya 1999. *Nepal Bhraman Varsa 1998* (ビジット・ネパール・イヤー 1998). Prayatan tatha Nagarik Uddayan Mantralaya (Ministry of Tourism and Civil Aviation).

Nepali, Moti Lal n.d.. *The Status of Dalit in Nepal at a Glance*. Kathmandu: Dalit Sewa Sangh.

Nepali, Purna 2003/04(2060V.S.). *Gandharba: Saṅgīt ra Saṃskṛti*(ガンダルバ 歌と文化). Kathmandu: Saṃyukta Rāstriya Śaikṣik, Baijhanik tathā Saṃskṛti ka Saṃsthā UNESCO Office Kathmandu.

西澤憲一郎 1987.『ネパールの社会構造と政治経済』勁草書房.

野澤秀樹 1988. 地誌学の伝統と将来―フランス地理学を例に―.『地理』32-1: 38-43.

太田好信 1998.『トランスポジションの思想 文化人類学の再想像』世界思想社.

Ortner, Sherry 1989. *High Religion: A Cultural and Political History of Sherpa Buddhism*. New Jersey: Princeton University Press.

Ortner, Sherry 1998a. The Making and Self-Making of "The Sherpas" in Early Himalayan Mountaineering. *Studies in Nepali History and Society* 3-1: 1-34.

Ortner, Sherry 1998b. The Case of the Disappearing Shamans, or no Indivitualism, no

Relationalism. In Skinner, Debra, Pach III, Alfred and Holland, Dorothy eds. *Selves in Time and Place Identities, Experience, and History in Nepal*: 239-268.

Ortner, Sherry 1999. *Life and Death on Mt. Everest: Sherpas and Himalayan Mountaineering*. Princeton: Princeton University Press.

Panday, Ram Kumar 1995. *Development Disorders in the Himalayan Heights Challenges and Strategies for Environment and Development Altitude Geography*. Kahtmandu: Ratna Pustak Bhandar.

Pandey, Anoop 2006. Two Sides of the North Face Off trekking? Try Original or Knock-off Designer down from Thamel. *Nepali Times* No.290.

Peissel, Michel 1966. *Tiger for Breakfast The Story of Boris of Kathmandu*. London: The Travel Book Club.

Pigg, Stacy Leigh 1992. Inventing Social Categories Through Place: Social Representations and Development in Nepal. *Society for Comparative Study of Society and History* 43-3: 491-513.

Pokharel, Balkrisna eds.1995/1996 (1983). *Nepālī Bṛhat Śabdakoś* (ネパール語大辞典). Kathmandu: Nepal Rajkiya Pragya-Pratistan.

Pradhan, Kamal Maiya 1997. *Planning Tourism in Nepal*. New Delhi: Vikas Publishing House.

Rai, Nirjan 1999. The Gandharvas and their Sarangi. *Nepal Traveller* June 1999: 13-15.

Raj, Prakash 1994. *Road to Kathmandu*. Kathmandu: Nabeen Publication.

Rāṣṭriya Yojanā Āyog (National Planning Commission 以下略) 1962. *Trivarsiya Yojanāko Pratham Barsako Pragati 1962-1965* (第 2 次 3 カ年計画). Śri Panch ko Sarkār (HMG of Nepal 以下略): 246-249.

Rāṣṭriya Yojanā Āyog 1965. *Tesro Yojanā 1965-1970* (第 3 次 5 カ年計画). Śrī Panch ko Sarkār:103-105.

Rāṣṭriya Yojanā Āyog 1970. *Chautho Yojanā 1970-1975* (第 4 次 5 カ年計画). Śrī Panch ko Sarkār: 246-251.

Rāṣṭriya Yojanā Āyog 1975. *Panchaun Yojanā 1975-1980* (第 5 次 5 カ年計画). Śrī Panch ko Sarkār: 415-460.

Rāṣṭriya Yojanā Āyog 1981. *Chaithaun Yojanā 1980-1985* (第 6 次 5 カ年計画). Śrī Panch ko Sarkār: 531-543.

Rāṣṭriya Yojanā Āyog 1986. *Satau Yojanā 1985-1990* (第 7 次 5 カ年計画). Śrī Panch ko Sarkār: 623-640.

Richter, Linda K. 1992. Political Instability and Tourism in the Third World. In Harrison, David ed.. *Tourism and the Less Developed Countries*: 35-46. London: Belhaven Press.

リッツァ、ジョージ著、正岡寛司監訳、山本徹夫、山本光子訳 2005.『無のグローバル化　拡大する消費社会と「存在」の喪失』明石書店 . Ritzer, George 2004. *The

Globalization of Nothing.

Rogers, Paul and Aitchison, John 1998. *Towards Sustainable Tourism in the Everest Region of Nepal.* Kathmandu: IUCN Nepal and ICPL.

三枝礼子 1997.『ネパール語辞典』大学書林.

Sahit, Bibran 1991. Nepālko Pratham Janaganāna 1910-1913 Janasankhyako Itihas tathā Bastika bikās Sambandha(ネパール第一次人口調査 1910-1913 年 人口史と居住地域の発展をめぐる問題). Regmi, Jagadish Chandra ed. *The First Census of Nepal 1853-1856.* Office of Nepal Antiquary.

サイード、エドワード W. 著、板垣雄三・杉田英明監修、今沢紀子訳 1993.『オリエンタリズム (上)(下)』平凡社. Said, Edward W. 1978. *Orientalism* (1985. *Orientalism Reconsidered*).

酒井治孝編 1997.『ヒマラヤの自然誌　ヒマラヤから日本列島を遠望する』東海大学出版会.

Sakya, Karna n.d.. *Shangri-La Fifteen Minutes Away* (1996 年 3 月の講演原稿).

Satyal,Yajna Raj 1988. *Tourism in Nepal - A Profile.* Varanasi: Nath Publishing House.

Sharma, Beena 2003. *Continuity and Change among the Gandharva Community in Kathmandu.* A dissertation submitted to the Faculty of Humanities and Social Sciences Central Department of Sociology / Anthropology for the Partial Fulfilment of the Requirements of Master's Degree in Anthropology, Tribhuvan University.

Sharma, Prayag Raj 1997. Nation-Building, Multi-Ethnicity, and the Hindu State. In Gellner, D.N., Pfaff-Czarnecka, J. and Whelpton, J. eds.. *Nationalism and Ethnicity in a Hindu Kingdom: The Politics of Culture in Contemporary Nepal*: 471-493. Amsterdam: Harwood Academic Publishers.

Shaw, Gareth and Williams, Allan M. 1994. *Critical Issues in Tourism: A Geographical Perspective.* Oxford UK & Cambridge USA: Blackwell.

Shrestha, Krishna Prakash 1987. *Sthānnām Koś* (地名事典) . Kathmandu: Nepal Rājkiya Pragyā Pratisṭhān (Royal Nepal Academy).

Shresta, Nanda 1998. The Environmental Degradation of Kathmandu: Losing Shangri-La? *Education About Asia* 3-1: 11-18.

Shrestha, Prachandra Man 1995. *Regulating Growth: Kathmandu Valley Tourism (Annex 9).* Kathmandu: IUCN-Nepal.

Singh, Mana Man 1990. The Himalayan Image. *Himal for Development and Environment* 3-1: 4-6.

白石隆 1996.「最後の波」のあとに— 20 世紀ナショナリズムのさらなる冒険—. 井上俊他編『岩波講座 現代社会学 24　民族・国家・エスニシティ』211-229. 岩波書店.

Smith, Valene ed. 1989(1977). *Hosts and Guests: The Anthropology of Tourism.* the second

edition. Philadelphia: University of Pennsylvania Press. スミス、バーレン編著、三村浩史監訳 1991.『観光・リゾート開発の人類学　ホスト＆ゲスト論でみる地域文化の対応』勁草書房.
Spengen, Wim van 1987. The Nyishangba of Manang: Geographical Perspectives on the Rise of a Nepalese Trading Community. *Kailash A Jurnal of Himalayan Studies* vol.13-3/4: 131-277.
Staingenberger Consulting and Speerplan 1984. *Nepal Tourism Master Plan Review*. Ministry of Tourism HMG of Nepal.
Stevens, Stanley F. 1991. Sherpas, Tourism, and Cultural Change in Nepal's Mount Everest Region. *Journal of Cultural Geography* 12 -1: 39-58.
Stevens, Stanley F. 1993. Tourism, Change, and Continuity in the Mount Everest Region. *Geographical Review* 83: 410-427.
Stevens, Stanley F. 1996(1993). *Claiming the High Ground: Sherpas, Subsistence, and Environmental Change in the Highest Himalaya*. Delhi: Motilal Banarsidass Publishers.
Stevens, Stan 2003. Tourism and Deforestation in the Mt. Everest Region of Nepal. *Geographical Journal* 160-3: 255-277.
Strauss, Robert 1992(1986). *Tibet: a Travel Survival Kit* the second edition. Hawthorn, Australia: Lonely Planet Publications.
谷川昌幸訳 1994.『ネパール王国憲法 2047(1990)』(Nepāl Adhirajako Saṃbidhān 2047). ネパール研究会.
テイラー、ピーター著、高木彰彦訳 1995(1991).『世界システムの政治地理 (上)』大明堂. Taylor, Peter J. 1989. *Political Geography: World-Economy, Nation-State and Locality.*
Thamel Tourism Development Committee (TTDC) 1997. *Map of Thamel*. Kathmandu: TTDC.
Theophile, Erich 1995. Neoclassical Nepal: The Rana Palaces. In Proksch, Andreas ed. *Images of a Century: The Changing Townscapes of the Kathmandu Valley*: 108-125. Kathmandu: Deutsche Gesellschaft für Technische Zusammenarbeit GmbH, Urban Development through Local Efforts Projects.
Tingey, Carol 1994. *Auspicious Music in an Changing Society: The Damai Musicians of Nepal*. New Delhi: Heritage Publishers.
Tiwari, Ashutosh 1994. Thamel Ethnic Card Between Tourism & Consumerism. *Spotlight* August 26: 16-21.
トゥルン、タン・ダム著、田中紀子・山下明子訳 1993.『売春－性労働の社会構造と国際経済』明石書店. Truong, Thanh-Dam 1990. *Sex, Money and Morality: Prostitution and Tourism in Southeast Asia.*
月原敏博 1999. ヒマラヤ地域研究の動向と課題－その人間地生態の把握と地域論の構築に向けて.『人文地理』51-6: 41-61.

上村忠男 1989.『クリオの手鏡－二十世紀イタリアの思想家たち－』平凡社.

内田順文 1987. 地名・場所・場所イメージ－場所イメージの記号化に関する試論－.『人文地理』39-5: 1-15.

Urry, John 1995. *Consuming Places.* London and New York: Routledge.

アーリ、ジョン著、加太邦宏訳 1995.『観光のまなざし　現代社会におけるレジャーと旅行』法政大学出版会. Urry, John 1990. *The Tourist Gaze Leisure and Travel in Contemporary Societies.*

Visit Nepal 1998 Secretariat 1998. *Visit Nepal '98 A World of its Own Calender of Events, Activities and Festivals.* Ministry of Tourism & Civil Aviation.

ウォーラーステイン、イマニュエル著、川北稔訳 1994 (1985).『史的システムとしての資本主義』岩波書店. Wallerstein, Immanuel 1983. *Historical Capitalism*

ウォーラーステイン、イマニュエル著、山下範久訳 2006.『入門　世界システム分析』藤原書店. Wallerstein, Immanuel 2004. *World-Systems Analysis: An Introduction.*

Watkins, Joanne C. 1996. *Spirited Women: Gender, Religion, and Cultural Identity in the Nepal Himalaya.* New York: Columbia University Press.

Weaver, D. B. 1998. Peripheries of the Periphery Tourism in Tobago and Bermuda. *Annals of Tourism Research* 25-2: 292-313.

Weisethaunet, Hans 1997. "My music is my life": The Identification of Style and Performance in Gaine Music. *European Bulletin of Himalayan Research* 12-13: 136-151.

Weisethaunet, Hans 1998. *The Performance of Everyday Life: The Gaine of Nepal.* Oslo: Scandinavian University Press.

World Tourism Organization(WTO) 1998. *Tourism Economic Report First Edition-1998.* Madrid: WTO.

山本紀夫・稲村哲也編 2000.『ヒマラヤの環境誌　山岳地域の自然とシェルパの世界』八坂書房.

山本勇次 1991. ポカラのカースト・ジョーク：階級序列の不確定性の視点から.『活水女子大学・短期大学　活水論文集　一般教育・音楽科編』34: 9-21.

山下晋司 1992.「楽園」の創造－二十世紀バリにおける観光と伝統文化－.『中央公論』7：238-244.

山下晋司 1996a. 南へ！北へ！－移動の民族誌－.『岩波講座文化人類学第7巻　移動の民族誌』1-28. 岩波書店.

山下晋司 1996b.「楽園」の創造－バリにおける観光と伝統の再構築. 山下晋司編『観光人類学』104-112. 新曜社.

山下晋司 1999.『バリ　観光人類学のレッスン』東京大学出版会.

山下晋司・山本真鳥 1997. 植民地主義と文化. 山下晋司・山本真鳥編『植民地主義と文化人類学のパースペクティヴ』11-34. 新曜社.

Zivetz, Laurie 1992. *Private Enterprise and the State in Modern Nepal.* Madras: Oxford University Press.
Zurick, David N. 1992. Adventure Travel and Sustainable Tourism in the Peripheral Economy of Nepal. *Annals of the Association of American Geographers* 82-4: 608-628.

■閲覧サイト
世界観光機関 (WTO) ホームページ：http://unwto.org/en/content/why-tourism(2011 年 8 月 11 日最終閲覧)。
ユネスコホームページ：http://whc.unesco.org/en/list/(2011 年 8 月 11 日最終閲覧)。
ユネスコホームページ：http://whc.unesco.org/en/list/stat#s12(2011 年 8 月 11 日最終閲覧)。
Hira Lal and Ramji ホームページ：http://hiralalandramjisarangi.com/press.html(2011 年 11 月 20 日最終閲覧)。

索　引

ア　行

アーティスト・コロニー　11, 14, 15
アーリ（Urry, John）　v, 11, 18, 19, 22, 51, 82
アイルランド　8, 235, 243, 257, 261-275
アサン　93, 94, 97, 100, 102, 109, 139
アチュート（不可触）　46, 202-206, 209, 210, 216, 218, 244, 246, 247, 251-253, 257, 267, 271　☞アンタッチャブル, 不可触, ダリット
アドヴェンチャー・ツーリズム　12　☞冒険型ツーリズム
アメリカ　10-12, 15, 19, 22, 52, 59-62, 66, 76, 158, 159, 164, 166, 169, 208, 240, 273
アルチー（怠惰）　220, 240
アルバージ（四弦撥弦楽器）　iv, 207, 210, 211, 228, 236, 248, 254
アルピニズム　12, 51, 55
アンダーソン（Anderson, Benedict）　39, 237
アンタッチャブル　40, 233　☞アチュート, 不可触, ダリット
アンナプルナ　72, 74, 80, 185, 240
　　──保護地域プロジェクト（ACAP）　73
イギリス　11, 15, 31, 50, 51, 53, 54, 59-61, 109, 206
位置性　3, 8, 36, 42
位置的財　49, 50, 56, 66, 77, 78, 82
移民　156
　　──労働者　8, 264, 265, 274
隠語　209, 277
インド　18, 28, 50, 52, 55, 58-63, 66, 69, 77, 84, 109, 113, 157, 182, 186, 213, 244, 277

　　──人　59, 61-66, 72, 83, 84, 107, 112, 113, 123, 156, 165, 166, 225, 279
インフォーマル　113, 193, 196, 234, 236
インフラストラクチュア　18, 93, 101, 134, 151, 281
　　──整備　13, 17, 68, 72, 76, 84, 96, 126, 151
ヴァルナ　37, 45, 238
ヴィクラマシーラ　97
ウォーラーステイン（Wallerstein, Immanuel）　v, 6, 9, 21, 23
『失われた地平線』　49, 52
ウッツェ・レストラン　137, 155, 157-163
『運命論と開発』　33, 45
エヴェレスト（サガルマータ）　24, 29, 49-51, 53, 57, 58, 69, 77, 82, 84
　　──登山　51, 53, 57, 58
エキゾティシズム　30, 52-55, 236
エコ・ツーリズム　73
エコ・ミュージアム　73, 75
エスニシティ　31, 32, 35, 45, 54, 201
縁談　89, 107, 178, 206, 216, 217, 224, 241
オベロイ　186
オリエンタリズム　12, 19, 20, 22, 25, 26, 34, 44, 52, 56, 270, 281
オリエント　26, 51　☞東洋
　　──化　26
音楽家　35, 210, 243, 244, 252, 256, 264, 265, 269-271, 276
　　──としてのアイデンティティ　253, 270, 273

カ 行

カースト関係　205, 219
カースト社会　22, 23, 25, 27, 36, 39, 44, 115, 263, 266
カーロ・マンチェ（肌の色が黒い人）　267, 275
ガイネ　46, 208-210, 212, 234, 236, 238-240, 244-249, 251-254, 256, 270, 273
　　──・アイデンティティ　244
開発援助　17, 28, 32, 34
開発計画　6, 50, 58, 67-69, 72, 75, 77, 78, 81, 116, 180
開発手段　10, 17, 76, 112
開発政策　15, 193
楽師カースト　7, 8, 23, 26, 73, 193, 206, 244, 245, 251, 253, 256, 259, 271, 282
カジノ　123
カシミール　59, 63, 107
　　──人　107, 109, 149-151, 181, 189, 279
学校　42, 43, 90, 101, 128, 146, 149, 168, 177, 188, 189, 202, 204-206, 212, 217, 227, 238, 239, 264
カトマンドゥ・ゲストハウス　103-105, 136-147, 159, 161, 173, 178, 185-187
カミ（鍛冶を生業とする職業カースト）　46, 205, 209, 218, 238
ガリーブ（貧しい）　153　☞貧しい
カルマ（宿命，運命）　244, 256, 271, 276
　「メロ・──（私の宿命）」　244
環境主義　78
環境破壊　4, 55, 57, 76-78, 81, 84
環境保全　72, 78
監視カメラ　107, 280
ガンジャ（大麻から作られる麻薬）　158
ガンダキ県　195, 221
「ガンダルバの心」　248, 260
ガンダルバ文化芸術協会（GCAO）　5, 203, 211, 220, 225, 226, 230, 231, 234-236, 240, 247-249, 254, 262

企業家　7, 15, 21, 22, 45, 81, 105, 106, 111-119, 121, 130, 132-134, 138, 144, 147, 151, 152, 155, 162, 163, 170, 172-174, 178-182, 184-186, 188, 189, 192, 193, 197, 236, 244, 280, 282
　　──精神　45
疑似イヴェント　18
虐殺事件　viii, 60, 63, 77, 78, 118, 189, 202, 239
ギャネンドラ国王　60, 202, 239, 253
ギャン（専門的知識）　140-143, 171, 177, 184, 187
教育　42-44, 101, 189, 205, 206, 212, 238, 239, 249, 250, 269, 275
キリスト教　51
　　──的世界観　51
近代化論　14
吟遊詩人　206, 212, 259, 269
空間固有性　21, 22, 50, 77
空間スケール　2, 3, 6, 9, 20, 21-23, 25, 27, 57, 255, 286
ククリ（山刀）　73, 74, 145, 238
クランティカリ・ギート（革命的歌）　208
クリシュナ・バハードゥル・バワン　95, 96, 98, 127
クル（ネワールの皮革職人）　46, 229, 238
グルカ兵　31, 73, 82, 192, 214, 287
グルン（チベット・ビルマ語系民族）　45, 73-75, 132, 133, 142, 153, 155, 168, 169, 173-175, 182, 192, 214, 215, 221, 241, 255
グルン, ハルカ（Gurung, Harka）　32-35, 38, 39, 201, 202, 237, 238
経済的従属関係　18
ケシャル・マハル　91, 94, 95, 98, 127-129, 132
ゲスト　9, 20, 186
結節点　vi, 1, 111, 119, 234, 279, 282, 287
ゲルナー（Gellner, David N.）　32, 37, 181, 201
憲法　37-39, 46, 54, 203, 219, 238
権力関係　3, 8, 11, 17

権力構造　25, 26, 115, 179, 180
ゴア　55, 138
高位カースト　32-34, 36-39, 41, 42, 44, 46, 115, 201, 203, 204, 208, 210, 215, 219, 221, 247, 250-253, 259, 266, 275, 277, 284
行為主体　9, 11, 20, 23, 28, 111
航空産業　10, 68, 76
コーラ　i, vii, viii, 42, 73, 74, 106, 124, 165
古老　206, 211, 218, 234-246, 248, 249, 254, 255, 260

サ 行

差異　16, 20-22, 30, 43, 50, 106, 279, 280, 283, 285
――化　2, 13, 16, 20, 21, 50, 58, 65, 201, 220, 279-281, 285, 287
サイード (Said, Edward)　25, 26
サガルマータ　50, 71, 82　☞エヴェレスト
――国立公園　69-71
サハル(都市)　222
サファリ　12, 69, 123
差別化　46
サランギ(四弦の弓奏楽器)　7, 23, 26, 35, 40, 46, 73, 74, 193-195, 197, 202-241, 243, 244, 247, 248, 250, 253, 254, 256, 257, 259-265, 267, 269, 270, 273, 274, 276, 277, 282, 283
サランギ奏者　243, 244, 271
サルキ(皮革加工を生業とする職業カースト)　46, 205, 219, 229, 238
GNP　10
GDP　76, 258
ジェネレーター　17, 87, 108, 151, 189
シェルパ　30, 31, 44, 45, 53, 54, 58, 71, 82, 133, 173, 181, 182, 255, 287
――化現象　54, 251
――の里　53, 54, 84
時間－空間の圧縮　vi, 16

自己表象　6, 14, 77, 255, 280
持続可能　24
――な開発　72
シッキム　51
資本主義的価値観　152, 245, 282, 287
市民権　8, 185, 275, 276, 284　☞ナガリクタ
ジャート　22, 23, 37, 38, 40-47, 73, 100, 114, 116, 132-135, 173-175, 180, 183, 195, 214, 219, 224, 233, 236, 239, 246, 277
社会地図　201, 237, 256, 284
社会範疇　22, 38, 40, 46
ジャギル(給料, 定職)　221, 222, 232
ジャタ　98-100, 102, 104, 105, 122, 127, 132, 160, 164, 168
ジャナジャーティ　73, 211, 284
――・マハ・サング　39
シャハ, プリトビ・ナラヤン (Shah, Prithbi Narayan)　37, 90, 91, 201, 202, 284
ジャプ(ネワールの農業を生業とするジャート)　100, 149, 150, 189
シャルマ, プラヤーグ・ラージ (Sharma, Prayag Raj)　32-34, 37, 41
ジャンクリ(呪医)　209, 217, 238, 240
シャングリラ　6, 49-58, 66, 77-80, 82, 88, 106, 181, 281, 286, 287
従属論　112
周辺　v, vi, 9, 12, 14, 17, 19-21, 26, 60, 66, 245, 262, 275, 283
――化　66, 111
巡礼　52, 62-64
商業公募隊　57, 63
消費文化　89, 94, 103, 107, 108, 179, 196, 259
浄・不浄　187, 189
情報産業　10, 56
植民地　17, 18, 20, 50, 77, 92, 113
――主義　18
女性スタッフ　177, 178
ジョチェン　83, 93, 122, 124, 126, 129, 140,

147, 281　☞フリーク・ストリート
シンガポール　155, 189
新植民地主義　17, 20
真正性　14, 35, 198-200, 211, 212, 218, 220, 234, 254-256, 260, 283
真正な文化　13, 34, 248
新中間層　ix, 89, 94, 107, 179
シンハ・ダルバール　90-92, 101, 109, 145, 221
人民戦争　59, 63, 77, 78, 118
垂直構造論　30, 44
ステレオタイプ　16, 34, 41, 153, 215, 252
スプロール化　104
スリランカ　vi, 62, 63
スンダラ　122, 125, 167, 169, 183, 184
スン（金）のビジネス　139, 143, 150, 153, 164
聖地　52, 55, 60, 63, 84, 126, 239, 240
西洋　12, 13, 25, 26, 31, 32, 45, 49, 51-54, 56, 60, 65, 77, 78, 84, 102, 181, 207
世界遺産　11, 63, 69, 70, 76
世界観光機関（WTO, UNWTO）　10, 24
世界システム　v, vi, 1, 4, 8, 12, 17-24, 26, 28, 34, 49, 50, 58, 60, 66, 81, 111, 245, 262, 271, 273-276, 282, 283
――論　6, 9, 23
セルトー　☞ド・セルトー
センサス　38, 133, 194, 201, 237
戦術　vi, 26, 36, 82, 151, 200, 212, 257, 280, 287
専制政治　37, 38, 53, 92, 109, 115, 183, 202, 203
戦略　157, 216, 233, 263, 271, 280, 282, 287
送金サービス　viii, 125
宗主国　17, 18, 20, 77, 112, 113
ソル・クンブ　31, 82

タ　行

ダージリン　82, 157, 213, 240, 277
ダーラ（水場）　145, 203, 205, 238
タイ　10, 62, 63, 66, 76, 156

第三世界　3, 4, 10, 12, 13, 17-20, 25, 77, 111-113, 156, 182, 190, 193, 262
タカリー（チベット・ビルマ語系民族）　45, 141, 142, 144, 182, 185, 192, 240
タクリ（チェトリの上位ジャート）　115-117, 183
ダサイン（ネパール最大のヒンドゥーの祭り）　196, 197, 211, 218, 272
他者　3, 25, 26, 36, 41, 44, 47, 179, 199, 200, 248, 252, 254, 271
――化　26, 33
多文化主義　37
ダマイ（仕立屋を生業とする職業カースト）　46, 238, 255
多民族的状況　6, 39, 54, 173, 201, 202, 216, 255, 284
タメル・ツーリズム開発委員会（TTDC）　5, 87, 107, 109, 137, 161, 164, 180, 186, 188, 279, 280
ダライ・ラマ十四世　52, 154, 157
ダラムサラ　52, 157, 190
ダリット　35, 39, 40, 45, 46, 202, 203, 205, 206, 210, 238, 252, 253　☞アチュート, アンタッチャブル, 不可触
タルー（タライの先住民）　75
ダルバール・マルグ　121, 122, 126, 137, 140, 163, 168, 190
タンカ（仏画）　107, 154
ダンス・レストラン　106, 108, 178, 179
地域像　vii, viii, 1, 6, 8, 25, 27-36, 212, 246, 256, 284-286
チェトリ（高位カーストの一つ）　41, 115, 132, 133, 135-137, 142, 149, 174, 175, 177, 183, 187, 188, 214, 215
地誌　1-4, 8, 30, 31, 44, 284, 285
チトワン　69-71, 75, 84, 187, 188, 221, 230, 240
――国立公園　55, 69, 70
チベット　6, 31, 45, 51-53, 77, 78, 82, 97-99,

109, 154, 181, 244, 271
── ・イメージ　154
──語　29, 82
──人　107, 132-135, 137, 144, 149-155, 157, 158, 162, 172-177, 179, 181, 182, 185, 190, 200, 279, 284
──の土産物　107, 154, 158, 199, 200
チベット系　38, 163, 178
チベット系民族　22, 30, 31, 53, 71, 82, 142, 162
チベット・ビルマ語系　7, 29, 31, 33, 38, 45, 83, 90, 162, 163, 178, 215
チベット仏教　vii, 54, 181, 190, 270, 287
中核　v, vi, 9, 17-21, 23, 26, 245, 262
中核－周辺連関　4, 6, 9, 18-21, 56, 111, 273-275
中国　50, 52, 62, 63, 66, 78
地理的知識　214, 216
ツーリスト・エンクレーヴ　17-20
ツーリストのまなざし　v, vii, 11, 13, 16, 18, 22, 23, 74, 75, 82, 106, 181, 200, 234, 254, 279, 285
ツーリズム・イメージ　15, 27, 30, 260, 285
ツーリズム資源　v, 4, 10-12, 15, 67-69, 71, 72, 76, 77
ツーリズム文化　199
創られた伝統／『創られた伝統』　198, 199, 212, 237
TO図　51, 82
低位カースト　38, 40, 194, 201-203, 207, 238, 250, 251, 255, 257-259, 263, 266, 277, 282
低開発　33, 45
帝国主義　51, 52
　非公式の──　16
テイラー（Taylor, Peter James）　6, 9, 21
デーヴァナーガリー　x, 79, 239
出稼ぎ　ix, 7, 8, 23, 120, 125, 169, 184, 214,
220, 221, 225, 229-233, 235, 243, 261, 262, 267, 268, 273, 274, 276, 277, 286
テロ　12, 13, 60, 118, 275
テンジン・ノルゲイ・シェルパ（Tenzing Norgay Sherpa）　53, 269
伝統音楽家　8, 244, 253, 254, 256, 260, 267
東洋　25, 26, 31, 44, 51, 55, 56　☞オリエント
トーマス・クック　54, 84
どこでもない場所　v, vii, viii, 4, 7, 279, 280, 287
どこにでもある場所　v, 16, 18, 88, 195, 279-281, 287
登山　28, 31, 32, 53-55, 57, 62-64, 73, 76, 77, 111, 130
──家　44, 45, 51-54, 57, 58, 63, 67, 111, 115, 141, 181
都市化　76, 94, 102, 151, 172, 286
ド・セルトー（de Certeau, Michel）　vi, 26
ドビ（洗濯を生業とする職業カースト）　46, 147, 189, 225, 238
ドホリ（歌垣）　213-215, 241
──・レストラン　125, 226
トランスナショナル　182, 279, 280, 287
トランスローカル　vi, 179, 182, 279, 280, 287
トリブバン国王　53
トレッキング　12, 55, 62-65, 73, 76, 77, 84, 88, 123, 185, 263

ナ　行

ナガリクタ（市民権）　149, 247, 258
ナショナリズム　vi, 31, 32, 37, 39, 54, 201, 202, 244, 253, 255, 256, 283, 284
ナショナル・ジオグラフィック　53
名付け　50, 247, 253
名乗り　26, 233, 240, 246, 247, 250-252, 256, 258, 267, 271
ナムチェ・バザール　69, 84
難民　vi, vii, 42, 134, 149, 153, 154

チベット —— 98, 107
二項対立 8, 13, 39, 43, 44, 56, 237, 249, 280
ニシャンバ 45 ☞マナン出身のグルン
日常的実践 vi, 4, 26
ネパール・ナショナル・アイデンティティ 38
ネパール観光局（NTB） 5, 79
ネパール観光年（VNY1998） 57, 59, 76, 78-81, 161
ネパール語 x, 5, 32, 37, 38, 40, 45, 80, 82, 125, 182, 211, 213, 216, 237, 254, 268
ネパールの伝統音楽 256, 257
『ネパールの人々』 37, 45
ネワール 7, 83, 90, 91, 93, 94, 102-105, 108, 109, 129, 132, 133, 135, 136, 139, 140, 144, 149, 150, 172, 174-177, 182, 279, 281, 287
　——語 96, 97, 99, 100
　——の寺院 90, 98, 103
　——の集住地域 91, 97, 101-103, 124, 126, 128

ハ 行

ハーヴェイ（Harvey, David） v, vi, 16, 19
パープ（悪業） 153
売春 107, 178, 193
バウン（高位カーストの一つ） 33, 41, 45, 115, 132, 133, 135, 142, 149, 174, 175, 177, 187, 203, 204, 214, 215, 221, 238, 247, 258
バウンタリネ（歩き回る） 252 ☞ヒンネ
パキスタン 59
博物館 11, 18, 73-75, 183
バグマティ川 91, 243
バグワン・バハル 97-100, 103, 104, 127, 132, 149, 287
パスポート 165, 247, 275, 282, 283
バックパッカー vii, 84

バッゲ（幸運, 好機） 232, 233, 235, 243, 282, 283
バッティ（簡易宿泊施設） 45, 84, 141, 183, 191, 192
バトゥレチョール 208, 209, 213, 240, 247
バトラー（Butler, Richard W.） 14-16, 18, 21, 24, 138
バヒニ（妹） 42, 43, 47, 262
ハブ空港 12
バラジュー 93, 222
バラモン 45
パルバテ・ヒンドゥー 201, 202
バンコク vii, 12, 155, 157, 195
半周辺 21
バンスリ（竹製の横笛） iv, 73, 211
バンダ（ストライキ） iii, viii, 170, 171
パンチャーヤット 38, 143, 205
反ヒンドゥー 37, 39
ピースコー（平和部隊） 159, 240
ビカス（発展, 開発） 272-274
秘境 12, 50, 52, 54, 57
ビスタ, ドル・バハードゥル（Bista, Dor Bahadur） 33, 37, 45
ヒッピー 55, 60, 61, 69, 111, 115, 124, 126, 129, 130, 140, 158, 187, 281
ヒマラヤ登山 6, 31, 58, 71, 181
ヒラリー, エドモンド（Hillary, Edmond） 53
ヒルトン 19, 54, 186
ビレンドラ国王 60, 154, 189, 203, 239
ピングル文字 209, 277
貧困 26, 30, 33, 34, 35, 205, 219
　——削減 68, 75
　——の自画像 33, 75
ヒンディー 80
ヒンドゥー 38-40, 46, 194, 246, 250, 271, 287
　——化 37, 39, 187
　——教 28, 38, 52, 63, 181
　——寺院 63, 243

索引　313

──的価値観　27, 152, 202, 216, 245, 282, 287
ヒンネ（歩く）　246, 252　☞バウンタリネ
ブーアスティン（Boorstin, Daniel Joseph）　vii, 18, 19
ブータン　28, 78
ブート（幽霊）　90, 100, 102-104, 108, 139, 158
不可触　26, 42, 45, 46, 202, 210, 238　☞アチュート, アンタッチャブル, ダリット
──カースト　26, 35, 39, 46, 185, 203, 238, 271
不均等発展　vi, 1, 2, 13, 16, 21, 49, 120, 279
フクネ（悪霊等を吹き払う呪医的行為）　209, 240
プジャ（儀式）　203, 211, 218, 238
豚　207
仏教　52, 63, 99, 154, 181
──寺院　22, 63, 97, 98, 109, 190, 287
──徒　38, 153, 181
フリーク・ストリート　61, 124, 140　☞ジョチェン
ブリトン（Britton, Stephen G.）　16-18, 112, 113
フルバリ（花園）　37, 45, 201, 220, 255, 257, 284
フレキシブル　v, 16, 281
不連続な空間　17, 18, 281, 285
文化的アイデンティティ　181, 282
文化的禁忌　215, 259
文化的再定義　114, 182
文化的多様性　29, 37, 214-216, 255
ヘーファー（Höfer, András）　46, 238
ペシャ（生業、職業）　208, 209, 212, 246, 287
ベパール（商売）　153, 194, 236
包括的和平協定　60, 83
望郷　274, 276
冒険型ツーリズム　68, 76　☞アドヴェンチャー・ツーリズム
ボーダ　159, 208

ポカラ　55, 68, 69, 71, 72, 144, 157, 163, 187, 191, 192, 208, 230
ボクシ（呪術を使う女）　203, 204, 217, 238, 268
ホスト　9, 13, 20, 186, 200, 220
『ホスト＆ゲスト論』　13, 198
ホテルガイド　160, 162, 165
ホブズボウム（Hobsbawm, Eric John Ernest）　198, 212, 237
香港　vii, 66, 155, 157, 164, 195
本質化　25, 30

マ　行

マーダル（両面太鼓）　iv, 73, 211, 231, 269, 273
マオイスト（ネパール共産党統一毛沢東主義派）　viii, 59, 60, 63, 76, 78, 83, 118, 201, 202
マグネ（物乞い）　208-210, 246, 252
貧しい　26, 30, 34, 42, 213, 233, 257, 276　☞ガリーブ
マスター・プラン（総合基本計画）　67, 69, 72, 116
マナンギ　45, 150, 152, 183, 215　☞マナン出身のグルン
マナン出身のグルン　132-135, 144, 149, 152-157, 164, 172-177, 179-181, 183, 185, 215
マヘンドラ国王　149, 156, 203, 240, 247
魔物　99, 100
麻薬（ドラッグ）　61, 107, 124, 126, 140, 153, 178, 187, 189, 193
マンパワー・ビジネス　180, 188, 261
ミート（終生の友情を誓った友達）　213, 214
未開　v, vii, 12, 18, 30, 75
南アジア　ii, 60, 63, 72, 92
──地域協力連合（SAARC）　62, 66
民主化　viii, 7, 28, 38, 54, 58, 59, 61, 75-77, 94, 116, 130, 142, 143, 152, 162, 180, 201, 205, 240, 258

――運動 38, 60, 116
民族運動 viii, 33, 37-39, 201
民族誌 30, 31, 44
ムスタン 82
ムルキ・アイン（1854年に制定された国法） 37, 40, 45, 46, 202, 210, 238, 247, 252
モモ 104, 109, 159, 190

ヤ 行

ユネスコ 11, 24

ラ 行

楽園 v, 6, 12, 49-52, 60, 77, 106
――リゾート v, vi, 16, 49
ラジオ・ネパール 217, 219, 221, 238, 244
ラナ 7, 38, 53, 90, 92, 94, 95, 96, 100-105, 108, 109, 115, 116, 126, 132, 133, 135, 141, 144, 145-152, 173-177, 183, 188, 189, 191, 202, 203, 281, 287
――の邸宅 90-92, 94-96, 98, 100-103, 116, 122, 126-129, 132, 137-139, 141, 144, 145, 150, 155, 168, 173, 188, 281, 287
ラナ, ジャンガ・バハードゥル（Rana, Janga Bahadur） 37
ラフレ（傭兵に行く男性） 214, 241, 268, 276, 277
ラムジュン iv, 196, 207, 215, 218, 221, 228, 229, 237, 264, 267, 272, 274
ラリグラス（赤いシャクナゲ） 206, 212, 253
ラリット（美しい） 252
リゾート開発 10, 17, 62, 70, 76, 77
立憲君主制 38
ルーツ（roots / routes） 245, 246, 283
ルンビニ 55, 63, 68, 69, 71
連邦民主共和制 46,
ロイヤル・ネパール航空（RNAC） 80, 81, 85, 143, 162
ロイヤル・ホテル 67, 95, 96, 109, 116, 122
ロキシ（蒸留酒、酒） 213-215, 240
ロマンティシズム 11, 12, 18, 19, 26, 33, 34, 49, 51, 52, 55, 78, 82

[著者略歴]

森本　泉

千葉県生まれ。
お茶の水女子大学文教育学部卒業、お茶の水女子大学大学院人間文化研究科博士課程単位修得退学。博士（社会科学）。専攻は文化地理学。
現在、明治学院大学国際学部准教授。
主要論文に、
「ネパール・ポカラにおけるツーリストエリアの形成と民族『企業家』の活動」、『地理学評論』、1998 年、Vol.71(Ser.A)、272-293 頁
The Development of Local Entrepreneurship: A Case Study of a Tourist Area, Thamel in Kathmandu, in Ishii, Gellner, Nawa eds. *Nepalis Inside and Outside Nepal: Political and Social Transformations*, Manohar, Delhi, 2007, pp.351-382
The Changes in Cultural Practices and Identities of a Nepali Musician Caste: The Gandharbas from Wandering Bards to Travelling Musicians, *Studies in Nepali History and Society*, 13(2), 2008, pp. 325-349
「ネパールにおけるツーリズムの展開とツーリズム空間の形成」、神田孝治編『観光の空間　視点とアプローチ』ナカニシヤ出版、2009 年、89-99 頁等。

ネパールにおけるツーリズム空間の創出
カトマンドゥから描く地域像

平成 24（2012）年 2 月 28 日　初版第 1 刷発行
著　者　森本　泉
発行者　株式会社古今書院　橋本寿資
印刷所　株式会社理想社
製本所　渡邉製本株式会社
発行所　株式会社古今書院
〒 101-0062　東京都千代田区神田駿河台 2-10
Tel 03-3291-2757
振替 00100-8-35340
©2012　MORIMOTO Izumi
ISBN978-4-7722-6112-8　C3025
〈検印省略〉Printed in Japan

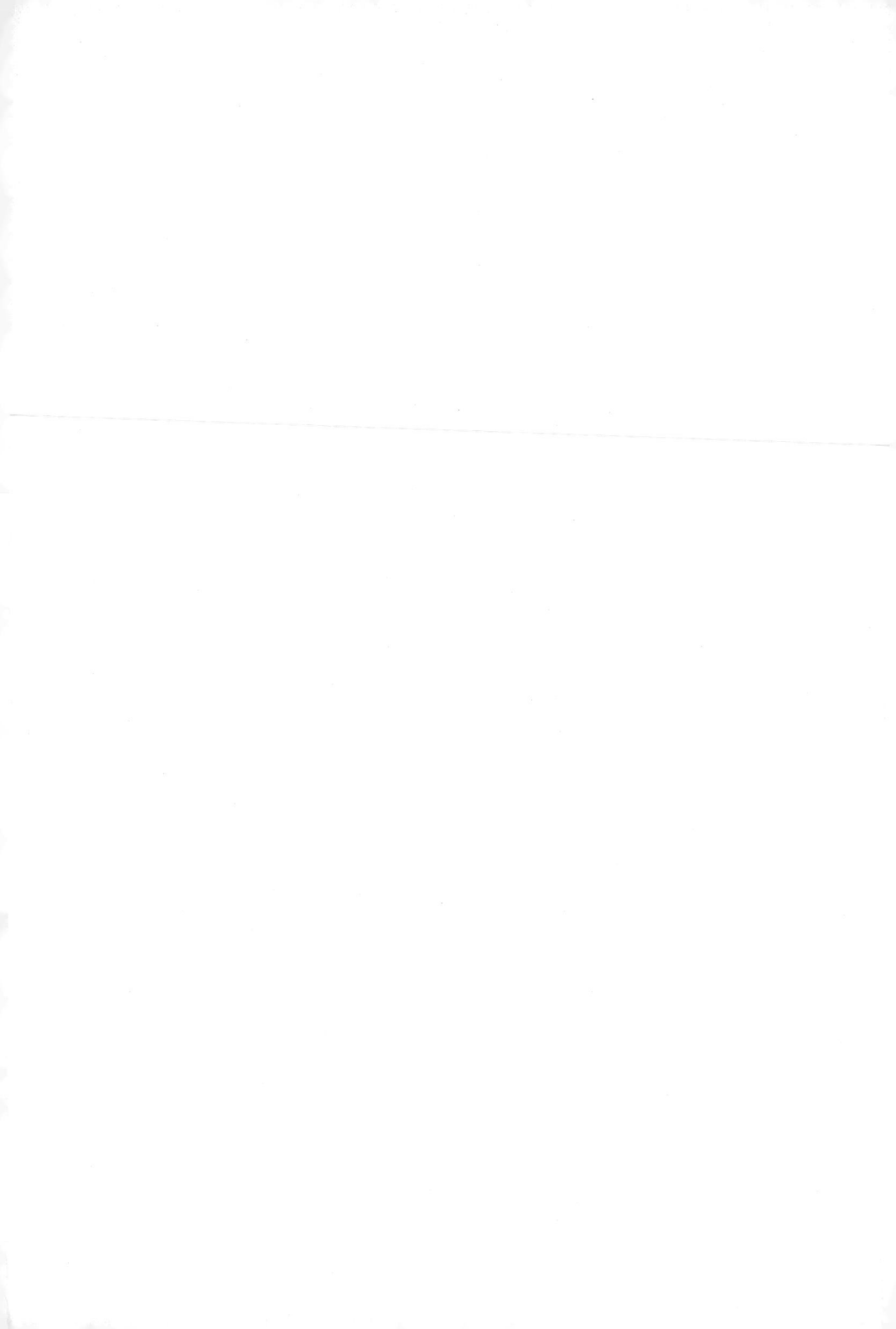